KB124603

에도 일본

모로 미야(茂呂美耶) 지음 | 허유영 옮김

일빛

江戸 日本
Japan of the Edo Period
Copyright ⓒ 2003 by 遠流出版事業股份有限公司

All rights reserved. No part of this book may be used or reproduced
in any manner whatever without written permission except in the case of
brief quotations embodied in critical articles or reviews.

Original Chinese edition published by 遠流出版事業股份有限公司
Korean Translation Copyright ⓒ 2006 by ILBIT PUBLISHING Co.

이 책의 한국어판 저작권은 漢聲文化硏究所를 통해 저작권자와의 독점 계약으로
도서출판 일빛에 있습니다. 신저작권법에 의해 한국 내에서
보호를 받는 저작물이므로 무단 전재와 무단 복제를 금합니다.

에도일본

펴낸곳 도서출판 일빛
펴낸이 이성우
지은이 모로 미야(茂呂美耶)
옮긴이 허유영

등록일 1990년 4월 6일
등록번호 제10-1424호

초판 1쇄 발행일 2006년 11월 15일
초판 3쇄 발행일 2008년 2월 25일

주소 121-837 서울시 마포구 서교동 339-4 가나빌딩 2층
전화 02) 3142-1703~5 팩스 02) 3142-1706
E-mail ilbit@naver.com

값 15,000원
ISBN 89-5645-119-2 (03910)

◆ 잘못된 책은 바꾸어 드립니다.

글머리에

　일본이 대만을 점령하고 있던 시기에 태어나 소학교밖에 다니지 못한 우리 아버지께서 생전에 자주 하시던 말씀이 있다. 당시에는 그리 깊이 생각하지 않고 흘려 넘겼지만, 아버지가 돌아가시고 수년이 흐른 후부터 왠지 그 말의 분명한 뜻이 문득문득 내 뇌리로 파고들었고, 때로는 극본을 쓸 때 등장인물의 대사로 재탄생하기도 했다.

　"그까짓 공부는 해봐야 무얼 하느냐? 'a, i, u, e, o(일본어의 기본 모음)' 하다가 하루아침에 'bo, po, mo, fo(중국어 발음을 배울 때 처음 익히는 기본 발음)'로 바뀔 것을……."

　"대만은 아무 나라나 와서 점령하고 짓밟아버리지. 아무도 소중히 여기지 않아……."

　"궁룬바오(公論報 : 대만 독립을 주장하는 대만독립건국연맹의 기관지)가 폐간된 후 대만에는 신문이란 게 없어. 아직도 기자라는 직업이 있기는 한 게야?"

　그저 아무렇게나 내뱉는 말인 듯하지만 사실 아버지의 그런 말들 속에는 그 세대 대만인들의 애환과 응어리가 함축되어 있었다. 진정으로 그들의 세계에 들어가지 않고, 그들의 몸에 찍힌 애꿎은 역사의 낙인, 그리고 타국 문화의 교육을 받고 삼엄한 계엄령 하에서 살아야 했던 경험을 이해하지 않고는 그들의 무력감과 좌절, 원한, 쓸쓸함,

그리고 방어와 저항의 본능에서 나온 자존심과 섣불리 침범할 수 없는 자부심을 절실하게 느낄 수 없다.

그 어떤 나라의 문화도 일본 문화만큼 대만에 깊은 영향을 미치고, 또 그렇게 많은 인식적 논란을 야기시키지 못했을 것이다. 그래서 때로는 아버지가 지금까지 살아계셔서, 정보와 언론, 사상의 제한이 거의 사라진 오늘날의 사회를 보신다면 어떤 느낌을 받으실지 궁금해진다. 기뻐하실까, 아니면 더 쓸쓸해하고 슬퍼하실까.

아마 아버지께서 지금 생존해 계셨다면, 한때 의식적으로 배척하고 관계를 단절했던 일본(상대적으로 볼 때, 완전히 받아들인 것은 미국이었다)이 지금은 여러 가지 다양한 형식으로 우리 곁에, 귓가에, 그리고 눈앞에 존재한다는 사실을 발견하셨을 것이다. 게다가 또 한때는 집안에서 당신만이 '일본 문화'에 대한 발언권과 해석권을 가지고 있었지만, 지금은 자식들, 심지어는 손자, 손녀들이 가지고 있는 정보가 당신이 예전에 제한적인 교육을 통해 얻었던 것보다 수십 배, 심지어 수백 배나 많다는 사실에 곤혹스러워 하셨을지도 모를 일이다.

아버지는 과연 어떤 느낌과 표정으로 이런 이상한 현실과 마주하셨을까?

한번은 이런 일도 있었다. 일본 강점기에 여고를 졸업하셨던 한 연로한 선생님과 함께 NHK 뉴스를 보고 있었는데, 아나운서가 일본식 발음으로 'communication'이라는 단어를 읽었다. 그러자 선생님은 이해할 수 없다는 표정으로 "저게 무슨 뜻이지?"라고 물으셨다. 나는 물론 아무런 주저함도 없이 "외국어예요. '전달하다, 소통하다'라는 뜻이죠."라고 대답했다. 그러자 선생님의 얼굴에 어색한 미소가 떠올랐다. 그 미소 속에는 의아함과 놀람, 그리고 실망스러움이 교차했고, 그러면서도 일말의 자존심과 예의를 지키려고 애쓰시는 모습이 역력했다.

그때의 그 미소는 지금까지도 잊혀지지 않고 내 뇌리에 각인되어 있다. 특히 잊혀지지 않는 이유는 그 미소 앞에서 나도 의도와는 다르게 '실례를 범했음'을 표현할 수 있는 별다른 말을 찾지 못했고, 또 그 일로 인해 늘 송구스러움과 불안한 마음을 금할 길이 없었기 때문이다. 잠시라도 곰곰이 생각할 수 있는 시간이 있었다면 난 아마도 "이건 그저 나날이 정보가 쏟아지는 사회에서 어쩌다 얻은 얄팍한 지식에 불과해요. 얼마 전 저녁에 잠이 안 와서 '한번 써보았다며' 저에게 희곡의 몇 장면을 보여주셨죠? 그때 선생님의 표정이 얼마나 자신감에 가득 차 있었는지 아세요? 소녀 같은 수줍음도 살짝 묻어있었답니다."라고 말했을 것이다.

우리 세대에 태어난 사람들은 '일본'을 대할 때 곤혹스러움을 피할 수 없다. 윗세대의 복잡한 역사와 문화적 정서를 이해하고 받아들이는 데 오랜 시간을 쏟고 나면, 또다시 아랫세대의 일본 선호 현상에 익숙해지고, 또 마찬가지로 이해하고 받아들여야 한다는 과제가 남아있기 때문이다. 게다가 두 세대를 이어주는 다리 역할까지 해야 할 때도 있다.

아랫세대에게는 그들의 조부모 세대가 왜 일본을 과도하게 신격화하고 있는지에 대해 설명해 주어야 하고, 또 윗세대에게는 손자들이 부르고 있는 노래가 일본 노래가 분명하다는 사실을 이해시켜야 한다. 가사에 일본어보다 영어가 더 많이 등장하기는 하지만 말이다. 또 아랫세대에 고토 신페이(後藤新平 : 일본의 정치가. 대만의 경제를 근대화하는 데 힘써 대만을 재정적으로 자립한 일본의 식민지로 만들었다)나 야마모토 후지코(山本富士子 : 1930~40년대 일본에서 유명했던 여배우)

가 누구인지 알려주어야 하고, 마찬가지로 윗세대에는 오자와 마도카(小澤圓 : 일본의 포르노 여배우)나 무라카미 하루키(村上春樹)가 누구라는 것을 설명해 주어야 한다.

선량하고 순수한 동기로 이런 교량으로서의 역할을 하는 것은 말처럼 그리 쉬운 일이 아니다. 바다 같이 깊고 넓은 지식을 가지고 있어도 스스로는 아는 것이 적다고 겸손해야 하고, 허리를 굽히고 자신의 존재를 최대한 내세우지 않아야 한다. 또 자각적인 책임감과 의무를 다해 봉사하면서도 대가를 바라지 않아야 한다.

미야가 '일본문화 이야기' 라는 인터넷 홈페이지를 만든 것이 이와 비슷한 동기 때문이었는지는 알 수 없지만, 그녀는 오랫동안 그 누구보다도 적절한 다리의 역할을 해왔다.

내가 '그 누구보다도 적절하다' 고 표현한 것은 그녀에게 선택의 여지가 없이 주어진 혈연이나 언어, 문화적 배경으로 인해 형성된 그녀의 특수한 편리성, 혹은 다양한 시각 때문이 아니다. 바로 무의식적인 것 같지만 사실은 의도적인, 그리고 매우 자연스럽게 형성된 평범한 소통 방식 때문이다.

매우 복잡한 것처럼 들리지만, 간단히 말하면 미야의 평범한 소통방식으로 인해 그녀가 마치 이웃에 사는 소박하고 부지런한 일본 여성, 혹은 누이처럼 느껴진다는 말이다. 누군가 무심코 집 앞을 지나다가 그녀에게 일본에 대한 것 ─ 아주 사소한 것일지라도 ─ 이라도 물을라치면, 문간에 서서 시시콜콜하게 이야기해 주고, 심지어는 저녁 준비와 빨래, 집안 청소 등 집안일이 쌓여있다는 사실도 잊은 채 술술 이야기를 풀어내줄 것 같은 느낌이다. 홈페이지나 책에서 무의식적인 것 같지만 의도적으로 사용된 이런 소통 방식은 이제 그녀만의 독특한 멋이 되었다. 비록 그녀 스스로는 깨닫지 못하고 있을지 몰라도 말이다.

미야의 홈페이지에 들러 그녀가 쓴 글을 읽고, 또 사방팔방에서 찾아온 손님들의 기상천외한 질문에 대한 그녀의 대답이나 일상의 잡다한 이야기들을 훑어보는 것은 이미 나의 습관적인 일과가 되어버렸다. 때로는 아버님을 비롯한 그 나이쯤 되는 분들이 인생의 가장 적적한 시기에 미야를 만나게 된다면, 그 역시 행복이 아닐까 하는 생각도 해본다. 입담이 좋은 사람과 마주앉아, 자식들은 전혀 알지 못하거나, 자세히 알지 못하는 일본의 여러 가지 것들에 대해 이야기한다면, 지식이 얄팍하다고 무시당할까봐 걱정할 필요도 없고, 또 아랫세대에게 도전받을 때 느끼게 되는 무력감도 들지 않을 것이다. 어차피 미야는 자식뻘밖에는 되지 않는 나이가 아닌가 말이다.

내 나이 또래에게는 '외국인'으로부터 번역을 거치지 않고 자신이 익숙한 언어 그리고 자신과 큰 차이를 찾아볼 수 없는 표현 방식을 통해 타국의 음식과 생활, 놀이, 사랑, 역사상 소소한 일화에 이르기까지 다양한 내용을 평이하게 들을 수 있다는 것만으로도 꽤 큰 재미이자 얻기 힘든 경험이 아닐는지. 하지만 가끔씩 은근한 좌절감이 드는 건 감수해야 할 것이다. 귀 기울여 듣다보면 문득 '이 사람이 어떻게 우리말을 나보다도 더 잘할 수 있지?'라는 생각이 들 테니까.

대만의 극작가 우녠전(吳念眞)

차례

1. 음식 : 飮食

'인스턴트 음식'의 도시

1590년 도쿠가와 이에야스(德川家康)가 도요토미 히데요시(豐臣秀吉)의 명을 받고 에도로 이주한 지 13년 후, 에도에 바쿠후(幕府)가 설립되면서 새조차도 둥지를 틀지 않는다던 에도는 일약 일본 정치의 중심지로 부상했고, 그 후 지금까지 그 지위를 유지하고 있다.

에도는 바로, 지금의 도쿄이다.

에도는 계획도시였다. 도쿠가와 이에야스가 처음 에도로 입성하면서 많은 무사, 즉 사무라이들을 데리고 들어오기는 했지만, 사무라이들은 본래 무언가를 생산하는 일과는 거리가 멀었고, 또 에도에 농사를 짓고 사는 사람들이 많은 것도 아니었다. 사무라이들의 식량 문제를 해결하기 위해서는 이곳을 상업도시로 만들고, 외지에서 노동자와 상인들을 불러 모으는 방법밖에는 없었다. 당시 에도는 해안가에 위치해 있었기 때문에 사무라이 계급의 가옥은 모두 에도성의 후방에 위치해 있었고, 일반 서민들은 바다를 메워서 만든 땅 위에 터전을 잡고 살고 있었다. 바다를 메우는 작업은 몇 단계로 나누어서 진행되었는데, 맨 먼저 지금의 긴자(銀座)가 만들어졌고, 그 후 계속해서 간척지가 확대되었다. 오늘날 니혼바시(日本橋)부터 시나가와(品川) 일

17세기의 「에도 병풍도」(니혼바시 가운데 일부). 에도의 왁자지껄하고 번화한 모습을 묘사했다.

대는 모두 당시 바다에 흙을 메워 만든 간척지다.

　에도가 신흥도시였던 까닭에 홀로 부임한 사무라이 계급이 전체 인구의 절반을 차지했다. 나머지 절반이 일반 서민들이기는 했지만, 그들 역시 대부분 성공을 위해 외지에서 흘러들어온 독신남들이었고, 여자의 비율은 매우 적었다. 이러다보니 자연히 집에서 직접 밥을 지어먹는 사람이 거의 없다시피 했다. 설령 아내가 있다 해도 여자들 역시 남편의 일을 돕기 위해 일을 하거나, 다른 부업을 하느라 하루

종일 바쁘게 일해야 했기 때문에 가사 일을 돌볼 시간이 없었다. 그래서 에도는 소비의 도시이자 '인스턴트 음식'의 도시가 되었다.

당시 '인스턴트 음식'의 주요 공급자는 긴 멜대에 음식이 든 광주리를 달아 어깨에 걸머지고 다니는 상인들이었다. 그들은 처음에는 야채와 생선 등을 팔았지만, 점점 조리한 음식들을 가지고 다니며 팔기 시작했다. '료리쟈야(料理茶屋 : 객실을 두고 주문에 따라 손님에게 요리를 제공)'라는 곳도 있었지만, 이곳은 잠시 쉬며 차를 마시거나 간단한 안주와 함께 술을 마시는 곳 정도였지, 제대로 된 한 끼 식사를 할 수 있는 곳은 아니었다.

1657년, 에도에서 '후리소데(振袖) 화재'*가 일어났다. 이 화재로 에도의 집들 가운데 3분의 2가 잿더미가 되자, 그 후 불에 타버린 집들을 복구하고, 다리와 길을 보수하고, 절과 탑을 새로 지으면서 에도 전체가 공사하는 소리로 요란했다. 그러자 복구 현장에서 일하는 우람한 장정들에게 식사를 제공하기 위한 간단한 식당들이 생겨나게 되었다. 이들 식당은 대부분 밥과 국 한 그릇, 반찬은 한 가지 뿐인 간단한 식사를 제공했다.

얼마 후, 아사쿠사(淺草)에서 나라차메시야**라는 음식점이 생겨났는데, 이것이 바로 서민들을 상대로 한 일본 최초의 음식점이었다. 차메시야(茶飯屋)는 지금의 음식점과 같은 개념으로, 제대로 갖춘 음식을 파는 곳이었고 차메시(茶飯)란 찻잎을 띄워 간장이나 술을 조금 넣

---

* 에도의 3대 대화재 중 하나로, 절에서 당시 여성들의 옷인 후리소데를 태운 것에서 불길이 시작되어 10만 명 이상의 사상자가 발생했다고 한다.
** 나라차메시 : 나라의 동대사, 흥복사에서 시작한 것으로 볶은 차에 콩 등을 넣고 소금으로 간하여 지은 밥.

나라차메시야는 일본에서 현대적 음식점 개념으로 처음 생긴 음식점이었다.

고 지은 밥을 의미했다. 지금도 몇몇 일본식 음식점에서는 쌀밥, 국, 그리고 몇 가지 음식과 디저트를 1인분씩 쟁반 하나에 담아 개인별로 각각 내놓는다. 프랑스 파리에서 음식점이 처음 탄생한 것은 1765년 의 일이고, 영국 런던에서는 1828년이었던 것과 비교하면, 에도의 음 식 문화가 유럽보다 한참 앞서 있었음을 짐작할 수 있다.

요리 서적도 활발하게 출간되었다. 1674년, 사계절 요리를 모두 담 은 『에도요리집』이 출간되었는데, 내용은 비교적 충실했지만 일반 서 민들이 그대로 따라하기에는 무리가 있는 음식들이 많았다. 진정한 의미의 최초의 가정 요리 서적은 아마도 『두부백진(豆腐百珍)』일 것이

에도 중기에는 노점상이 보편화되기 시작해 만엔(萬延) 원년(1860년)까지 4천 개에 가까운 노점상이 성업했다고 한다.

다. 1782년에 출간된 이 책에는 1백 종의 두부 요리법이 담겨 있는데, 당시 큰 인기를 끌어 이듬해에 속편까지 출간되었고, 몇 년 후에는 두부 요리만 332가지가 수록된『두부백진여록(豆腐百珍餘錄)』이 출간되기도 했다. 미식가이자 작가이기도 한 다니자키 준이치로(谷崎潤一郎)는『두부백진』에 수록된 요리법에 따라 직접 요리를 해서 1백 가지의 두부 요리를 모두 먹어보았다고 한다. 일본에서 주식을 다룬 최초의 요리 서적은 바로 1802년에 출간된『명반부류(名飯部類)』였다.

1780년 이후, 에도에 화로가 보급되면서 그에 따라 등장한 것이 바로 노점상이었다. 당시 노점상에서 팔았던 주전부리 음식들이 바로 현대 일본 요리에서 간단하게 먹을 수 있는 음식들의 원형이 되었다.

덴푸라와 장어꼬치, 스시, 간토니(關東煮)*, 우동, 소바, 오징어구이, 우메가에모치**, 보타모찌(牡丹瓶)*** 등이 그렇다. 그런데 이런 노점 상들의 주 고객층은 서민들이었고, 사무라이 계급이나 상인들은 노점상을 거들떠보지도 않았다. 중류층 이상은 외출할 때 대부분 도시락을 지니고 다니거나 음식점에서 주문해서 먹었고, 신분을 아랑곳 하지 않고 이런 서민 음식을 먹었던 사람들은 거의 하급 사무라이들 밖에 없었다. 노점상은 시몬야(四文屋)라고도 불렸는데, 모든 음식이 4몬(文)****이었기 때문이다. 4몬이면 오늘날의 화폐로 200엔 정도 되는 가격이다.

노점상에서 가장 인기 있는 메뉴는 덴푸라와 스시, 즉 튀김과 초밥이었다. 덴푸라는 기름에 튀긴 음식이었는데, 바쿠후가 화재 예방을 이유로 실내에서 덴푸라를 파는 것을 금지했기 때문에, 이 덴푸라는 노점상에서나 먹을 수 있는 음식이 되었다. 그래서 당시 고급 음식점만 찾던 고급 사무라이와 부유한 상인들은 덴푸라를 먹을 수 없었다. 바쿠후 시대 말기에 금지령이 해제되자 일반 음식점에서 고급 덴푸라를 팔기 시작했다. '에도마에즈시'(에도 만. 지금의 도쿄 만에서 잡은 생선으로 만든 초밥), 즉 오늘날의 니기리즈시에 얽힌 매우 재미있는 일화도 있다.

1800년경 바쿠후 11대 쇼군인 도쿠가와 이에나리(德川家齊)는 사치를 일삼고 여색을 밝히는 방탕아였다. 그는 정실부인 외에도 여러 명

---

* 오뎅을 간토 지방에서는 간토니 또는 간토다끼(關東炊)라고 함.
** 구운 찹쌀떡.
*** 떡의 일종. 경단.
**** 일본의 옛 화폐 단위.

튀긴 덴푸라는 초기에는 노점상에서만 만들어 팔 수 있었다. 허리에 칼 두 자루를 찬 무사가 음식은 먹고 싶지만, 남들 눈에 띄기 싫어 두 건으로 얼굴을 가리고 노점상을 찾은 것을 묘사한 그림이다.

의 첩을 거느렸는데, 그중 한 명인 나카노 세키오(中野石翁)가 쇼군에게 가장 신임을 얻으며 막강한 권력을 쥐고 있었다. 그는 무코지마(向島)에 호화로운 저택을 짓고 벚꽃을 가득 심은 정원을 꾸몄으며, 특별히 유리창을 내어 제작한 배를 타고 매일 스미다강(隅田川)을 따라 무코지마와 에도 사이를 오갔다. 당시 그가 바쿠후 최고의 세력가였던 까닭에 관직

을 청탁하기 위해 그의 집을 찾아오는 사람이 하루에도 수십 명씩 되었고, 언제부턴가 그의 집 주변에는 뇌물로 선사하기 좋은 사치품을 파는 상점들이 하나둘씩 생겨나게 되었다. 그러자 한 스시 음식점 주인이 식초를 넣고 비빈 스시밥 위에 가장 맛있는 생선 부위를 얹은 니기리즈시를 개발해 나카노 세키오의 집 부근에 분점을 냈다. 그 전까지 에도 지방의 스시는 초밥과 생선을 나무틀에 넣어 모양을 낸 후 네모나게 썬 하꼬즈시가 대부분이었다.

그런데 그 후 니기리즈시가 인기를 끌면서, 뜻밖에도 노점상의 주요 메뉴로 떠올랐고, 생선회 외에도 계란이나 새우, 설탕을 넣고 조린 장어 등을 얹은 스시 등 각양각색의 니기리즈시가 속속 탄생했다. 니

기리즈시의 가격은 모두 8몬이었다. 가격이 다른 음식의 두 배였기 때문에, 나중에는 저렴한 이나리즈시(유부초밥)와 데마끼즈시(김초밥)가 탄생하기도 했다.

당시 에도 사람들은 아마도 몇 백 년 후 덴푸라와 스시가 쇼비니즘의 상징으로 전락하게 될 줄은 꿈에도 상상하지 못했을 것이다.

최근 일본 방송국에서 '많이 먹기 대회'와 같은 프로그램들을 자주 방송하는데, 1817년에 이미 이와 비슷한 경연대회가 열렸었다는 기록이 있다. 당시 최고 기록을 살펴보면, 주식 부문에서는 흰 쌀밥 53공기와 간장 3홉(1홉=180㎖), 간식 부문에서는 만두 50개와 양갱 7개, 전병 31개, 차 19잔이 최고 기록이었고, 주류 부문에서는 술 25리터를 마신 후, 한동안 휴식 후 다시 물 17잔을 마신 것이 최고 기록이었다고 한다. 아마도 에도 시대의 '음식거품 시기'에 세워진 기록인 듯하다.

에도의 미식

해마다 초여름이 되면 에도 사람들이 '마누라를 잡혀서라도' 먹어야 한다는 음식이 있었다. 바로 '하쓰가츠오(初鰹)'인데, 그해 처음으로 잡혀 시장에 나온 첫물 가다랑어였다. 하쓰가츠오가 시장에 나올 때마다 일본인들이 가장 먼저 떠올리는 하이쿠(俳句)*는 아마도 에도 시대의 시인이자 마쓰오 바쇼(松尾芭蕉)**의 의형이었던 야마구치 소도(山口素堂, 1642~1716)의 대표작일 것이다.

눈에는 여린 잎이 보이고
귀에는 두견새 우는 소리가 들리니
하쓰가츠오 생각이 절로 나네

마쓰오 바쇼가 가장 아끼는 제자였던 무로이 기카쿠(室井其角, 1661~1705)도 하쓰가츠오에 관한 시를 남겼다.

보랏빛 등꽃이 피니

* 5·7·5의 음수율을 지닌 17자로 된 일본의 짧은 정형시.
** 일본의 유명한 시인.

하쓰가쓰오가 시장에 나오면, 가격은 비쌌지만 눈 딱 감고 일단 먹고 보자는 것이 에도 사람들의 생각이었다.

> 하쓰가츠오 먹을 날만
> 손꼽아 기다리누나

에도 사람들은 왜 이렇게 하쓰가츠오를 좋아했을까? 이유는 매우 간단한다. 맛있기 때문이다.

가다랑어는 보통 태평양에서 쿠로시오 해류를 따라 북상해 홋카이도 남쪽에서 방향을 틀어 다시 남하하는 습성을 가지고 있다. 2~3월에 규슈(九州)에서 처음 모습을 드러낸 가다랑어가 고치현(高知縣)과 와카야마현(和歌山縣) 앞바다를 지날 때쯤에는 아직 살이 오르지 않아 가쓰오부시(鰹節)*를 만드는 데는 적당하지만, 회로 먹기에는 빈약한 감이 있다. 그곳에서 계속 전진한 가다랑어가 시즈오카현(靜岡縣)에 다다라 이즈 반도를 빙 돌아 5월 초 가나가와현(神奈川縣)의 사가미

---

* 가다랑어를 쪄서 여러날에 걸쳐 말린 것. 대패 같은 도구로 얇게 깎아서 요리에 사용한다. 우동 국물을 만드는 주요 재료.

만(相模灣)을 지날 때쯤이면 두툼하게 살집이 올라 회로 먹기에 가장 좋은 크기가 되는데, 에도 사람들이 하쓰가쓰오를 먹기 위해 어시장으로 몰려드는 시기가 바로 이때다.

하쓰가쓰오를 먹는 방법에는 두 가지가 있었다. 하나는 고치현의 다다키인데, 센 불을 멀리서 쬐어 가다랑어 표면에 살짝 흰 빛이 돌 정도로 익힌 후, 얇게 저며 생강즙을 섞은 간장에 찍어 먹는 것이고, 다른 하나는 그대로 회를 떠서 먹는 것으로, 주로 간토 지방에서 이렇게 먹었다. 왜 그런지는 몰라도 가다랑어회는 와사비를 푼 간장과는 잘 어울리지 않고, 생강즙이나 마늘즙, 혹은 무즙을 곁들인 간장에 찍어 먹어야 제 맛이다. 에도 시대에는 겨자를 푼 미소된장에 찍어먹었다.

오래전 기록에 의하면 1812년 3월 25일 니혼바시의 어시장에 가다랑어 17마리가 들어왔는데, 그중 쇼군의 집에서 6마리를 사고 에도 최고의 요릿집에서 3마리를 샀으며, 나머지 8마리만이 생선 장수들에게 도매로 팔렸다고 한다. 당시 가격이 2냥 1부로, 지금의 화폐가치로 계산하면 약 27만 엔이나 된다니 정말 놀라움을 금할 수 없다. 물론 일반 서민들은 시장에 물량이 많아져 가격이 내려간 후에야 사먹을 수 있었다.

사실 에도 사람들이 가다랑어만 좋아했던 것은 아니다. 해산물, 채소 할 것 없이 그해 처음으로 출하한 물건은 나오기가 무섭게 팔려나갔다. 그들은 시장에 첫 출시된 신선한 음식을 먹으면 75세까지 장수할 수 있다고 믿었기 때문이다. 이 때문에 에도 근교의 농가에서는 채소를 단 며칠이라도 빨리 수확하기 위해 농민들이 저마다 생장을 촉진시키는 효과가 뛰어나다는 인분을 비료로 사용하면서, 인분 가격

22

니혼바시 어시장은 에도 시대의 가장 중요한 해산물 판매시장이었다.

이 천정부지로 치솟기도 했다. 결국에는 바쿠후가 과열 경쟁이나 가격 폭등을 막기 위해 채소나 해산물 등을 판매할 수 있는 시기를 제한하기에 이르렀다.

시장에 막 나온 해산물이나 채소를 사먹는 것은 에도 사람들이 한 해에 단 몇 번밖에 누릴 수 없는 사치였다. 그렇다면 평상시에는 어떤 음식을 먹었을까? 대부분 믿기 힘들겠지만, 일본에서 하루에 세 끼를 먹는 습관이 정착된 것은 1700년 이후의 일이다. 그 전에는 대부분의 사람들이 하루에 두 끼만 먹었다. 훗날 에도성 건축 현장에서 일하는 인부들이 아침과 저녁 사이에 간식을 먹는 습관이 점차 한 끼 식사로 굳어지면서 점심 식사가 보편화된 것이다.

에도 사람들은 대부분 하루 먹을 분량의 쌀밥을 아침에 한꺼번에 지어놓았다. 아침에 먹는 것이라고는 쌀밥에 된장국, 절인 야채가 고작이었고, 여기에 낫도*라도 곁들이게 되면 더할 나위 없이 풍성한 식

* 삶은 콩에 낫도균을 넣어 발효시킨 음식. 우리나라의 청국장과 비슷하다.

사였다. 점심에는 아침에 먹고 남은 된장국에 쌀밥을 말아 훌훌 마시면 그만이었다. 만약 지금 이렇게 먹는다면, 남들로부터 곱지 않은 시선과 함께 교양이 없다는 등, 핀잔이 쏟아질 것이 분명하다. 저녁에는 몇 가지 반찬이 더 곁들여졌기 때문에 저녁 무렵이면 상인들이 조리한 반찬 몇 가지를 메고 다니며 팔기도 했다.

당시 에도 사람들 중에는 집에서 직접 음식을 해먹는 사람이 거의 없었다고 보면 된다. 서민들은 대부분 여러 가구가 한 곳에 모여 살았기 때문에 부엌이 없었고, 또 혼자 사는 남자들이 많아 직접 밥 해먹는 것을 귀찮아했기 때문이다. 사실 곳곳에서 부식품을 파는 상점들이 많았기 때문에 밥만 있으면 굳이 요리를 직접 해야 할 필요가 없기도 했다.

간토 지방의 음식은 간사이 지방에 비해 맛이 다소 진한 것이 특징이어서, 집집마다 간장과 단맛이 나는 요리술, 가츠오부시(鰹節)를 넣고 조린 음식이 많았다. 간사이와 간토 지방의 우동을 비교해 보면, 맛의 차이가 크다는 것을 느낄 수 있다. 간토 사람이 미역으로 맛을 낸 간사이의 우동을 먹으면 "아무런 맛이 없다."고 불평을 할 것이고, 반대로 간사이 사람이 대구를 넣고 끓인 간토의 우동을 먹으면 "맛이 너무 진해 입에 맞지 않다."라고 할 것이다.

복어, 그리고 몰래한 사랑

'복어는 먹고 싶되, 목숨이 아깝구나.'

복어에 얽힌 일본의 유명한 속담이다. 중국에도 '죽음을 무릅쓰고 복어를 먹는다.' 라는 말이 있다. 그도 그럴 것이, 예로부터 복어의 절묘한 맛과 목숨을 맞바꾼 사람들이 헤아릴 수 없이 많았다.

에도 시인 마쓰오 바쇼는 매우 신중한 성격의 소유자였던 것 같다.

복어국이라고 했소?

도미도 있지 않소?

정말 목숨 아까운 줄도 모르는 군

하지만 이렇게 신중한 그도 결국에는 복어의 유혹을 뿌리치지 못했다.

아이고, 아무 일 없었구나

어젯밤을 편안히 보냈구나

복어국을 맛보았네

1백 년 후, 역시 에도 시인인 고바야시 잇사(小林一茶)도 쉰 살이 되어서야 처음으로 복어의 맛을 보았다.

　　나이 오십을 넘겨
　　기어이 복어 맛을 보았네
　　밤은 어찌 이리도 빨리 오는고

복어 맛을 한 번 보고난 고바야시 잇사는 죽음도 불사할 각오를 한 듯하다. 하지만 왜 남들에게까지 그런 모험을 부추겼는지는 모르겠다.

　　복어를 맛보지 않은 사람에게는
　　후지산의 비경을
　　절대로 보여줄 수 없지

그런데 에도 시인들도 그 맛을 극찬해마지 않던 복어가 전국(戰國) 시대 도요토미 히데요시의 골머리를 앓게 할 줄 누가 알았을까. 당시 천하를 쥐락펴락하던 도요토미 히데요시는 전공을 세운 무장들에게 하사할 토지를 확보하기 위해 1592년에 임진왜란을 일으켜 조선을 침략했고, 이 전쟁은 1598년까지 이어졌다. 전국 각지에서 소집된 사무라이들은 히젠(肥前)의 나고야성(名護屋城, 오늘날의 규슈 사가현佐賀縣 가라쓰시唐津市)에 집합해야 했다. 그런데 그곳으로 가자면 반드시 거쳐야 하는 야마구치현(山口縣)의 시모노세키(下關)와 북규슈 일대가 하필이면 유명한 복어 산지였던 것이다. 결국 복어에 독이 있다는 사실을 알지 못하는 사무라이들이 집합지에 닿기도 전에 시모노세키 부

에도의 내로라하는 하이쿠 시인이었던 마쓰오 바쇼(오른쪽)와 고바야시 잇사(왼쪽)도 복어의 감미로운 유혹을 이겨내지 못했다.

근에서 잇따라 목숨을 잃는 지경이 되었다. 이 사실을 안 도요토미 히데요시는 "그렇게 죽고 싶으면 조선에 가서 죽을 것이지!"라고 호통치며 노발대발 화를 냈고, 당장 사무라이들에게 복어를 먹지 못하도록 금지령을 내렸다.

당시 복어국이 이미 보편화되어 서민들까지도 복어국을 즐겨 먹었는데, 사무라이와 다이묘(大名)*가 '복 먹을 수 있는 복'을 누릴 수 없게 되었던 것이다. 사무라이들이 목숨보다 중요시하는 것이 바로 '충성'이 아니었던가. 주인을 위해서라면 기꺼이 스스로 배를 갈라 목숨을 끊었고, 또 그것을 영광으로 여겼던 이들이 바로 사무라이였다. 그런데 그런 이들이 한낱 복어에게 목숨을 잃었다고 한다면 지나가던

* 10세기경부터 19세기 말까지 넓은 영지와 강력한 권력을 가지고 있던 세력가를 말함.

복어 전문 요리사의 복어 요리는 안심하고 먹을 수 있다. 요즘은 일본 각지서 복어 전문점을 쉽게 찾아볼 수 있다. 〈촬영 - 모로 미야〉

사람이 배를 잡고 웃을 일이 아닌가. 또 자자손손 이어질 그 치욕은 어찌 감당한단 말인가. 결국 각지의 한슈(藩主)*들은 사무라이들이 복어를 먹지 못하도록 엄격하게 금지하기에 이르렀다. 복어의 주요 생산지 가운데 하나였던 조슈한(長州藩, 야마구치현)에서는 한 다이묘가 복어를 먹고 죽었다는 이유로 녹봉을 몰수당하고, 그 자식들까지도 서민 신분으로 전락하는 불운을 겪기도 했다.

간사이 지방에서는 복어를 '후쿠' 라고 하여 '복(福)' 과 동음이의어가 되고, 간토 지방에서는 '후구' 라고 부르는데, 에도의 서민들은 복어를 한 번 '맞으면' 죽는다는 의미로 '뎃포(鐵砲)'**라고 불렀다. 에

* 에도 시대의 영주를 일컫는 말.
** 소총을 말함.

28

도 사람들에게 복어는 그야말로 애증의 존재였던 것 같다.

당시 복어에 얽힌 이런 우스갯소리가 유행하기도 했다.

어느 날 많은 사람들이 모인 자리에 어떤 이가 복어국을 가지고 왔으나 아무도 감히 손을 대려는 사람이 없었다. 하지만 그 맛을 포기하는 것 역시 먹는 것만큼이나 용기가 필요한 일이었다. 모두들 복어국을 가운데 놓고, 머리를 맞대고 궁리를 했다. 그때 누군가 이렇게 말했다.

"저기 다리 위에 있는 걸인에게 먼저 한 그릇 주어보는 게 어떻겠소?"

"그것 참 좋은 생각이오!"

사람들은 복어국을 한 그릇 떠다가 걸인에게 슬쩍 건넸다. 걸인은 먹을 것을 보자마자 연신 바닥에 머리를 부딪쳐 절하며 고맙게 받았다. 그리고 얼마쯤 지나 몰래 가보니, 걸인은 여전히 다리 위에 건재해 있었다. 사람들은 그제야 마음 놓고 복어국을 맛있게 먹었다. 모두들 거나하게 취기가 오르자, 부른 배를 두드리며 이쑤시개를 입에 물고 나와 걸인에게 물었다.

"어떤가? 맛이 기가 막히지?"

걸인이 되물었다. "모두 드셨습니까?"

"그럼, 아주 잘 먹었지."

그러자 걸인이 이렇게 말했다.

"그래요? 그럼 나도 먹어야겠군요."

에도 사람들은 복어 먹는 것을 몰래한 사랑에 비유하기도 했다.

남의 아내와 사사로이 정을 통하면

가슴은 두 근 반 세 근 반이지만 그 맛이 일품이네

복어를 먹는 것과 비슷하지 아니한가

에도 시대에는 결혼한 여성이 다른 남자와 정을 통하다 발각이 되면, 남편이 아내와 정부를 모두 죽여도 그 죄를 묻지 않았다. 그러니 남의 아내를 탐하는 것은 '죽음도 불사할 수 있는' 정신이 있어야 가능한 것이고, 복어 역시 조마조마한 불안감을 느껴야만 그 녹아드는 맛을 즐길 수 있지 않은가. 하지만 말은 그렇게 해도 실상 자신의 아내와 정부를 죽이기까지 하는 사람은 드물었고, 대부분 정부가 돈을 물어주고 일을 마무리 지었다고 한다. 1730년대 오오카 에치젠노카미(大岡越前守)*가 간통 사건에 대해 정부가 남편에게 7냥에 해당하는 금자(金子) 한 덩이를 보상금으로 지급하라는 판결을 내렸는데, 그때부터 이 보상금의 액수가 '시세'가 되어, 5냥이나 7냥만 내면 남의 아내와 정을 통할 수 있는 불문율이 생겨났다고 한다. 게다가 나중에는 더 발전해 이를 이용해 돈을 뜯어내는 '꽃뱀'들이 나타나 '성업'을 하기도 했다. 천하의 명재판관이 꽃뱀의 창시자가 된 셈이니, 정말 아이러니한 일이다.

에도 시대에는 복어를 대부분 국으로 끓여먹었다. 그렇다면 일본인들이 복어를 날 것으로 먹었던 것은 언제부터일까? 또 이런 무모한 본보기를 보일 만큼 간 큰 사람은 과연 누구였을까? 대답은 간단하다. 당연히 바쿠후 말기 시모노세키에서 활약했던 유신지사(維新志士)

---

* 에도 시대의 유명한 재판관.

들이었다. 그중에서도 특히 다카스기 신사쿠(高杉晉作, 1839~1867)[*]가 제일 적극적인 주동자였다. 반면 동료들에게 겁쟁이라고 아무리 조롱을 당해도 절대로 복어를 먹지 않았던 이도 있었으니, 바로 두 차례나 메이지(明治) 신정부의 내각총리를 역임했던 야마가타 아리토모(山縣有朋, 1838~1922)다. 당시 야마가타 아리토모가 다카스기 신사쿠에게 "내가 복어를 먹지 않는 것은 복어가 화났을 때 한껏 부풀어 오른 모양이 싫기 때문이오."라고 항변하기도 했다고 한다. 아마도 이런 신중한 성격이 바쿠후 말기의 거친 풍랑 속에서도 그가 89세까지 살 수 있었던 비결이 아니었나 싶다. 반면 다카스기 신사쿠는 스물아홉의 나이에 요절했다. 하지만 그가 죽은 직접적인 원인은 복어가 아니라 폐결핵이었다.

메이지 시대로 들어서자 일본 정부는 복어 매매를 법률로 엄격히 금지했다. 그런데 1888년 당시 총리였던 이토 히로부미(伊藤博文)가 시모노세키를 방문했을 때, 슌판로(春帆樓)라는 요정의 여주인이 복어 요리를 이토 히로부미에게 보냈다. 국법에 위반된다는 것을 알면서도 위험을 무릅쓴 행동이었다. 그런데 복어를 처음 맛본 이토 히로부미가 복어의 절묘한 맛에 감탄을 연발하며 그 자리에서 야마구치현의 현장을 불러 금지령을 해제할 것을 명령했다. 도쿄에서는 1892년에 이 금지령이 해제되었다. 1909년에는 다와라 요시즈미(田原良純) 박사가 복어의 간장과 난소에 있는 독을 추출해내는데 성공하고, 이 독을 '테트로도톡신(tetrodotoxin)'이라고 명명했다. 지금은 정식 자격증을 가진 요리사만이 복어를 요리할 수 있기 때문에 일반 음식점에

---

[*] 일본의 유명한 존왕파(尊王派) 지사.

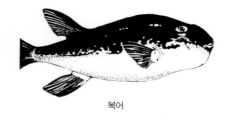
복어

서는 복어를 먹고 목숨을 잃는 사건이 일어나지 않는다.

복어 요리에는 복어회와 복어국, 복어지느러미술, 그리고 복어튀김이 있다. 복어의 정낭(精囊)은 속칭 '시라코(白子)' 라고도 하는데, 좀더 고상하게 '서시(西施)*의 유방' 이라고 부르기도 한다. 개인적으로는 복어회도 맛있지만, 복어튀김이 더 맛있는 것 같다.

*중국 춘추전국시대의 유명한 미인.

장어와 다이코쿠(大黑)

일본에서 한 해에 소비되는 장어의 양이 15만 톤에 달한다고 한다. 장어 한 마리의 무게가 대략 2백 그램이니, 1킬로그램이면 다섯 마리가 되고, 15만 톤이면 7억 5천만 마리라는 계산이 나온다. 다시 말해 일본인들은 한 해에 1인당 평균 여섯 마리의 장어를 먹는 셈이다. 그런데 이 15만 톤의 장어 가운에 3분의 1은 대만에서 수입된다. 그렇다면 간단히 계산해도 대만의 장어 양식장 가운데 90% 이상은 일본 수출에 의지해 먹고 산다고 할 수 있겠다. 그러고 보니, 매년 여름만 되면 대만 발 장어 수송용 전용기가 단 하루도 쉬지 않고 나리타공항에 착륙하는 것도 무리가 아닐 듯싶다.

일본에서는 대부분 장어를 가바야키(蒲燒)*의 방법으로 요리해 먹는다. 옛날 사람들은 장어를 길쭉하게 썰어 소금을 묻혀 대나무에 끼워 구워먹었는데, 구워놓은 모습이 부들**을 닮았다 하여 이런 이름이 붙여졌다고 한다. 그 후 간사이 지방에서는 장어의 배를 갈라 쇠꼬챙이에 끼워 그대로 초벌구이를 한 후에 간장 단지 안에 재웠다가 다시 구워먹었다. 반면 간토 지방에서 잡히는 장어는 간사이 지방의 장어

* 소스를 발라 굽는 요리법.
** 꽃이 이삭 모양으로 피는 부들과의 다년초.

보다 지방이 많고 비린내가 강했기 때문에 손이 한 번 더 갔다. 우선 장어를 초벌구이 한 후에 센 불에서 한 번 찌고 마지막으로 다시 불에 굽는 것이다. 그리고 또 한 가지 반드시 대나무 꼬챙이에 끼워야 했다.

그런데 '장어의 배를 가르고, 굽고, 찌고, 또다시 굽는' 기술이 그리 만만한 것이 아니라고 한다. 일류 장어요리사에게 설명을 부탁하면, 십중팔구는 아마도 매우 정중한 말투로 이렇게 말할 것이다. "배 가르는 데 3년, 꼬치 꿰는 데 8년, 굽는 데 평생이라고 했습니다." 말인즉슨, 장어의 배를 가르는 법을 배우는 데만 3년이 걸리고, 꼬치 꿰는 기술을 배우자면 8년이 걸리며, 찌고, 굽는 법을 배우자면 내공을 연마하며 평생을 다 바쳐야 한다는 것이다. 아미타불! 내 꿈이 장어요리사가 아니었던 것을 다행으로 생각해야 할 판이다. 그렇지 않았다면, 3년 동안 배 가르고, 8년 동안 꼬치 꿰고, 평생을 굽기에 전념하며 시집가는 일은 꿈도 못 꾸었을 것이 아닌가.

장어의 배를 가르는 것만 두고 보아도 지방에 따라 차이가 있었다. 간사이에서는 곧이곧대로 장어의 배부터 칼을 댔지만, 걱정 많고 소심했던 에도 사람들은 등부터 갈랐다. 에도는 사무라이들의 도시였기 때문에 장어의 배부터 가르면 사무라이들의 할복을 모독하는 행위로 비춰질 수 있다고 생각했기 때문이다. 하지만 장어 입장에서 본다면 오히려 등부터 갈라질 때 일종의 '굴욕'을 느끼지 않았을까? 장어라고 해서 영웅적이고 비장한 모습으로 죽고 싶지 않으라는 법은 없으니 말이다.

가바야키에 얽힌 재미있는 이야기도 있다.

에도에 이름난 구두쇠가 있었다. 하루는 장어 가바야키가 무척 먹고

장어는 대부분 가바야키라는 요리법을 쓰는데, 손님인 무사들에게 실례를 범하지 않기 위해 장어를 가를 때에는 반드시 등부터 갈랐다고 한다. 전문 음식점 외에 노점상에서도 저렴한 가격에 장어 가바야키를 맛 볼 수 있었다.

싫었지만 사먹자니 돈이 아까웠다. 그래서 그는 장어 가바야키를 파는 식당 앞으로 갔다. 식당에서는 장어 굽는 냄새가 솔솔 풍겨 나와 코를 간질였다. 그는 숨을 깊이 들이켜 장어 냄새를 맡더니 탄식하듯 말했다.

"음, 정말 좋은 냄새군. 군침이 절로 흐르네 그려."

그러더니 그는 한달음에 집으로 달려가 밥을 한 수저 듬뿍 떠서 입에 넣더니, 코끝에 남은 냄새가 가실세라 서둘러 밥을 삼켰다. 그가 하루가 멀다 하고 식당 앞을 오락가락하며 냄새만 맡자, 못마땅하게 생각한 식당 주인이 그에게 '냄새 맡은 값'을 지불하라고 했다.

"웃기는 소리 하지 마쇼! 난 장어 가시 하나도 입에 넣지 않았는데 돈을 내라니!"

"먹지는 않았어도 냄새는 맡았잖아!"

식당 주인의 억지에 머리끝까지 화가 난 구두쇠가 허리춤에서 엽전 꾸러미를 꺼내 바닥에 내동댕이쳤다.

엽전들이 '짤랑짤랑' 소리를 내며 바닥에 떨어졌다. 그러자 구두쇠는 엽전을 서둘러 줍더니 식당 주인에게 이렇게 말했다.

"돈은 못 받았지만 소리는 들었으니 이걸로 됐겠지?"

도요노우시노히(土用の丑の日)*는 바로 일본에서 '장어를 먹는 날'이다. 매년 입춘과 입하, 입추, 그리고 입동이 되기 18일 전을 바로 도요날(土用日)이라고 하는데, 일본인들은 이날 장어를 먹는 풍습이 있다. 평소에는 장어를 잘 즐기지 않는 사람들도 이날만은 꼭 장어를 챙겨 먹곤 한다. 중국인들이 단오에 쫑즈(粽子)**를 먹는 것과 비슷하다. 이런 풍습을 만든 사람은 에도의 기인(奇人) 히라가 겐나이(平賀源內, 1728~1779)였다. 히라가 겐나이는 통속 소설부터 의학, 전기에 이르기까지 다방면으로 박학다식한 사람이었는데, 당시 한 장어 식당 주인이 그에게 이렇게 물었다.

"어떻게 하면 장사가 더 잘 될 수 있을까요?"

그러자 그가 광고 문구를 써주겠다며 붓을 들어 일필휘지로 써내려갔다.

'오늘은 도요노우시노히다.'

식당 주인이 이 문구를 식당 문앞에 붙였더니 과연 손님들이 문전성시를 이루었다. 당시 일본 사람들은 소날, 즉 축일(丑, 우시うし)에는

---

* 여름철 가장 더운 시기의 축일(丑日) 또는 소날.
** 댓잎이나 갈대잎으로 삼각형 모양으로 싸서 찐 찹쌀 주먹밥.

'소'를 뜻하는 일본어 '우시(牛, 우시うし)'의 첫 글자와 같은 발음으로 시작하는 음식을 먹는 풍습이 있었기 때문이다. 가장 많이 먹는 것이 매실(우메보시)과 박과식물(瓜, 우리うり, 특히 참외)이었는데, 장어(우나기)가 맛은 물론 영양에 있어서도 매실이나 박보다 월등히 뛰

일본의 5대 덮밥 가운데 역사가 가장 오래된 것이 바로 장어덮밥이다. 일본에서는 지금도 여름철이 되면 스태미나 보충을 위해 장어를 즐겨먹는다. 〈촬영 - 모로 미야〉

어났기 때문에 그 후부터는 장어가 자연스레 이날의 주인공이 되었다.

일본의 5대 덮밥은 '우나돈(장어 덮밥)', '규돈(쇠고기 덮밥)', '오야코돈(닭고기와 계란을 얹은 덮밥)', '덴돈(튀김 덮밥)', '가쓰돈(돈가스 덮밥)'인데, 이 가운데 우나돈의 역사가 가장 길다. 오늘날 일본에서 사용하는 나무젓가락도 바로 에도 시대에 한 우나돈 식당의 주인이 발명한 것이다.

장어는 '참마'를 뜻하는 '야마이모(山芋)'라는 별칭으로 불리기도 하는데, 이 말도 에도 시대에 승려들이 장어를 부르던 은어였다. 오늘날 일본의 승려들은 결혼을 해 자식을 낳을 수도 있고, 술을 마시거나 비린 것을 먹을 수도 있지만, 에도 시대의 승려들은 원칙적으로 금욕생활을 하고 철저하게 불교의 금계를 지켜야 했다. 그러나 실제로는 금계를 제멋대로 넘나드는 승려들이 적지 않아 자기들끼리만 통하는 은어가 많았다. 미꾸라지를 '무희'라고 하고, 계란은 '흰 가지'였으며, 생선회는 '관불(歡佛)', 참치는 '붉은 두부'라고 했다. 가장 재미있는 것은 술을 '반야탕'이라고 불렀다는 것이다. 아마도 당시 승려

들은 밤마다 '무희'들을 먹으며 '반야탕'을 주거니 받거니 하며 즐기지 않았을까 싶다.

당시 지어진 센류(川柳)*의 한 대목에 당시 승려들이 가장 두려워했던 것이 무엇인지 그대로 드러나 있다.

> 승려가 다이코쿠(大黑)에게 절 한다
> 다이코쿠가 호테이(布袋, 칠복신 중의 하나)로 변하니
> 승려가 안절부절 못 하네

'다이코쿠'는 칠복신**의 하나인데, 승려들의 은어로는 '아내(黑妻)'를 뜻하고, '호테이' 역시 칠복신 가운데 하나로 미륵불처럼 펑퍼짐하게 생겼다. 그런데 비단 옛 승려들만이 아니라, 지금의 남성들도 다이코쿠에게 절하면서 다이코쿠가 호테이로 변하는 것을 두려워하지 않을까 싶다.

---

* 에도 시대 중기 이후 에도를 중심으로 유행한 5·7·5조의 17음 정형시.
** 다양한 복을 가진 일곱 신을 말하는 것으로 '호테이, 에비스, 다이코쿠텐, 비샤몬텐, 벤자이텐, 후쿠로쿠쥬, 주로진'이다.

보탄나베(牧丹鍋)와
모미지나베(牧丹紅葉鍋)

고대 일본 조정이 8세기에 처음으로 '육식금지령'을 내리고 천황이 수차례나 이 법령을 확인하는 조서를 내린 후에야 귀족 계급의 육식 습관을 고칠 수 있었다. 당시 서민들은 모두 절에서 글을 배우고 병이 나도 승려들에게 치료를 받았기 때문에 그들은 승려를 뭐든 못하는 일이 없는 '지식인'으로 추앙했다. 이로 인해 승려들로부터 교육을 받은 서민 계급은 자연스럽게 육식과 멀어지게 되었고, 그로부터 1200~1300년 동안 일본인들은 완전히 육식과 동떨어졌다. 메이지유신 이후에는 신정부가 국민들에게 육류를 먹도록 권장했지만, 이에 따르는 사람이 없어 갖가지 방법을 동원했다고 한다.

그런데 나라에서 육식을 금했다고 해서 정말로 모든 일본인들이 고기를 먹지 않았을까? 게다가 1천 년이 넘는 기간 동안 말이다. 이미 예상했겠지만 물론 불가능한 일이다. 서민들이 정말 부득이한 상황이 아니면 절대로 고기를 먹지 않았던 것은 사실이다. 예를 들어 병이 났을 때나 천성적으로 몸이 허약한 사람이 고기를 먹는 것은 어느 정도 묵인해주는 분위기였고, 심지어 환자들에게는 이 '보양식'을 먹도록 권하기도 했다. 병에 걸린 사람들 외에 이른바 '미식가'도 사냥으로 생계를 잇는 사람들의 주 고객이 되었다.

'야마쿠지라' 라는 간판을 내걸고 멧돼지 고기를 팔던 식당.

　에도 시대에 '보양식'으로 주로 사용되었던 것은 바로 멧돼지와 사슴이었다. 멧돼지는 은어로 '보탄(모란)' 혹은 '야마쿠지라(산고래)' 라고 했다. 사슴 고기는 '모미지(단풍)' 라고 불렀다. 말고기는 그리 흔하지 않았는데, 은어로 '사쿠라(벚꽃)' 라고 했다. 그리고 이런 은어들은 오늘날까지도 사용되고 있다. 이런 고기는 대부분 겨울에 샤브샤브로 해 먹었기 때문에, 지금도 샤브샤브를 파는 식당에서는 '보탄나베(牧丹鍋)', 혹은 '모미지나베(紅葉鍋)', '사쿠라나베(櫻鍋)' 라는 글귀를 써 붙이곤 한다. 일본 여행을 하다가 이런 간판이 붙어있는 식당을 보고 일본인들이 꽃을 좋아한다거나 꽃을 먹는다고 생각한다면 큰 오해다.

소나 말은 에도 시대에 결코 없어서는 안 될 중요한 노동력이었기 때문에 당시에는 가축을 도살하거나 잡아먹는다는 관념이 없었다. 역사적으로 악명이 자자한 제5대 쇼군 도쿠가와 쓰나요시(德川綱吉)는 동물을 끔찍이 사랑해 모든 생물을 학대하거나 잡아먹는 것을 금지하는 '생물린애령(生物憐愛令)'을 내렸다. 만약 농민들이 병이 난 소나 말을 황무지에 버렸다가 적발되면 무인도로 유배되는 처벌을 받았으며, 심지어 실수로 고양이를 우물에 떨어뜨려 죽게 했다가 무인도로 귀양을 간 사람도 있었다. 또 쓰나요시는 자신이 개띠라는 이유로 개를 무척 좋아했는데, 당시에는 서민의 집에서 키우는 개는 물론 떠돌이 개까지도 말 그대로 상팔자를 누렸다. 사람 목숨이 개 목숨보다도 못하다는 말이 나올 지경이었다. 쓰나요시가 떠돌이 개들을 데려다 보살피는 개집을 따로 만들자, 서민들은 그를 '이누쿠보(犬公方)', 즉 '개 쇼군'이라 조롱하며 숙덕거리기도 했다.

바쿠후 시대에 미국 총령(總領)이 바쿠후에게 스테이크용으로 사용하기 위한 소를 달라고 요구한 일이 있었다. 당시 바쿠후는 이름뿐인 허수아비였기 때문에 미국 총령의 요구라면 무슨 일이 있어도 들어주어야 마땅했다. 그런데 이게 웬일인가. 바쿠후가 그 요구를 여러 차례나 거절한 것이다. 이유인즉슨 소와 말이 무거운 짐을 실어 나르는 일을 하며 사람들을 도와주니, 그것들을 죽이는 것은 은혜를 원수로 갚는 일이라는 것이었다. 이 정도면 당시 일본에 살던 외국인들이 무엇을 먹었을지 궁금하지 않은가? 아마도 고기를 파는 사람들로부터 불법으로 쇠고기를 공급받았던 것 같다.

메이지유신 이후, 신정부는 '문명개화'라는 이유로 백성들에게 쇠

에도 시대 서민들은 짐승 고기를 먹지 않았기 때문에 육식은 어패류나 해산물이 대부분이었다. 돼지고기와 쇠고기가 보급되기 시작한 것은 메이지유신 이후의 일이다.

고기를 먹도록 장려하고, 심지어 천황이 직접 나서서 쇠고기 먹는 모습을 보여주며 솔선수범하자 비로소 육식이 보급되기 시작했다고 한다.

일본인들이 쇠고기를 먹은 역사는 길어야 1백여 년이다. 그런데 '고베비프(神戶牛)'와 '오미비프(近江牛)' 등 세계적으로 이름난 쇠고기 브랜드를 개발해낸 것을 보면 쓴웃음을 지어야 할지 흐뭇하다 해야 할지 고민이다.

에도 시대의 일본 남자들의 평균 신장이 160센티미터 정도로 일본 역사상 키가 제일 작았던 것도 고기를 먹지 않는 식습관과 무관하지 않을 듯하다. 지금은 일본 젊은이들의 평균 신장이 한국과 중국을 거의 따라잡았으니 신장과 육식의 관계가 매우 밀접하다는 것을 알 수 있다. 에도 사람들의 유일한 단백질 공급원은 바로 고래 고기였다.

에도 시대에도 환자들의 보양식이나 남성들의 스태미나식으로 고기를 먹었다는 것은 이미 앞에서 밝힌 바 있다. 그중에서도 '야마쿠지라'라는 간판을 내세운 노점상들은 대부분 기녀들이 있는 주루 옆에 있었다. 기녀에게도 물론 등급이 있어서, 가장 등급이 낮은, 다시 말해 가장 싼 기녀인 '요타카(夜鷹)'들은 한 번 즐기는 데 24몬이었고, 작은 배를 타고 호객하는 기녀들의 가격은 32몬이었다. 24몬이면 노점상에서 튀김 여섯 개를 사먹을 수 있는 돈이었다. 튀김 여섯 개의 가격으로 두 시간 동안 여색을 즐길 수 있다면 분명 저렴한 가격이었지만, 운이 나쁘면 매독에 걸릴 수 있었으므로 6냥(2만 4천 몬)에 달하는 요시와라(吉原)* 유곽의 다유(太夫 : 최상급 기녀)의 가격보다 더 등골이 오싹해지는 일이 아닌가.

* 도쿄에 있던 유곽.

도시락이 쓰다는 것을 누가 알아주리

일본에 가면 곳곳에서 '마쿠노우치(幕之內) 벤토'*를 찾아볼 수 있다. 각 지방의 특색을 지닌 '에키벤(驛便 : 역에서 파는 도시락)' 이든, 편의점이라면 어느 곳에서나 파는 편의점 도시락이든 모든 도시락에 '마쿠노우치' 라고 써 있다.

에도 시대의 도시락은 지극히 간단했다. 기껏해야 주먹밥 몇 덩이에 장아찌 몇 개 곁들인 것이 고작이었다. 중기 이후에는 서민들의 생활 수준이 크게 향상되어 도시락도 덩달아 호사스러워졌다. '꽃구경을 하며 먹는 도시락', '공연을 관람하며 먹는 도시락', '뱃놀이를 하며 먹는 도시락' 은 물론, '나들이 도시락' 등 종류가 매우 다양해졌다. '마쿠노우치' 도시락은 공연의 중간 휴식시간에 먹는 도시락으로 자리를 잡았고, 도시락에 들어가는 음식들도 많아졌다.

당시 '마쿠노우치' 도시락은 매우 실용적이었다. 주먹밥은 모두 둥글납작한 것이 한 입에 하나씩 먹기에 그만이었고, 불에 구워 밥이 건조해지지 않았다. 반찬 역시 삶고 찐 것이라 상할 염려도 적었다.

---

* 깨를 묻힌 주먹밥에 반찬을 곁들인 도시락. 본래는 연극의 막간에 먹는 것으로 고안되었는데 현재는 가장 일반적인 도시락이 되었다.

공연 관람은 에도 서민들의 주요 여가생활 가운데 하나였는데, 실내에서 진행되었으므로 대부분 도시락을 사먹었다. 하지만 꽃 나들이 등 야외로 나가서 여가를 즐길 때 미리 도시락을 준비한다면 주변 사람들의 빈축쯤은 감수해야 했다. 옛날 에도 사람들은 '오늘 술이 생기면 오늘 취하고, 내일의 근심일랑 내일 걱정하세'라는 시 구절이 그들을 위한

흔히 볼 수 있는 마쿠노우치벤토. 일종의 종합 도시락이라고 할 수 있다. 〈촬영 - 모로 미야〉

시라고 여길 정도로 낙천적인 기질을 가지고 있었기 때문에, 꽃 나들이를 갈 때에는 가지각색의 노점상과 주막에서 돈을 물 쓰듯 하곤 했다. 그들은 가는 길에 지나치는 노점이나 주막에 반드시 들러 먹고 마셨으며 도시락 따위를 들고 다니는 행동은 하지 않았다. 이건 아마도 에도 남자들이 대부분 혼자 살았기 때문에 도시락을 가지고 가고 싶어도 가져갈 수 없었던 데 이유가 있을 것 같다. 사실 요즘도 독신남이 아닌 바에야 야외에 나들이를 갈 때 아내가 그럴듯한 도시락 하나 싸지 못하면 도리어 웃음거리가 되지 않는가.

다이묘나 고위급 사무라이들의 야외 나들이 풍경은 현재의 모습과 매우 비슷하다. 기록에 따르면, 1695년 도쿠가와의 고산케(御三家)* 가

---

* 쇼군을 보좌하는 오와리(尾張), 기이(紀伊), 미토(水戸) 세 가문을 말함.

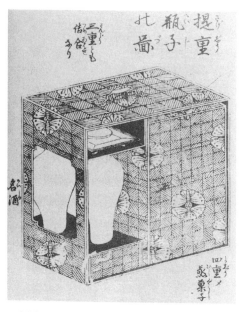

여러 층으로 된 찬합은 나무 찬합이 3층 혹은 4층으로 쌓여 있는데, 각 층마다 음식과 간식 등을 넣고, 옆에 술병을 넣어, 꽃놀이나 공연 관람을 위해 외출할 때 휴대하기가 편리했다.《『요리지도서(料理早指南)』 겐도문고(謙堂文庫) 소장》

운데 하나인 기이한(紀伊藩, 와카야마현)의 한 가로(家老 : 가신들의 우두머리)가 가신들을 데리고 꽃 나들이를 갔는데, 각자 돈을 각출해 아침 8시부터 저녁 8시까지 벚꽃나무 아래에서 먹고 마시고 즐겼다고 한다. 당시 먹었던 음식은 물론 도시락이 아니라 요릿집에서 특별히 주문해온 음식들이었다. 오늘날 기업들의 야유회가 바로 이런 모습이다.

공연에 대해 이야기하자면, 다소 미안한 말이지만 사무라이 계급은 공연장에 출입할 수 없었다. 도쿠가와 바쿠후는 사무라이들이 요시와라 유곽과 공연장에 드나드는 것을 엄격하게 금지했다. 하지만 말은 그래도 일부 하급 사무라이들은 몰래 공연을 보곤 했다. 비록 사무라이지만 공연을 보러 갈 때만은 칼을 다른 곳에 맡겼다. 칼을 옆에 차고서는 공연장에 들어갈 수 없었기 때문이다. 한번은 기이한의 한 규수가 아사쿠사에 가서 관음보살에 참배한 후 돌아오는 길에 공연장이 있는 것을 보았다. 그 안에서 도대체 어떤 극을 하고 있는지 궁금해진 그녀는 하인에게 가마를 세우게 하고는 입구에서 안을 슬쩍 들여다보았다. 그런데 뜻밖에도 이 일이 발각되어 당시 그녀를 수행하던 사무라이들에게는 모

술과 안주를 벗 삼아 꽃을 감상하는 풍습은 지금까지도 유행하고 있다. 「대화경작회초(大和耕作繪抄)」.

두 할복의 극형이 내려졌고, 그 아가씨는 '시집을 갈 수 없다'는 이유
로 평생 방안에 갇혀 살아야 했다. 당시 다이묘와 사무라이 계급은 갖
가지 법도에 묶여 서민들보다 훨씬 자유롭지 못한 생활을 했었음을
짐작할 수 있다.

도시락이 때로는 다이묘의 화를 머리끝까지 치솟게 만들기도 했다. 에도의 다이묘들은 오늘날 기업의 임원들과 그리 다를 바가 없어 매일 성에 들어가 업무를 처리해야 했다. 그런데 성에 특별한 의식이 있을 때를 제외하면 점심은 늘 도시락으로 때워야 했다. 정오가 다가오면 가신이 다이묘가 먹을 도시락을 일정한 장소에 가져다 놓았다. 가신들은 대전 안으로 들어갈 수 없기 때문에 다이묘의 잡다한 일을 시중드는 일은 대전 안에 있는 3백여 명의 젊은 승려들의 몫이었다. 그런데 이 승려들은 봉록이 매우 적고 신분도 낮았기 때문에 종종 짓궂은 장난을 쳤다. 주기적으로 선물을 주지 않으면 그들은 일부러 다이묘를 다른 방으로 안내한다거나, 가신이 가져온 도시락을 다이묘에게 가져다주는 것을 깜박 잊은 것처럼 행동했다. 그러면 다이묘는 직접 도시락을 가지러 가자니 신분과 체통이 이를 허락하지 않고, 그렇다고 이런 일로 미천한 신분의 승려를 다그치자니 그것도 모양새가 그리 좋지 않았다. 그러니 배는 고파도 겉으로 내색도 못하고, 정원에서 물고기나 꽃들을 보며 근엄하게 행동할 수밖에 없었다.

그리고 보면 다이묘도 아무나 될 수 있는 것은 아니었으며, 역시 서민으로 사는 것이 인간적으로 훨씬 행복한 일이지 않았나 싶다.

쇼군의 식탁

도쿠가와 이에야스가 건설한 바쿠후는 장장 265년 동안이나 집권했는데, 이 시기는 일본 역사상 전무후무한 평화로운 시기였다. 그리고 이 시기가 바로 에도 시대다. 메이지유신이 실시되기 전까지 쇼군이 15대까지 계승되었다.

제1대 쇼군은 물론 도쿠가와 이에야스였다. 이에야스에게는 노부야스(信康)라는 장남이 있었는데, 총명했지만 아쉽게도 생모의 일에 연루되어 오다 노부나가(織田信長)의 명으로 할복을 해야 했다. 차남인 히데야스(秀康)는 본래 도요토미 히데요시에게 양자로 보내졌다가, 또다시 시모우사노국(下總國, 지바현千葉縣과 이바라키현茨城縣의 중간) 유키가(結城家)의 양자가 되었다. 결국 제2대 쇼군은 이에야스의 셋째 아들인 히데타다(秀忠)가 계승하게 되었다. 넷째 아들과 다섯째 아들은 아들을 낳지 못해 대가 이어지지 못했고, 여섯째 아들인 타다테루(忠輝)는 모반을 꾀했다는 혐의를 받아 평민 신분으로 전락해 평생 타향을 전전하며 살아야 했다. 일곱째 아들과 여덟째 아들은 요절했고, 아홉째 아들인 요시나오(義直)와 열째아들인 요리노부(賴宣), 열한째 아들 요리후사(賴房)는 모두 각자 독립해 오와리(아이치현) 도쿠가와가(家)와 기이(와카야마현) 도쿠가와가, 그리고 미토(이바라키현) 도쿠

도쿠가와 이에야스는 도미 튀김
을 먹고 그 독 때문에 사망했다
고 알려져 있지만 사실은 배탈이
났었을 뿐이다.

가와가의 시조가 되었다. 이 세 가문을 '고산케'
라고 부르는데, 쇼군에게 직계 아들이 없어 후
사를 잇지 못할 경우 쇼군은 반드시 이 세 가
문에서 선출했다.

제3대 쇼군은 제2대 쇼군의 차남인 이에미
쓰(家光)로서, 도쿠가와 바쿠후의 기반을 탄탄
히 다진 인물이었다. 이에미쓰가 병사한 후 제4
대 쇼군으로 즉위한 사람은 이에쓰나(家鋼)였다.
열한 살의 이에쓰나가 쇼군으로 즉위하자, '다
이로(大老)'*인 사카이 다다키요(酒井忠淸)가 바

쿠후의 실권을 거머쥐고 천하를 쥐락펴락했고, 이에쓰나는 그저 허
울뿐인 허수아비로 전락해 버렸다. 여기까지를 도쿠가와 바쿠후의
초창기라고 할 수 있다.

도쿠가와 이에야스는 어려서부터 객지를 떠돌며 산전수전을 겪은
인물이었기 때문에 평생 근면과 검소를 좌우명으로 삼고 살았다. 먹
는 것 역시 예외가 아니어서, 그의 식탁에는 기본적으로 반찬 세 가지
에 국 하나가 전부였고, 특히 낫도를 좋아했다. 혹자는 이에야스가 도
미 튀김을 먹고 죽었다고들 말하지만 사실 그의 직접적인 사인은 바
로 위암이었다.

제2대 쇼군은 너무도 위대했던 부친의 그늘에 가려 평범하고 무능
하다는 이미지를 떨쳐버릴 수 없었다. 하지만 역시 그 아버지에 그 아
들이란 말이 괜한 말은 아니었다. 어느 날 2대 쇼군 히데타다가 에도

* 바쿠후에서 가장 높은 직위의 행정관리.

성에서 요리의 명인들이 벌이는 교젠(饗膳)*을 관람하고 있었다. 그런데 요리의 재료로 나온 잉어가 워낙 싱싱하고 힘이 좋았던 탓인지 도마에서 펄떡거리며 튀어 오르는 것이었다. 요리사가 능숙한 솜씨로 쇠젓가락을 들어 잉어를 제압하자, 관중석에 앉아있던 관리들 사이에서 감탄사가 터져 나왔다. 그런데 유독 히데타다만 표정에 전혀 변화가 없이 묵묵히 바라만 보고 있었다. 좌우에 앉았던 신하들이 히데타다에게 왜 요리사에게 찬사를 보내지 않느냐고 묻자, 히데타다는 이렇게 대답했다.

"이 정도에 칭찬을 하다가, 만약 조금 있다가 저 요리사가 작은 실수라도 하면 벌을 내려야 하는가?"

히데타다가 상벌을 함에 있어서 얼마나 엄격하고 신중했는지 짐작할 수 있는 대목이다.

교젠은 헤이안(平安) 시대에 시작되어 현대의 경사스러운 전통의식으로 계승되었는데, 요리사는 폭이 좁은 칼과 쇠젓가락 한 쌍만을 사용해 도마 위에서 살아서 펄떡거리는 생선을 회로 쳐내야 한다. 손이 생선의 몸에 닿으면 곧바로 실격처리 된다. 이 행사의 본래 목적은 귀빈들에게 요리사들의 손이 요리 재료에 닿지 않기 때문에 매우 위생적이라는 것을 보여주는 것이었다. 일본에서는 오늘날 이런 행사가 자주 열리는데, 이런 요리법을 '유소쿠료리(有職料理)'라 하고, 주로 교토의 궁중요리에 사용된다.

제3대 쇼군인 이에미쓰는 선천적으로 몸이 약해 입이 짧고, 말까지 더듬었다. 그래서 그의 유모인 카스가 노쓰보네는 매일 싫다는 그를

* 요리의 명인이 자신의 능력을 과시하는 행사.

제3대 쇼군인 도쿠가와 이에미쓰는 천성적으로 몸이 약해 그의 유모인 카스가 노쓰보네가 일곱 가지 밥을 먹여 영양을 보충해 주었다.

달래 일곱 가지 밥을 먹였다. 야채밥과 찐밥, 차밥, 밤밥, 보리밥, 팥밥, 밀비빔밥(맷돌에 간 밀을 섞은 쌀밥)이 그것이었다. 후에 제4대 쇼군은 일곱 가지 밥이 너무 많다고 생각해 네 가지로 줄였다.

4대 쇼군인 이에쓰나는 비록 실권이 없는 허수아비 쇼군이기는 했지만, 무척 세심한 성격의 소유자였다. 하루는 국에 머리카락이 한 올 빠져있는 것을 발견하고는 아무렇지도 않게 젓가락으로 머리카락을 집어 올려 상 위에 올려놓는 것이었다. 옆에서 시중들던 하인이 그 모습을 보고 황망히 일어나 국을 새 것으로 바꾸려고 하자, 이에쓰나가 그를 저지하며 이렇게 말했다.

"이 일이 알려지면 이 국을 만든 요리사가 처벌을 받을 것이 아니더냐. 이런 일을 고의로 저지를 사람은 없으니 요리사들을 나무라지 말거라. 이 국은 몰래 가져다 버리고 내가 모두 먹은 것으로 하거라."

정말 쉽지 않은 일이었다. 똑같이 과잉보호 속에서 자란 요즘 아이들은 아마도 국에 엄마의 머리카락이 둥둥 떠 있는 것을 보면, 천지가 뒤집힌 것처럼 소란을 피울 것이다. 오히려 그러지 않는 편이 이상하게 생각될 정도로 말이다.

이에쓰나에 이르러 도쿠가와 바쿠후 체제는 무장이 권력을 독점하던 방식에서 문치 중심으로 전환되고, 모든 정책은 고위 관리들이 함께 논의한 후에야 결정되었다. 이에쓰나는 세심할뿐더러 매우 겸허했기 때문에, '겸손한 쇼군(謙虛將軍)'으로 불리기도 했다. 다만 서른

아홉의 젊은 나이에 세상을 떠난 것이 안타까울 뿐이다.

제5대 쇼군은 이에쓰나의 막내 동생인 쓰나요시였다. 그는 쇼군으로 즉위하자마자 사카이 다다키요 등 다이로들을 파직시키고, 쇼군 친정 체제를 회복시켰다. 재위 기간 전반부에는 그도 매우 영리하고 훌륭한 군주라고 할 수 있었지만, 후반부에는 '지나치면 모자람만 못하다'는 말이 딱 들어맞는 동물보호법을 반포하면서, 결국 나라 안에 원성이 자자하게 되었고, 심지어 나중에는 '개 쇼군'이라는 치욕스런 별명까지 붙었다. 쓰나요시는 젊은 시절 한때 각기병을 앓았던 적이 있었는데, 그의 병을 유발시킨 주된 요인은 물론 편식과 흰 쌀밥에 있었다. 천하에 용하다는 명의는 모두 불러다 치료를 명령했지만 백약이 무효였다. 결국 한 점술사를 불러오게 되었는데, 그 점술사가 '서북부 지방의 진흙 속에서 자생하는 것'을 가져다 먹으면 병이 나을 것이라며 귀가 솔깃해지는 처방을 내리는 것이었다. 쓰나요시는 곧장 명령을 내려 에도의 서북부인 네리마구(練馬區)에 별장을 짓도록 했다. 그 별장에 머물면서 매일 현지에서 나는 신선한 채소를 먹고, 특히 네리마구의 특산인 무를 많이 먹었는데 결국은 병이 완치되었다고 한다.

쓰나요시에게는 친아들이 없어 어쩔 수 없이 조카인 이에노부(家宣)를 양자로 맞이해 쇼군의 자리를 계승하게 했다. 쓰나요시는 죽음을 목전에 두고 이에노부에게 '생물린애령'을 폐지하지 말고 지속시킬 것을 신신당부했지만, 뜻밖에도 이에노부는 숙부의 장례가 모두 끝나기도 전에, 생선 장수와 정육점 주인들을 장기간 실업 상태에 빠지게 만들었던 이 동물보호령을 가차 없이 폐지시켰다. 또 쇼군의 별장에 논을 만들어 해마다 5월이 되면 농촌의 아낙네들을 불러다가 모내기를 시켰다. 쇼군의 부인과 후궁의 궁녀들에게 농민들의 고된 생활을 직접 보여주기 위함이었다.

이에노부가 쇼군에 즉위한 지 4년 만에 세상을 떠나자, 그의 네 살배기 아들인 이에쓰구(家繼)가 보좌에 오르게 되었다. 이에쓰구가 철모르는 어린 아이이기는 했지만, 그도 아버지가 더 이상 세상에 계시지 않다는 사실만은 확실히 알고 있었기에, 늘 아버지가 생전에 몹시 좋아하던 노가쿠(能樂)* 무대에 가서 놀곤 했다.

하루는 이에쓰구의 저녁 식탁에 송어 구이가 올라왔다. 한 젓가락들어 맛을 본 어린 쇼군이 옆에 있던 하인에게 물었다.

"할아버지는 밥을 드셨나?"

어린 쇼군이 말한 '할아버지' 란 당시 다이로 가운데 한 명을 지칭하는 것이었다. 하인은 공손하게 머리를 조아리며, 할아버지는 이미 퇴청하여 성밖으로 나갔노라고 말했다.

"할아버지가 아직 밥을 드시지 않았다면 이걸 가져다주게."

비록 어린 아이가 별 생각 없이 한 행동이었지만, 그래도 명색이 바쿠후 쇼군의 '하사품' 이었기에 이 송어 구이는 아주 조심스럽게 어가에 실려 총총히 다이로의 집으로 보내졌다고 한다.

이 일화에 관한 기록을 읽을 때마다 나는 코끝이 시큰해지는 것을 느끼곤 한다. 만약 다섯 살짜리 이 아이가 평범한 서민 가정에서 태어났다면 아직 엄마 품에 안겨 이젠 나오지도 않는 젖가슴을 빨고 있었을 것이다. 하지만 이에쓰구는 불행히도 일거수일투족을 모두 엄격한 법도에 따라야 하는 쇼군의 집안에서 태어났으니, 사탕 하나만 먹

* 사방 6미터인 무대에서 행해지는 일종의 가면극.

무사 사회에서는 예법을 매우 중시해, 음식을 먹는 데 있어서도 수많은 법도가 있었다. 이 그림은 「소립원 제례대전(小笠原諸禮大全)」의 예시 가운데 하나다.

으려 해도 독이 들었는지 시험해본 후에야 입에 넣을 수 있었을 것이다. 다섯 살짜리 아이에게 과연 이런 생활 방식이 서민으로 사는 것보다 행복했을까?

이에쓰구는 재위 3년 만에 병으로 사망했다. 그의 나이 겨우 일곱 살이었다. 3대 쇼군인 이에미쓰의 혈통이 완전히 끊긴 셈이었다.

여기까지를 보통 쇼군 가문의 번영기라고 부른다. 이후 이어지는 것은 '고산케'의 활약 시기이자, 도쿠가와 바쿠후 쇼군 가문의 전환기이다.

도쿠가와 이에야스의 아홉째 아들은 오와리(아이치현) 도쿠가와가의 시조이고, 열째 아들은 기이(와카야마현) 도쿠가와가의 시조이며, 열한째 아들은 미토(이바라키현) 도쿠가와가의 시조인데, 이들 세 가문을 '고산케'라고 통칭했다. 이 가운데 미토 도쿠가와가는 쇼군의 '보좌역'을 맡았는데, 쇼군의 후계자 인선은 모두 미토 가문이 직접 평가한 후, 천황에게 관직을 하사해 달라는 상소문을 올렸다. 만약 불행히도 쇼군이 후사가 없거나 후계자가 무능할 경우라면, 미토 가문이 전국의 각 한(藩)*에서 쇼군이 될 자질을 갖춘 다이묘를 선발해 쇼군의 대를 잇게 했다. 이는 도쿠가와 이에야스가 생전에 내린 명령이었다.

일곱 살밖에 안 된 7대 쇼군이 세상을 떠나자, 8대 쇼군으로 기이 도쿠가와가의 한슈인 도쿠가와 요시무네(德川吉宗)가 즉위해 쇼군의 대를 잇게 되었다. 항렬로 따지자면 그는 도쿠가와 이에야스의 증손자였다. 요시무네는 재위 기간 동안 사탕수수 재배법을 보급해 기근 문제를 해결했을 뿐만 아니라, 고려인삼 재배를 위해 온갖 노력을 기울였다. 고려인삼은 당시로서는 수입품인 데다가 만병통치약으로 인식되어 가격이 매우 비쌌다. 일부 상인과 의원, 관리들은 서로 결탁해 고려인삼을 밀매했기 때문에 부모님의 병을 고치기 위해 스스로 몸을 팔아 유녀(遊女)가 된 효녀들도 적지 않았다. 요시무네는 결국 천신만고 끝에 고려인삼의 재배 방법을 터득했다.

요시무네는 매우 현명한 쇼군이었기 때문에 바쿠후의 경제 기강을

도쿠가와 요시무네는 식생활에 있어서 도쿠가와 이에야스를 본받아 1식 3찬의 원칙을 따랐으며, 역사상 가장 검소했던 통치자로 일컬어지고 있다.

새로 확립했을 뿐만 아니라, 그 자신도 매우 검소하고 소박한 생활을 했다. 그는 한 끼에 반찬 세 가지와 국 하나만 고집하고, 후궁의 규모를 축소했는데 그 축소 방식이 매우 재미있었다. 그는 우선 후궁에서 미모가 출중한 궁녀들의 명단을 올리라고 명령했다. 신하들은 당연히 요시무네가 미인들을 곁에 두기 위해서 내린 명령이라고 생각했다. 그런데 미인들

* 가신이나 영주들이 지배하던 봉토(封土).

의 명단을 살펴본 요시무네가 이렇게 말했다.

"자색이 뛰어나니 배필을 찾아 혼인하는 것이 마땅하노라. 이 여인들을 모두 고향으로 돌려 보내거라."

오호 통재라. 그 여인들은 당초 수려한 미모 덕분에 후궁의 궁녀로 선발되었으니, 조금만 운이 좋으면 귀비의 자리에까지 오르는 것은 물론이요, 아들이라도 낳을라치면 온 가문이 단숨에 귀족 계급으로 올라서는 것은 떼놓은 당상이 아니던가. 그런데 이 미모로 인해 쇼군의 제1차 '감원 대상자'가 되다니 이걸 '억울하다'는 한 마디로 표현할 수 있을까.

하지만 요시무네는 상대가 제 아무리 최고 권력을 가진 다이로일지라도 화려한 옷차림을 한 것만 보면 곧바로 멸시해버릴 정도로 엄격한 사람이었으니 뭐라고 탓할 수도 없는 노릇이다. 후대 사람들이 8대 쇼군을 '바쿠후 중흥의 시조'라고 부르는 것도 무리는 아닐 듯싶다.

제9대 쇼군은 요시무네의 장남인 이에시게(家重)였다. 그는 서른다섯 살이 되던 해에 쇼군으로 즉위했는데, 타고난 약골에 언어장애까지 있어 시종인 오오카 다다미쓰(大岡忠光)만이 그가 도대체 뭐라고 우물거리는 건지 알아들을 수 있었다고 한다. 오오카 다다미쓰와 8대 쇼군을 보좌해 경제 개혁을 실시했던 오오카 다다스케(大岡忠相)는 같은 집안 사람으로, 오오카 다다스케가 바로 에도의 명판관인 오오카 에치젠노카미였다. 하지만 오오카 다다미쓰가 뇌물을 거절하고 대권을 독식하면서 뜻밖에도 바쿠후의 기둥이 흔들리기 시작했다. 당시 도쿠가와 바쿠후는 '고산쿄(御三卿)'라는 세 가문을 세웠는데, 요시무네의 둘째 아들 무네타케(宗武)가 세운 다야스가(田安家)와 넷째 아들인 무네타다(宗尹)가 시조인 히토스바시가(一橋家), 그리고 이에시

『도쿠가와성세록(德川盛世錄)』에 실린 무사 집안에서 축하연을 벌이는 모습. 중앙에 분재와 도미가 놓여 있지만 실제 일상생활에서는 이렇게 꾸며놓지 않았다.

게(家重)의 둘째 아들 시게요시(重好)가 시조인 시미즈가(淸水家)가 여기에 속했다. 이 세 가문은 기이 도쿠가와가의 후손이자 도쿠가와 이에야스의 증손과 고손이었다.

　제10대 쇼군은 이에시게의 장남인 이에하루(家治)였다. 이 쇼군은 조부로부터 영민함을 물려받은 데다가 평소 생활도 매우 검소했지만, 안타깝게도 정치를 그리 좋아하지 않아 전권을 모두 막료들에게 일임해 버렸다. 이로 인해 그렇지 않아도 바람 앞의 등불처럼 휘청거리던 바쿠후는 더 이상 버티기 힘들 정도로 쇠락하고 말았다.

　10대 쇼군의 정실 자식이 열아홉의 나이로 갑작스레 세상을 떠나자(독살이 의심된다) 11대 쇼군의 자리는 고산쿄 히토스바시가의 2대

한슈의 차지가 되었다. 그가 바로 역사적으로 이름난 도쿠가와 이에나리(德川家齊)다. 그는 열다섯 살에 즉위했는데, 천하에 둘째가라면 서러운 호색한이었다. 그는 측실이 무려 마흔 명에 달하고, 슬하에 쉰다섯 명의 자식을 두었다고 한다. 일설에 의하면 바쿠후가 그 자식들의 배필을 찾고 혼사를 치르기 위해 적잖이 골머리를 앓았다고 한다. 이에나리는 스태미나와 관련된 음식을 매우 좋아했다. 당시 보슈(房州, 지바현) 미네오카(嶺岡) 목장은 바쿠후 전용 목장이었는데, 호기심이 강했던 8대 쇼군이 인도에서 흰소를 세 마리 들여다가 이 목장에서 키우기 시작한 것이 이에나리가 쇼군이 되었을 때에는 이미 70여 마리로 늘어나 있었다. 그런데 흰소의 젖으로 만든 유락(乳酪)*이 스태미나에 좋다는 말을 들은 이에나리가 이 소들 가운데 몇 마리를 에도성 안으로 들여와 유락을 만들도록 명령했다고 한다. 이 밖에도 그는 생강을 매우 좋아해 매 끼니마다 식탁에 반드시 생강이 있어야 했다. 유락과 생강이 요즘 나오는 비아그라보다도 더 큰 효력을 발휘했었는지 문득 궁금해진다.

12대 쇼군은 이에나리의 둘째 아들인 이에요시(家慶)였다. 그가 쇼군으로 즉위했을 때 바쿠후 시대는 이미 막바지로 치닫고 있었다. 이에요시가 가장 즐겨먹던 음식은 새콤달콤한 생강싹**을 곁들인 생선이었다. 하지만 당시 쇼군으로부터 신임을 얻고 있는 로주(老中)***미즈노 다다쿠니(水野忠邦)가 '절약령'(덴포天保 개혁)을 실시하면서 생강

---

* 우유를 발효시켜서 만든 치즈나 버터 등.
** 스시에 곁들여 먹는 저민 생강과 모양은 다르지만 맛은 거의 흡사하다. 길고 가늘며 뿌리째 모두 먹었다.
*** 관직명의 하나.

싹 역시 금기 품목 가운데 하나가 되어 아무리 쇼군의 식탁일지라도 금기 품목이 올라올 수 없게 되었다. 그런데 "먹는 것 가지고 원한을 사면 안 된다."는 일본 속담이 과연 틀린 말은 아닌가 보다. 그로부터 3년 후 미즈노 다다쿠니가 바로 파직된 것을 보면 말이다. 이에요시는 말년에 '구로후네(黑船)'* 사건으로 인해 개항과 쇄국의 사이에서 고민하다가 생을 마감했다.

13대 쇼군은 이에요시의 넷째 아들 이에사다(家定)였다. 이 쇼군은 9대 쇼군과 비슷해서 두뇌가 그리 명석하지 못했고, 직접 부엌에 가서 풋콩이나 고구마로 음식을 만들어 가신들에게 맛보이곤 했다. 이 쇼군은 사실 귀여운 구석이 있어서 늘 불의 세기를 조절하지 못해 음식을 망치곤 했다. 설익은 음식을 꺼내거나, 아니면 또 너무 익혀 '죽'을 만들어 내놓으니, 가신들은 먹을 수도 없고 먹지 않을 수도 없어 곤욕을 치렀다. 이때 가신들의 가장 현명한 대처법은 아주 공손하게 음식을 한 입 맛보고는 머리가 땅에 닿도록 연신 절하며, "아주 맛있습니다."라고 말하는 것이었다. 그러면 쇼군은 손뼉을 치며 "짐이 요리의 천재가 아닌가!"라며 흐뭇해했다.

그런데 이 '죽사발'을 만드는 데 너무 열중했던 탓인지 이에사다 역시 후사를 두지 못하고 세상을 떠나고 말았다. 결국 그의 후계자 인선을 놓고 바쿠후가 두 개 파벌로 나뉘었는데, 한 편은 고산케의 히토스바시 요시노부(一橋慶喜)를 지지하는 '히토스바시파'였고, 다른 한 편은 기이한의 한슈인 도쿠가와 요시토미(德川慶福)를 지지하는 남기파(南紀派)였다. 이 분쟁은 남기파의 승리로 끝이 났고, 요시토미가 14

---

* 개항을 요구하며 다가온 서구 열강의 배를 지칭함.

메이지 중기, 도쿠가와 요시노부가 교외에 나가 사냥을 하다가 도시락에 싸 온 주먹밥으로 요기를 하고 있다.

대 쇼군이 되어 이름을 이에모치(家茂)로 바꾸었다. 당시 그의 나이는 열세 살이었다. 그런데 이 쇼군은 매우 불쌍한 인물이었다. 임기 동안 구로후네의 방문이 끊이지 않아 바쿠후 타도에 대한 여론이 거세었기 때문이다. 이런 내우외환 속에서 성난 여론을 잠재우기 위해 바쿠후가 할 수 있는 선택은 천황의 누이 동생인 가즈노미야 치카코(和宮親子)를 쇼군에게 시집보내도록 고메이(孝明) 천황을 설득하는 것뿐이었다. 교코(皇居)의 황녀가 쇼군의 부인이 되었으니 궁의 요리는 모두 교토식으로 바뀌게 되었다. 이에모치는 제2차 조슈전투에서 병사했다(일설에서는 독살되었다고 한다). 그의 나이 스무 살 때의 일이다.

바쿠후의 15대 쇼군이자 마지막 쇼군은 바로 히토스바시 요시노부(一橋慶喜)였다. 그는 쇼군에 즉위한 후 도쿠가와라는 성을 다시 쓰게 되었다. 14대 쇼군과 마지막 쇼군은 사실 매우 유능한 지도자였다. 특히 도쿠가와 요시노부는 14대 쇼군이 살아있을 때에도 그를 옆에서 보좌하던 인물이다. 메이지유신의 주역인 기도 다카요시(木戸孝允, 본명 : 가쓰라 고고로桂小五郎)는 요시노부를 매우 경계하며, "요시노부의 담력과 지략을 결코 얕보아서는 안 된다. 마치 도쿠가와 이에야스가 다시 태어난 것 같다."라고 평가했을 정도다.

요시노부는 쇼군에 즉위한 직후 과감하게 '대정봉환(大政奉還, 다이세이호칸)'*을 실시하고, 쇼군이 장악하고 있던 정권을 어린 메이지 천황에게 돌려주었다. 솔직히 말해 당시 바쿠후의 무기나 군사력이면 바쿠후에 반대하는 이른바 '토막파(討幕派)'를 소탕하는 것은 식은 죽 먹기였다. 하지만 토막파는 공을 세우기에 급급해 결코 용서받을 수 없는 잘못을 저지르고 말았다. 토막파를 지지하지 않는 고메이 천황을 독살했던 것이다. 그러자 열다섯 살에 불과한 메이지 천황은 하루아침에 토막파의 인질로 전락해 벌벌 떨리는 손으로 토막파가 내민 조서에 옥새를 찍을 수밖에 없었다. 이 내막을 들은 서른 살의 요시노부는 곧장 '대정봉환'을 선포해, 서구 열강들이 호시탐탐 바라던 일본의 내전을 피할 수 있었다. 당시 메이지 신정부에 강하게 반발했던 사람들은 모두 토막파가 14대 쇼군과 고메이 천황을 살해했다는 사실을 알고 있는 한슈들이었다.

도쿠가와 요시노부가 퇴위한 후에 줄곧 침묵으로 일관했던 이유는 바로 메이지 신정부가 초기에 저질렀던 이 잘못 때문이다. 물론 메이지 천황 자신도 이런 음모와 내막을 분명히 알고 있었다. 그런데 토막파는 소기의 목적을 달성하고 냉정을 되찾아갈 무렵에야 자신들이 저지른 잘못이 후대에 용서받을 수 없는 죄임을 깨닫게 되었다. 그래서 그들은 공을 세워 속죄하고 모든 사리사욕을 내던지고 어린 천황을 보좌해 나라를 다스리는 데 헌신했다. 메이지 유신의 성공 내면에는 바로 이런 속죄의 감정이 깔려있다.

도쿠가와 이에야스가 막을 올렸던 에도 바쿠후 시대는 265년의 평화로운 세월을 거쳐, '부활한 도쿠가와 이에야스'로 불린 도쿠가와

*바쿠후 정권이 조정에 권력을 돌려준 사건

요시노부에 이르러 막을 내렸다. 만약 도쿠가와 이에야스가 땅속에서 이 사실을 안다면 요시노부의 현명한 결단에 박수를 보내지 않았을까 싶다.

2. 생활 : 生活

기모노

일본의 대표적인 전통 의상은 바로 기모노다. 요즘은 길거리에서 기모노를 입은 여성들을 거의 만나볼 수 없지만, 아직도 설날 행사나 성인식, 결혼식, 장례식 등 공식적인 자리에 갈 때 여성들이 가장 즐겨 입는 옷은 바로 기모노다. 그런데 뭐든 그 수가 줄어들면 귀하고 비싸지기 때문인지, 세월이 흘러 기모노를 입는 사람들이 줄어들수록 기모노를 입는 법도 몹시 까다로워지고 장신구도 이것저것 많아졌다. 그래서 요즘 여성들은 기모노 입는 것을 매우 부담스럽게 생각한다. 사실 바쿠후 말기에 찍은 빛바랜 사진들을 가만히 들여다보면 그때는 기모노를 입고 빨래도 하고, 밥도 짓고, 또 청소는 물론, 아기까지 업고 다녔다. 그것도 종종걸음을 치며 조심스럽게 움직이는 것이 아니라, 요즘 사람들이 청바지에 티셔츠를 입은 것과 별반 다르지 않게 행동이 아주 자연스럽다.

옷이 날개라는 말도 있듯이 일본인들은 대부분 겉모습을 매우 중시하는 경향이 있어서, 설령 비단옷은 입지 못하더라도 늘 깨끗하고 단정한 옷차림을 추구한다. 그런데 에도 서민들의 옷은 대부분 다른 사람이 입던 옷을 물려받은 것이었다. 옷 한 벌을 두 사람, 심지어는 세 사람이 물려받아가며 해어질 때까지 입곤 했다. 맵시 있게 가마를

1890년에 촬영한 고후쿠야(吳服屋)의 모습. 고후쿠(吳服)란 중국에서 들여온 옷감을 의미하는데, 에도 시대에는 전통 의상을 고후쿠라고 불렀으며, 근대로 넘어오면서 기모노라는 명칭을 사용하게 되었다.

타고 '에치고야(越後屋, 지금의 미쓰코시三越 백화점)'나 시로키야(白木 屋, 지금의 도큐東急 백화점)'에 가서 옷을 사는 것은 다이묘나 상급 사무라이, 혹은 돈 많은 상인들에게나 가능한 일이었다. 오늘날 일본에서 어렵지 않게 찾아볼 수 있는 벼룩시장도 대부분 에도 시대부터 생겨난 것들이다. 당시 헌 옷을 사고팔 수 있도록 허가받은 상인들이 3천 명은 족히 넘었다고 한다. 여기에 허가증 없이 몰래 헌 옷을 거래했던 사람들까지 합하면 아마도 중고 옷 시장의 규모가 어마어마하게 컸으리란 것을 짐작할 수 있다.

당시 시장에서 파는 헌 옷들 중에는 사람들이 자신이 입던 옷을 직접 가지고 온 것도 있었지만, 죽은 사람의 옷이나 도둑질한 장물도 있었다. 다이묘와 상급 사무라이들은 늘 비단옷을 걸치고 다녔지만 서민들은 삼베옷을 입었다. 면으로 된 옷이 보급되기 시작한 것은 에도 중기 이후의 일이다. 요시와라 유곽의 기녀들은 기모노 안에 비싼 붉은 비단으로 만든 속치마를 입었는데, 색이 조금만 바래도 곧 내다 팔았다. 그러면 상인들은 그것을 검은 색이나 자주색으로 염색해 두건으로 만들어 팔았고, 두건도 낡아 못 쓰게 되면 길게 찢어 게다(나막신)를 매는 끈이나 걸레로 사용했다. 기모노 한 벌을 만들려면 옷감을 짜고, 염색하고, 재단해서 꿰매는 등 여러 과정을 거치며 손이 많이 가기 때문에 기모노 한 벌을 더 이상 쓸 수 없을 때까지 재활용했던 것이다.

하지만 그렇다고 해서 에도 사람들이 유행을 완전히 무시했던 것은 아니다. 그들도 나름대로 세련미를 추구하고 유행을 좇으며 살았다. 당시 유행을 선도하던, 이른바 패션의 리더들은 바로 요시와라의 기녀와 가부키 배우들이었다. 한 예로 17세기 말에서 18세기 초까지 가부키에서 여자 배역을 맡은 배우들이 몸매가 여성스러워 보이도록 하기 위해 오비*의 양 끝을 뒤로 길게 늘어뜨리고 무대에 올랐는데, 그것이 당시 젊은 여성들 사이에 큰 유행이 되었다. 또한 1817년, 에도 카메이도(龜戸)의 텐진샤(天神社 : 도쿄 고토구江東區 위치) 내에 있는 신지이케(心字池)에 다이코바시(太敲橋)라는 다리가 완공되자, 구경하러 왔던 예기(藝妓)들이 이를 축하하는 의미로 오비를 서로 묶어 다리처럼 길게 이었다. 그때부터 그것이 전통이 되어 오늘날 흔히 볼 수 있는 오타이코무스비(御太敲結)**로 이어져 오고 있다. 그 전까지 기모

* 기모노의 허리에 매는 천.
* 기모노를 묶는 매듭의 일종.

노의 오비에는 보조 끈 같은 것이 달려있지 않았지만, 예기들이 이 오타이코무스비를 만든 뒤부터 오비에 여러 가지 장식용 끈을 묶기 시작했다.

기모노에는 여러 가지가 있지만, 화려함으로 치자면 후리소데만한 것이 없다. 하지만 후리소데는 미혼 여성들이 입는 기모노이기 때문에 기혼 여성이 입는다면 남들에게 웃음거리가 될 각오를 단단히 해야 한다. 예전에 가와바타 야스나리(川端康成)가 노벨문학상을 수상했을 때, 가와바타의 부인이 시상식장에 이 후리소데를 입고 등장해 여론으로부터 질타와 옹호를 한 몸에 받은 적이 있다.

저자의 친구가 전통 후리소데 기모노를 입은 모습.
〈사진 제공 - 시모무라 아야코(霜村亞矢子)〉

후리소데는 원래 에도 시대의 기녀들, 특히 춤을 추는 기녀들이 입던 옷이었다. 기녀들은 춤을 추기 시작할 때 후리소데의 긴 소매를 펄럭이며 사람들의 시선을 사로잡곤 했는데, 에도 중기 이후에는 평범한 젊은 여성들 사이에서도 후리소데가 널리 유행하게 되었다. 후리소데는 화려하기는 하지만 행동하는 데는 매우 불편한 옷이다. 요즘 젊은 여성들은 보통 성인식에 후리소데를 입는다. 예전에 한 여성이 성인식이 끝난 뒤 연인과 호텔에서 거사를 치르고 나오려는데 후리

유카타를 입고 여름밤 축제에 참석한 가
리야(시슈)의 한 자매.

소데 입는 법을 몰라 집에 있는 엄마에게
전화를 걸어 도움을 청했다는 이야기를 들
은 적이 있다. 이런 불상사를 방지하기 위
해서는 미리 다른 옷을 한 벌 준비하는 센
스 정도는 갖춰야 하지 않을까.

후리소데에 비해 유카타는 남녀노소를
불문하고 누구든 입을 수 있어 널리 사랑받
는 옷이다. 유카타(浴衣)는 말 그대로 '목욕
할 때 입는 옷'이었다. 그러나 요즘은 여름
밤에 온 가족이 함께 축제를 보러 나가거나
연인들이 달구경을 갈 때 편하게 입는 기모
노를 의미한다. 최근에는 여성들이 입는 유
카타가 매우 다양해져, 짧은 미니스커트형 유카타나 등이 훤히 드러
난 유카타, 후리소데 유카타 등 없는 것이 없다.

유카타는 원래 목욕을 할 때 입는 홑겹의 내의였다. 8세기 헤이안
시대에는 대부분 증기욕을 했는데, 목욕할 때 홑겹의 옷을 걸쳐 입던
습관이 욕탕이 보급된 후에도 계속 이어진 것이다. 에도 시대에는 비
교적 개방적이어서, 초기에는 목욕할 때 남자들은 T자 모양의 짧은
바지를 입고, 여자들은 하반신에 속치마를 둘렀지만, 중기로 가면서
남녀 모두 아무 것도 입지 않고 함께 목욕을 했다. 당시에는 공중목욕
탕이 이미 보편화되어 사람들이 욕탕에 몸을 담그고 나와, 그대로 홑
겹의 가운만 걸친 채 게다를 신고 딸각딸각 집으로 가곤 했는데, 이것
이 점차 외출용 옷으로 굳어지게 된 것이다.

유카타는 여성들을 아름답게 보이게 하는 효과가 있어서, 평상시

에는 얼굴빛이 거무죽죽한 여성들도 일단 유카타만 걸치면 분을 바르지 않아도 얼굴이 훨씬 희고 아름다워 보인다. 또 늘 튀는 의상을 즐기는 반항기의 10대 소녀들도 유카타만 걸쳤다하면 순식간에 조신한 아가씨로 변해버리곤 한다. 예로부터 여자는 목욕을 한 직후에 가장 아름답다고 하지 않았던가. 유카타가 본래 목욕을 하고 나와서 입는 옷인 까닭에 여자를 아름다워 보이게 하는 것은 아닌지 모르겠다.

여인의 천성

아름다움을 추구하는 것은 여인의 천성이며, 이 점에 있어서는 에도 시대 여성들이라고 예외일 수 없었다. 당시에는 피부가 희고 보드라우며, 이마선이 가지런하고, 머리카락이 길고 윤기가 흐르며, 입이 작고 앵두 빛이 도는 것을 미인의 조건으로 쳤다. 에도 시대의 여인들은 이 조건에 최대한 맞추기 위해 온갖 노력을 아끼지 않았고, 집집마다 『도후조쿠케쇼덴(都風俗化粧伝)』이라는 책을 갖추고 있었다. 이 책은 미용과 화장에 관한 모든 것을 담은 책인데, 1813년에 출간되어 메이지 시대 말기까지 1백 년이 넘는 동안 일본 여성들에게 '미인의 경전'처럼 여겨져 왔고, 비단 화장술만이 아니라 예절과 복식, 행동거지, 내면적인 교양에 관한 내용이 총망라되어 있다.

1813년 간행된 『도후조쿠케쇼덴(都風俗化粧傳)』. 얼굴형에 따른 화장법을 상세하게 기록해 놓았다.

이 책에는 오늘날에도 적용

될 수 있는 여러 가지 미용법들이 수록되어 있는데, 예를 들어 밥을 지을 때 쌀뜨물을 버리지 않고 두었다가 윗물은 따라버리고 밑에 가라앉은 침전물을 말려서 가루로 낸 뒤, 매일 자기 전에 물에 개어 얼굴에 바르면 미백 효과를 거둘 수 있다고 한다. 돈도 절약되고 화학물질로 인한 부작용을 걱정할 필요도 없으니 일석이조라고 하겠다. 또 벼를 찧을 때 나온 쌀겨를 갈아두었다가 세수를 할 때 사용하면 분이 얼굴에 남지 않고 깨끗이 지워진다는 내용도 있다. 가장 재미있는 것은 쌀뜨물에 돼지족발을 넣어 젤리 상태가 될 정도로 푹 고아 매일 저녁 자기 전에 얼굴에 바르고, 다음날 아침에 쌀뜨물로 세수를 하는 방법인데, 이렇게 하면 피부가 보들보들해지고 주름이 생기는 것도 예방할 수 있다는 것이다. 최근 몇 년 사이에 돼지족발과 닭 날개에 다량의 콜라겐이 함유되어 있어 자주 먹으면 주름을 예방할 수 있다는 사실이 알려지면서 시중에 콜라겐을 함유한 화장품이 쏟아져 나오고 있는데, 2백 년 전 에도 시대 여인들은 이미 이 콜라겐 미용법을 사용하고 있었던 것이다.

화장하면 빠질 수 없는 것이 바로 화장수다. 예로부터 쌀겨와 팥가루, 수세미 줄기를 잘라 나온 수액 등을 이용한 천연 화장수가 널리 이용되어 왔다. 간에이(寬永, 1624~1643) 연간에는 들장미에서 추출한 '하나노로(花之露, 꽃이슬)'라는 화장수가 나와 큰 인기를 끌어 날개 돋친 듯 팔렸고, 1809년에는 통속 소설가인 시키테이 산바(式亭三馬)가 '에도노 미즈(江戸之水, 에도의 물)'라는 화장수를 팔았는데, 큰 병 기준으로 가격이 150몬으로 오늘날로 따지면 3,750엔이나 했지만 없어서 못 팔 정도였다고 한다. 당시에는 인세의 개념이 없어 소설이 아무리 인기를 끌고 많이 팔려도 글을 쓰는 것만으로는 생계를 이을 수

게이사이 에이센(溪齋英泉)이 그린 백분을 바른 여인. 왼손에
들고 있는 것은 당시 유행하던 시키부(式部) 솔이다.

없었다. 그러니 시키테이 산바는 이 화장수를 팔아 생계를 걱정하지 않고 작품 활동에 매진할 수 있었던 것 같다. 에도 시대의 미용에 얽힌 일화를 묶어 놓은 것으로 이시노모리쇼타로(石之森章太郎)의 『게와이시(化粧師)』라는 만화집이 있다. 이 책은 속편까지 두 권으로 되어 있는데, 묘사가 섬세하고 회화적인 가치가 뛰어나다. 게다가 단편 연작 형식으로 되어있어 훗날 영화화되기도 했다.

립스틱의 원료는 인체에 해가 없는 천연물질인 붉은 색의 꽃이었다. 립스틱은 1673년경부터 유행하기 시작했는데, 유행의 선두에는 역시 요시와라의 기녀들이 있었다. 하지만 립스틱의 가격은 너무 비싸 한 번 바르는 데 30몬이나 했다. 에도 후기에 화장품 행상이 등장하면서 화장품이 보편화된 후에도 립스틱은 제일 싼 것이 30몬을 넘었고, 품질이 좋은 것은 1~2냥까지 했다. 당시 1냥이면 오늘날의 화폐 가치로 10만 엔에 해당하니 다이묘의 부인이나 부자 상인의 첩실들 외에는 꿈도 꿀 수 없는 것이었다.

에도 시대에는 남녀를 불문하고 모두 옷차림을 중시했고, 옷을 입을 때에도 그 신분에 따라 여러 가지 규칙이 있었다. 예를 들어 후리소데를 입고 시마다마게(島田髷 : 여인의 전통 머리 모양의 하나)를 했다면 미혼 여성이 분명했고, 치아를 검게 물들였다면 기혼 여성이었다. 또 치아를 검게 물들이지 않고 눈썹을 모두 밀었다면 아이를 둔 기혼 여성임이 틀림없었다. 남자들도 옷차림과 머리 모양, 장신구 등으로 신분과 사회적인 계급을 한눈에 알아볼 수 있었다. 일본에는 오늘날까지도 이런 풍습이 남아있는데, 가장 대표적인 예가 바로 유니폼이다. 외국인들의 눈에는 이것이 보이지 않는 구속으로 비춰질 수도 있지만 일본인들은 그저 '겉모습' 일 뿐이라고 여기기 때문에 그다지 부담스럽게 생각하지 않는다. 적어도 그 덕분에 상대방의 신분을 오해해 난감한 일이 발생하는 것은 막을 수 있지 않은가.

결혼을 한 후에는 치아를 물들이고 눈썹을 밀어야 했기 때문에 에도 여성들은 미적거리며 구혼을 차일피일 미루는 연인을 은근히 재촉할 때, "언제 내 눈썹을 밀어줄 거예요?"라고 말하곤 했다. 또 천성적으로 눈썹이 흐린 여성들은 눈썹을 그리지 않으면 실제보다 더 나이 들어 보였기 때문에, 눈썹을 미는 것이 정조를 지키기 위한 수단으로 여겨지기도 했다. 젊은 여성들은 눈썹을 밀고나면 푸르스름한 흔적이 남는 것이 보통이다. 그래서 에도 남자들은 이것을 '젊은 아내'의 징표라고 생각하고, 젊은 여자를 아내로 맞이했다는 것을 은근히 자랑하고 싶을 때 "우리 집사람은 시집왔는데 아직도 눈썹 자국이 새파랗단 말이야."라고 말하곤 했고, 이 말 한 마디만 하면 어김없이 주변으로부터 부러움과 시샘이 섞인 야유를 받았다. 또 결혼을 했다가 남편과 사별한 후에도 계속 치아를 물들이고 눈썹을 기르지 않는다면 이는 재혼할 의사가 없다는 의미였다.

치아를 검게 물들이는 것이 요즘 사람들 눈에는 엽기적으로 비춰

약 1870년경의 사진. 한 기혼 여성이 도구를 이용해 이를 검게 물들이는 데 여념이 없다.

질 수도 있지만, 여기에는 충치와 치조농루*를 예방한다는 또 다른 목적도 있었다. 아이를 낳아본 여성들은 모두 알겠지만 임신 기간에는 태아가 모태의 칼슘을 흡수하기 때문에 산모의 치아가 약해지는 증상이 나타난다. 그러니 치아를 물들이는 풍습이 순전히 장식만을 위한 것은 아니었다.

남자들은 어땠을까? 남자들의 옷차림에도 재미있는 점이 있었을까? 물론이다. 보통 남자들은 열다섯 살이 되면 성인식을 치르고 이마에서 정수리까지 머리를 모두 밀고, 구레나룻에서부터 뒤통수까지 난 머리는 하나로 묶어서 정수리로 틀어 올렸다. 당시 남성들은 마치 공작새가 풍성한 깃털을 뽐내듯 누구 머리가 더 길고, 틀어 올린 머리채가 누가 더 큰지 경쟁했다. 오다 노부나가 시대에 이르러서야 칼로 머리를 밀기 시작했고, 그 전에는 머리를 한 가닥 한 가닥 뽑았다고 하는데(생각만 해도 아플 지경이다), 이는 투구를 썼을 때 머리의 온도가 너무 올라가 실신하는 것을 막기 위함이었다. 이런 헤어스타일의 최대 수혜자는 대머리 남성들이었지만, 그것도 역시 머리가 어디까지 빠지느냐가 중요했던 것 같다. 당시에도 '파리가 앉다가 낙상하는 머리', 혹은 물주전자처럼 반질거린다는 뜻의 '물주전자 머리' 등 우

---

* 잇몸의 가장자리가 붉어지고 고름이 나오고 이빨이 흔들리면서 빠지는 병.

스갯소리가 유행했던 것을 보면 말이다.

　머리가 민둥산처럼 훤하면 한여름이나 한겨울에는 그야말로 고역이었다. 그래서 두건이 바로 에도 남성들의 필수품 가운데 하나로 자리 잡게 되었다. 두건을 쓰면 여름에는 뙤약볕을 가릴 수 있고, 겨울에는 보온 효과를 얻을 수 있는데다가, 또 목도리로도 사용할 수 있어서 사무라이들이 몰래 요시와라 유곽에 드나들 때 반드시 챙겨야 하는 필수품이었다. 오늘날의

남자들은 성인식을 치르고 나면 앞머리를 정수리까지 모두 밀어야 했다.

검은 선글라스나 모자와 비슷한 역할을 했던 것 같다.

　재미있는 것이 하나 더 있다. 바로 훈도시, 즉 T자로 된 짧은 속옷이다. 속옷이라고 해서 낡은 천으로 대충 만들었다고 생각하면 큰 오산이다. 이 작은 속옷이 바로 에도 남자들의 미학의 출발점이었다. 일반 서민들은 대부분 면으로 된 훈도시를 입었지만 돈이 있는 사람들은 고급 비단으로 만든 훈도시를 입었는데, 보통 주름이 잡힌 붉은 비단이나 꽃 자수가 놓인 비단으로 만들었다. 공중목욕탕에 가서 겉옷을 벗었을 때 드러나는 이 화려한 꽃문양은 보는 이들의 시선을 잡아 끌기에 충분했다. 하지만 유독 무사들만은 안타깝게도 훈도시에 기교를 부리지 못하고 오로지 흰색의 고급 비단으로 된 것만 입을 수 있었다.

'긴타마(金玉)'라고 불리는 남성들의 고환이 정자 생산이라는 본연의 기능을 충실하게 수행하기 위해서는 약 35도의 온도가 유지되어야 하고, 너무 온도가 높거나 습한 것은 좋지 않다. 하지만 현대 남성들의 팬티는 몸에 착 달라붙는 삼각팬티든, 헐렁한 사각팬티든, 모두 이런 면에 있어서는 고환에 그리 좋지 않다. 전자는 너무 꽉 끼어 쉽게 습해지고, 후자는 고환을 고정시켜주지 못하기 때문이다. 그런 점에서 고환의 가장 좋은 파트너는 바로 훈도시가 아닐까 싶다.

나가야(長屋)

도쿠가와 이에야스가 에도를 건설한 가장 큰 목적이 사무라이 정권을 수립하는 것이었기 때문에, 사무라이와 서민 계급의 주거 환경은 그야말로 하늘과 땅 차이였다. 대체로 에도의 집들 가운데 열 채 중 일곱 채는 사무라이의 저택이었고, 나머지 세 채 가운데 절반은 사원과 신사였으며, 나머지 절반만이 서민들의 집이었다. 에도의 인구가 약 110만 명이었는데, 이 가운데 바쿠후의 신하와 다이묘들을 따라 에도에 부임한(산킨코타이, 參勤交代*) 가신들의 수가 50만 명이 넘었고, 서민들이 50여 만에 달했다. 이 서민들이 에도 전체 면적의 15%인 270만 평의 토지에 모여 살았으니 주거 환경이 제대로 갖추어졌을 리가 없다. 지금도 일본인들의 집을 보고 '토끼굴'이라고 비웃는 서양인들에게 에도 시대 서민들이 모여 살던 집을 보여준다면 아마 '쥐구멍'이라며 혀를 내두를 것이다.

나가야(長屋)는 당시 서민들이 한 지붕 아래 여러 가구씩 모여 살던 집을 가리킨다. 나가야는 보통 오모테나가야(表長屋)와 우라나가야(裏長屋)로 나뉜다. 오모테나가야는 상점을 겸한 가정집으로 2층 구조

* 지방 영주들이 교대로 에도에 와서 쇼군을 보좌하는 제도로 지방 세력의 확장을 방지하는 것이 목적이었다.

우라나가야(裏長屋)의 풍경. 간세이(寛政) 연간에 번화한 거리였던 하시모토쵸(橋本町)의 한 달 임대료는 평당 은 4센 5부였지만, 외진 곳은 평당 5부밖에 되지 않았다.
* 센(錢) : 円의 100분의 1
* 부(分) : 에도 시대 화폐 단위. ① 금 1냥의 4분의 1, ② 은 1돈의 10분의 1, ③ 센 1몬(文)의 10분의 1
　　단, ③의 경우 계산상으로만 존재할 뿐 해당 화폐는 없다.

인데, 1층은 대부분 철물점이나 잡화점, 야채 가게, 생선 가게 등 작은 상점이었고, 우라나가야는 이런 상점 뒤편의 1층짜리 건물이었다. 우라나가야 한 채는 여섯 칸으로 나뉘어 있고, 각 칸의 면적은 기껏해야 3~5평이었다. 에도 서민 가운데 열의 일곱은 이런 우라나가야에서 살았다. 하지만 서민이라고 해도 돈 많은 상인들의 경우는 물론 달랐다.

　세 평짜리 쪽방의 입구는 진흙바닥이었는데, 한쪽에 물동이나 화로가 놓여있고, 신발을 벗고 들어가면 다타미 넉 장 반을 깔아놓은 방이 있었다. 이 방은 낮에는 거실이지만 해가 지면 곧 침실로 변했다.

화장실과 우물, 쓰레기장은 집 밖에 있어 모두 공용으로 사용했고, 방과 방 사이를 막은 것이라고는 얇디얇은 나무판자 하나가 전부였다. 이런 환경에서 소위 '사생활'이란 것이 있었는지는 굳이 말하지 않아도 알 것이다. 그러나 옆집에서 소곤거리는 소리까지 모두 들리는 이런 환경 덕분에 사람들 사이에 끈끈한 인간관계가 형성될 수 있었다.

일본어로 이도바타카이기(井戸端會議), 즉 '우물가 회의'라는 것이 있다. 이는 여자들이 우물가에 빙 둘러 모여 수다를 떠는 것을 빗댄 말인데, 이 말 역시 에도 시대에 생겨난 것이다. 약 스무 가구가 한 우물을 썼으니 빨래를 하고 밥을 지을 시간이 되면 자연히 우물가에 여자들이 옹기종기 모여들게 되고, 너 한 마디 나 한 마디 주거니 받거니 이야기를 하다보면 끝도 없이 이야기가 이어지는 게 당연했다. 상상해 보면 그 모습이 정기적인 회의와 매우 비슷하지 않았을까? 남자들도 아침저녁으로 세수를 할 때에는 우물가에 모여 잡다한 이야기들을 나누곤 했다. 에도 시대에는 이 우물가가 중요한 사교 장소였던 셈이다. 지금은 이 말이 공원이나 골목, 회사 식당, 심지어 인터넷 채팅방에서 여자들이 모여 수다 떠는 것을 통칭하는 말로 사용되고 있다.

당시의 우물은 오늘날의 수돗물이나 마찬가지였다. 에도는 바다를 메워서 만든 도시였기 때문에 지하수에 모두 염분이 섞여 있어 식수로 사용할 수 없었고, 당시 우물물은 모두 이노카시라 연못(井之頭池, 미타카시三鷹市)과 다마 강(多摩川)에서 발원한 것이었다. 도쿠가와 이에야스가 1590년 에도로 이주하기 전에 사람을 시켜 식수 문제를 조사하도록 시켰고, 1644년에 이노카시라 연못을 상수원으로 하는 간다(神田)의 급수 시설이 완성되고, 1655년에는 다마강의 급수 시설도 완

모두들 우물가에 모여 빨래를 하고 물을 길으면서 잡다한 세상 사는 이야기들을 나누곤 했는데, '이도바
타카이기(우물가 회의)'라는 말이 여기에서 탄생했다.

성되었다. 급수는 모두 지하에 매설된 사통팔달의 급수관을 통해 에
도 도처에 있는 우물로 공급되었다. 우물도 나무로 만든 커다란 통이
었고, 급수관도 대부분 돌이 아니라 나무로 만들어진 것이었다. 다른
건 몰라도 이 급수 시설만큼은 사회적인 신분의 차이가 없었던 것 같
다. 에도 성내에 사는 다이묘들의 저택 역시 이 급수 시설을 통해 물
을 공급받았다. 에도 사람들이 자랑스럽게 생각하는 것 중의 하나가

82

아이가 처음 태어나서 목욕하는 물이 바로 상수도를 통해 급수된 물이라는 사실이었다.

그런데 우물이 나무로 만들어져 있었기 때문에 해마다 칠월 초이레가 되면 모든 사람들이 하루를 쉬고 함께 모여 우물 대청소를 했다. 우물을 청소할 때에는 우선 우물 안에 있는 물을 모두 퍼낸 후 우물 청소 전문가가 내려가 우물을 청소했다. 청소가 끝나면 덮개를 덮고 마지막으로 술과 소금을 부었고, 그날 저녁에는 자연스럽게 한바탕 잔치가 벌어지곤 했다. 에도 중기 이후에 땅을 파는 기술이 진보한 후에야 우물을 깊게 파고 땅속 깊은 곳에서 수질이 좋은 지하수를 퍼 올려 사용할 수 있었다. 특히 물을 많이 쓰는 목욕탕이나 두부 가게에서는 기술자를 불러 직접 우물을 파는 것이 보통이었다.

쓰레기는 지금은 물론 에도 시대에도 행정 관료들이 가장 골머리를 앓는 문제 가운데 하나였다. 에도 초기에는 모두들 쓰레기를 집 주변의 하천이나 공터에 버렸는데, 3대 쇼군인 이에미쓰 집권 후 인구가 날로 늘어나자, 바쿠후도 점차 쓰레기 문제의 심각성을 인식하게 되었다. 1649년 바쿠후는 주민들에게 정기적으로 하수구를 청소하도록 명령하고, 쓰레기를 함부로 버리지 못하도록 엄격하게 통제했다. 일본인들이 쓰레기를 함부로 버리지 않는 것은 350여 년 전부터 길러진 뿌리 깊은 습관인 셈이다. 1655년에는 또 각 행정 구역에 정기적으로 쓰레기를 수거하고, 수거한 쓰레기를 배에 실어 스미다 강(隅田川) 하류, 즉 오늘날 도쿄 고토구 일대로 운반하라는 명령이 하달되었다. 당시 이곳은 갈대가 무성하게 자라는 소택지였다. 1666년에는 정기적으로 쓰레기를 운반하는 하청업자들까지 생겼으며, 쓰레기를 이용해 바다를 메우는 이런 방식은 3백여 년이 지난 지금까지도 행해지고 있다.

하지만 이것으로 문제가 끝난 것은 아니었다. 바로 분뇨를 어떻게 처리할 것인가 하는 큰 문제가 남아있었다. 쓰레기로 땅을 만드는 에도 사람들이었으니 분뇨라고 해서 단순한 배설물로 치부해 버렸을 리 없다. 일본에는 농경지가 매우 적어 12세기 초 가마쿠라(鎌倉) 시대부터 1년에 두 번 수확하는 방식을 사용하기 시작했는데, 이는 2모작과는 달라서 벼와 밀 등 서로 다른 농작물을 번갈아가며 수확하는 방식이었다. 땅을 놀리지 않고 계속해서 곡식을 생산했으니 농경지의 지력(地力)을 유지시키기 위해서는 비료가 빠질 수 없었고, 분뇨는 가장 효과가 뛰어난 유기비료였다.

도요토미 히데요시 시대에 규슈 일대에서 선교활동을 펼쳤던 포르투갈 선교사가 교토에서 『일본과 유럽의 문화비교론』이라는 책을 썼는데, 이 책에 "유럽에서는 분뇨를 수거해가는 사람들에게 돈을 주지만, 일본에서는 돈이나 쌀을 주고 분뇨를 사간다."는 구절이 나온다. 『일본과 유럽의 문화비교론』의 간행 시기가 1585년이었으니 전국 시대부터 분뇨를 거래하는 업종이 있었음을 알 수 있다. 이것은 아마도 교토 서쪽에서 농업이 발전했던 것과 밀접한 관련이 있을 듯하다.

무를 가지고 다니며 분뇨와 바꾸어 주던 상인.

그런데 분뇨라고 해서 다 똑같은 것은 아니었다고 한다. 당연히 에도성에서 나온 것을 제일로 쳤고, 그 다음은 다이묘와 사무라이의 저택에서 나온 것이었으며, 그 다음이 서민들의 것이었다. 그리고 감옥에서 나온 것이 가장 싼 값에 거래되었다. 처음에는 에도성과 다이묘의 저택에서 나오는 분뇨는 일정한 지역의 유명한 사람에게 처리하도록 했기 때문에, 정기적으로 사람을 보내 화장실을 청소하기만 하면 성과 저택의 '상등품'을 공짜로 독차지할 수 있었다. 그런데 뜻밖인 것은 분뇨 가격도 시장의 원리에 따라 오르내리고, 해마다 물가 상승폭만큼 올랐다는 사실이다. 이 덕분에 에도성과 다이묘 저택의 분뇨 수거를 책임진 사람들은 모두 큰 부호가 될 수 있었다. 이 사실이 알려지고 다이묘의 저택에 사례금을

나가야에 사는 사람들이 공동으로 사용하는 화장실. 문의 높이가 하반신만 겨우 가릴 정도였기 때문에, 통풍은 잘 되었지만, 악취가 사방으로 진동했다. 그림에서도 무사가 화장실에 쭈그리고 앉아있고, 그 옆에서 따르는 수하들이 모두 입과 코를 틀어막고 있다.

가지고 와 분뇨를 달라고 요청하는 사람들이 늘어나게 되자, 귀찮아진 나머지 나중에는 입찰 방식으로 바꾸었다.

　에도 사람들의 화장실은 큰 칸과 작은 칸으로 나뉘어 있었고, 에도 사람들은 아사쿠사지(淺草紙)라는 재생지를 화장지로 사용하고 있었다. 화장실에는 물론 문이 있었지만 하반신만 가릴 정도로 낮았기 때문에 누가 대변을 보고 있으면 문 위로 얼굴이 그대로 들여다보였다. 통풍이 잘 돼 여름에 시원했기 때문에 변비라서 힘을 주어도 땀이 비 오듯 흘러내릴 걱정은 없었지만, 반대로 겨울에는 엉덩이를 훤히 드러내고 있었으니 감기에 걸리지 않았나 모르겠다.

사족이지만 잠시 쉬어가는 의미로 한 가지 이야기를 하겠다. 에도 말기에 첩부도(妾婦道)라는 것이 성행했는데, 첩부도란 여색을 이용해 생계를 꾸리는 여자들을 의미했다. 이런 여자들은 선천적으로 아름다워야 했고, 그렇지 않으면 이 업종에서 성공할 수 없었다. 당시 첩들은 명목상으로는 '고용직'으로 월급을 받았지만, 주인의 별장에 정식으로 '입주'하기 전에 적잖은 치장비용을 한꺼번에 받을 수 있었는데, 그 금액이 적어도 3~5냥에 달했다(1냥이면 지금 가치로 12만 엔에 해당한다). 만약 운이 좋아서 다이묘나 부호의 첩실로 들어가게 되면 10~20냥까지도 챙길 수 있었다.

처음에는 첩들도 주인이나 주인 가까이에서 시중을 드는 원로 하인들에게 잘 보이기 위해 노력하다가, 나중에는 주인과 한 베개를 베고 온갖 아양을 부리며 한창 몸값을 올렸다. 하지만 어느 정도 시간이 흐르면 추운 겨울 날 밤에 주인이 막 잠이 들었을 때 일부러 침상에 오줌을 싸서 잠자던 주인을 놀라게 했다. 이렇게 네다섯 번을 계속 하면 아무리 첩에게 푹 빠져있던 주인이라도 다른 여자의 품으로 떠나기 마련인데, 주인은 그 전에 첩에게 거액의 부양비를 떼어주고 자유의 몸으로 풀어주었다. 그럼 그 첩은 어땠을까? 겉으로는 울고 불며 매달리는 척했지만, 속으로는 쾌재를 부르며 다른 주인을 찾아갈 생각을 하곤 했다.

만약 연인과 헤어지고 싶은 여성이 있다면 이 방법을 시도해보는 것도 나쁘지 않을 듯하다.

오오야의 권리와 의무

에도 사람들이 사는 집이 누추했던 주요 원인 중 하나
는 화재가 자주 발생했던 것이었다. 1659년에 간행된 『무강연표(武江
年表)』에 "정월 초이틀부터 삼월 열나흘 사이에 1백 번 하고도 다섯
번이나 화재가 발생해 사람들이 편하게 살 수 없었다."라는 기록이
있다. 불과 83일 동안 1백 번이 넘는 화재가 발생했으니 하루도 화재
가 일어나지 않은 날이 없었던 셈이다. 게다가 그중에는 마을 전체를
잿더미로 만들어놓은 대형 화재가 두 건이나 있었다. 거의 10년에 한
번꼴로 대규모 화재가 발생했었다고 한다.

화재가 자주 일어났기 때문에 사람들은 큰 돈을 들여 집을 정교하
게 짓지 않으려고 했다. 일단 불이 나면 서민의 허름한 집이든 고래
등 같은 다이묘의 저택이든 불길에 휩싸이는 것은 피할 수 없었기 때
문이다. 서민들 역시 이 사실을 알고 있었기 때문에 다타미 넉 장 반
크기의 방에 가장 기본적인 일상용품 외에 값나가는 물건은 거의 두
지 않았다. 그렇게 살다가 불이 났음을 알리는 종소리가 울리면 대피
하는 데 거추장스러운 물건은 전혀 챙기지 않고 몸만 빠져나오면 그
만이었다. 에도 사람들이 '오늘 술이 생기면 오늘 마셔 취해버리는'
경향이 있었던 것도 바로 화재가 잦은 주거 환경 때문이었다. 에도 사

에도 시대의 공공기관은 마치부교소였다. 역사적으로 교호 2년(1717년) 초에 부임해 19년 동안 봉직했던 오오카 에치젠노카미가 가장 유명하다.

람들이 돈만 생기면 먹고 마시며 다 써버린 데에도 이유가 있었던 것이다.

나가야의 소유주는 지누시(地主)들이었고, 관리자는 오오야(大家)였다. 오오야는 집주인이라는 의미였다. 오오야 역시 신분상으로는 서민이었지만, 그 지위가 일반 서민들보다 약간 높아서 기층 행정관 정도에 해당했으며, 에도성에서 큰 축제가 열릴 때마다 성에 들어가 노극(能劇)* 같은 귀족들의 놀이 문화에 참여할 수 있는 특권이 주어졌다.

기본적으로 에도는 행정자치구였으므로 국가의 행정기구인 마치부교쇼(町奉行所)**가 설치되어 있었으며, 실질적인 최고 책임자는 '마치도시요리(町年寄)'였다. 마치도시요리는 '연장자', '원로'라는

* 일본의 대표적인 가면 음악극.
** 에도 바쿠후 때 행정, 사법, 소방, 경찰 등의 직무를 수행하던 곳.

뜻이었다. 마치도시요리는 세 명이 있었고, 세습 제도에 의해 계승되었는데, 모두 미카와국(三河國, 지금의 아이치현 동부. 도쿠가와 이에야스의 출신지)에서 도쿠가와 이에야스를 따라 에도로 이주한 명문세가였다. 마치도시요리 아래에는 구장(區長)에 해당하는 '나누시(名主)'가 총 260여 명이 있었다. 그 다음이 지누시이고, 가장 말단은 오오야였다.

한 달씩 돌아가며 일하는 마치도시요리는 매일 마치부교쇼에 출근해 바쿠후에서 하달된 명령이나 지시를 확인한 후, 서명을 해서 마찬가지로 한 달씩 돌아가며 일하는 나누시에게 하달했다. 나누시들은 이 지시를 다시 각 지구의 지누시들에게 전하고, 결국에는 오오야에게 마지막으로 지시가 내려졌다. 그러면 오오야는 이 지시 사항을 모든 나가야의 출입구에 붙였는데, 글을 읽지 못하는 사람이 있을 경우에는 그 내용을 설명해주는 임무까지도 오오야의 몫이었다. 오오야는 오늘날의 총무와 비슷한 직책이라고 할 수 있다.

나가야에 거주하는 사람들, 요즘으로 말하면 세입자들을 '다나코(店子)'라고 불렀다. 당시에는 오오야와 다나코의 관계가 매우 각별해, 결혼이나 구직, 심지어 부부싸움, 이혼, 이웃 간의 크고 작은 다툼 등 다나코에게 일어나는 소소한 일들은 모두 오오야가 나서서 중재하고 해결해 주었다. 이에 더해 마치부교쇼의 공적인 임무와 범인을 체포하고 구금하는 일, 도로 보수, 화재 예방을 위한 순찰, 야간 순찰, 쵸(町)*의 재정 및 출납 관리 등이 모두 오오야가 해야 할 일이었으니, 오오야는 몸이 열 개라도 부족할 지경이었다.

* 작은 행정 단위.

오오야가 주민들의 호적등기까지 관리했기 때문에, 직업이 없거나 신분이 불분명한 사람들은 나가야에 세를 얻기가 하늘에 별따기였다. 하지만 매일 불이 난다면 할 일을 찾지 못해 빈둥거릴 염려는 없었고, 몸만 건강하다면 이틀에 하루 꼴로 일해도 굶어죽을 걱정은 없었다. 실제로 단 한 푼이 없다가도 이틀 정도 날품을 팔아 한 달 치 방값을 벌 수 있었다. 일반 서민들에게는 소득세나 인두세(人頭稅)*, 혹은 건강보험료 등 각종 세금이 부과되지 않았으니 현대인들보다는 부담이 훨씬 덜했을 듯싶다. 당시 소방이나 급수 시설 같은 기반 시설 건설 비용이나 축제를 개최하는 데 필요한 비용은 모두 지누시들이 균등하게 부담했다.

오오야가 막강한 권력을 가지고 있기는 했지만, 그 책임 역시 막중했고, 다나코가 범죄를 저질러 억울하게 연루되는 경우도 있었다. 그럴 경우 약하면 벌금이나 추방 정도로 끝났지만, 심하면 무인도로 유배를 가야했다. 오오야가 다나코의 잡다한 집안일에 적극적으로 개입할 수밖에 없었던 이유가 바로 여기에 있다.

하지만 오오야로서 가질 수 있는 특권도 결코 적지 않았다. 나가야에 새로 이사하면 오오야에게 '성의 표시'를 해야 했는데, 일반적 시세가 두세 냥이었고, 앞으로 잘 부탁한다는 뜻으로 음식을 만들어다 주는 것은 기본이었다. 이런 관례는 지금까지도 이어지고 있다. 물론 지금의 오오야는 건물주, 혹은 집주인이고 '성의 표시'의 시세는 두 달 치 임대료다. 이사한 후 괜한 텃세로 인한 불이익을 당하지 않으려면 이웃들을 찾아다니며 일일이 인사를 해야 했는데, 이런 관례 역시

* 성별, 신분, 소득 등에 관계없이 성인에게 일률적으로 부과되는 세금.

지금까지 이어지고 있다. 대문을 따로 사용하는 단독주택인 경우에는 좌우 두 집과 맞은편의 세 집에 인사를 해야 하고, 아파트인 경우에는 좌우 두 집과 아래윗집에 인사를 해야 한다. 선물은 그리 비싸지 않은 비누나 수건 등 일상용품이면 된다.

나가야의 주인은 잡다한 일들을 책임져야 했지만, 작은 권력을 가지고 있었으며, 그로 인해 제법 쏠쏠한 이득을 얻을 수 있었다.

오오야는 다나코가 주는 선물 외에 지누시가 주는 봉급도 받았고, 다나코들의 분뇨를 처리할 수 있는 권한은 물론 다나코들이 쓰던 간장, 술, 양념 등의 빈 통을 사고팔 수 있는 권리도 가지고 있었다. 그리고 이 밖에도 부수적으로 들어오는 수입이 쏠쏠했다. 잘만 하면 평생 굶을 걱정 없이 살 수 있고, 능력 여하에 따라 부자 소리를 들을 수 있을 정도로 재산을 모을 수 있었다. 하지만 잘못하면 언제든 해고당할 수 있었으니, 천성적으로 인정이 넘치고 정의감이 투철한 사람이 아니고서는 하기 힘든 일이었다.

에도 사람들의 기질

다타미를 한자로 쓰면 '겹쳐질 첩(疊)'이다. 말 그대로 다타미는 접어서 보관해 놓았다가 사용할 때에만 꺼내서 사용하는 것이다. 『고사기(古事記)』(712년)에 12대 게이코(景行) 천황이 바다를 건너는 광경을 묘사한 기록이 있는데, "바다에 들어갈 때 풀로 엮은 다타미 여덟 겹에 가죽으로 만든 다타미 여덟 겹, 비단으로 만든 다타미 여덟 겹을 깔고, 그 위에 앉았다."라고 했다. 이 기록을 통해 당시 다타미가 풀방석을 여러 개 겹쳐서 만든 것이었음을 알 수 있다. 헤이안 시대(794~1185)부터 오늘날과 유사한 다타미가 나타나기 시작했다. 하지만 지금보다 두께가 좀 얇아 접어서 옆구리에 끼고 휴대할 수 있었다고 한다. 당시에는 손님의 지위에 따라 제공되는 다타미의 재료에서부터 두께, 가장자리의 색깔 등에 이르기까지 모두 정해진 규정이 있었다. 가마쿠라 시대(1185~1333)에는 방의 사방에만 다타미를 깔고 중앙은 그대로 비워두었으며, 다타미를 한번 깔면 이리저리 옮기지 않았다. 그 후 무로마치(室町, 1336~1573) 시대에는 방의 크기가 점점 줄어들어 방 전체에 다타미를 깔게 되었다. 하지만 에도 중기까지만 해도 다타미는 귀족 계급의 전유물이었다.

일본에 이런 속담이 있다. "마누라와 다타미는 새 것일수록 좋다.",

"깨어있을 때는 다타미 반 장, 잘 때는 다타미 한 장(최소의 생활 공간을 의미)." 이들 속담은 모두 에도 사람들이 만들어낸 말이다. 에도 중기에는 다타미가 서민들에게도 보급되었다. 하지만 역시 가구 중 하나일 뿐이었기 때문에, 지누시들은 나가야를 지을 때 일부러 다타미를 깔지 않았고, 다나코들이 이사하면서 자기 것을 가지고 왔다. 일본의 여름은 몹시 덥고 습기가 많아서 목조 건물과 다타미는 찰떡궁합이었다. 제2차 세계대전 초기까지만 해도 일본의 일반 가정에서는 1년에 두 차례씩 다타미를 걷어내 햇볕을 쪼이는 습관이 있었지만, 지금은 워낙 집이 좁아서인지 집 앞에 다타미를 널어놓는 광경은 거의 찾아볼 수 없다.

에도 사람들의 나가야는 기껏해야 3~5평을 넘지 않았는데, 한 평이면 대략 다타미 두 개 정도의 크기이므로, 이렇게 계산해 보면 현관 앞의 부엌을 제외하고는 방이라고 해야 다타미 네 개 반, 혹은 여섯 개 반 정도의 넓이밖에 되지 않았다. 지금의 요 크기로 따지면 요 한두 개의 넓이밖에 되지 않으니, 평균 네 명의 식구가 이런 공간에서 어떻게 잘 수 있었을까 불가사의한 일이다.

에도 사람들은 잘 때 요만 깔고 이불은 덮지 않고 잤다. 당시에는 '요기(夜着)', 즉 잠옷이 바로 이불이었는데, 잠옷은 중국인들이 입는 솜저고리와 비슷했다. 여름에는 홑겹으로 된 겉옷을 아무거나 걸치고 잤지만, 겨울이 되면 솜저고리를 입고 잠자리에 들었다. 그래서 요 두 개만 깔면 꽉 차는 방이었지만 부모와 아이들이 나란히 누우면 비좁기는 해도 그런대로 잘 수 있었던 것이다. 하지만 간사이 지방에서는 당시에도 이미 이불을 사용했는데, 아마도 귀족들이 대부분 교토에 모여 살았기 때문인 듯하다. 요를 깔고 누워 이불을 덮고 또다시

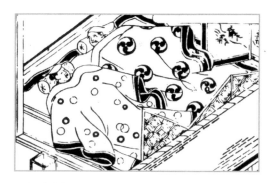
에도의 서민들은 이불을 덮지 않고 커다란 면저고리처럼 생긴 요기(夜着)를 덮었다.

위에 홑겹 이불을 겹쳐 덮는 습관은 메이지 시대 이후에 생겨났다.

나가야의 대문(골목의 출입구)은 매일 새벽 6시경에 열고, 밤 10시경에 잠갔으며, 에도 후기에는 범죄 예방을 위해 일부 나가야는 8시에 문을 걸어 잠가 다나코들이 드나들지 못하도록 했다. 나가야의 다나코들은 대부분 기술공이거나 노점을 운영하는 장사꾼이었기 때문에 비가 오는 날은 공치는 날이었다. 부부가 하루 종일 좁은 나가야에 틀어박혀 있으니 신혼부부라면 다타미 네 장 반짜리 방안에서 달콤한 밀어를 속삭이겠지만, 나이 든 부부들은 꿰다놓은 보릿자루마냥 서로 말 한 마디 않고 있으니, 비를 무릅쓰더라도 목욕탕 2층에 가서 사람들과 바둑을 두거나, 이발소에 가서 이웃들과 노닥거리는 편이 백번 나았다. 목욕탕과 이발소가 바로 동네 친목의 장소였던 것이다. 특히 목욕탕 2층은 차 한 잔 값만 지불하면 하루 종일 있어도 나가라는 사람이 없었다.

혼자 사는 남자들은 보통 동료들과 자기가 모시고 일하는 우두머리격인 주인의 집에 가서 공짜로 음식과 술을 얻어먹기도 하고, 때로는 노름도 하면서 즐겼다. 일꾼들의 우두머리 정도 되면 대부분 나가야 생활을 벗어나 큰길가에 있는 상점이 딸린 2층짜리 집에서 살았기 때문에(아내가 1층에서 가게를 운영하는 경우가 많았다) 방도 여러 개였다.

94

대부분이 상인이나 기술공이었던 에도의 서민들은 그 업종도 가지각색이어서 어림잡아도 백 가지가 넘었다. 상인들은 직접 점포를 가지고 있거나 노점을 운영하는 사람들이었다. 당시의 최고 유망 직종은 목수와 진흙공이었는데, 등급으로 따지자면 오늘날의 건축가와 맞먹는 지위였다. 그도 그럴 것이 하루가 멀다 하고 화재가 발생했으니! 목공일이

나무그릇을 만드는 목수. 「화국제직회화(和國諸職繪畵)」에는 에도 시대 여러 직종의 사람들을 그려놓았는데, 여기에 묘사된 사람들이 에도 사람들의 기질을 대표한다고 할 수 있다.

나 진흙 바르는 기술만 배워도 어딜 가든 굶어죽을 걱정은 없었을 것이다. 게다가 당시에는 일 삯을 월 단위로 계산하지 않고 고용계약 따위도 없어서, 하루 일하고 나면 바로 당일에 일당을 받았었다. 그러니 에도 사람들이 몸만 성하면 돈 걱정은 할 필요 없다는 생각을 가지게 된 것도 무리는 아니었다. 여기에 손재주만 조금 좋으면 최고 기술공으로서 일꾼들을 거느리고 일하며 나가야에서 벗어날 수도 있었다.

하지만 기술이 없다고 해도 그리 걱정할 것은 아니었다. 신체 건강하고 두 팔에 힘만 있으면 봇짐을 지고 다니며 장사를 하면 그만이었기 때문이다. 힘이 세면 야채나 생선, 숯, 기름, 소금, 두부, 칼 등을 가지고 다니며 팔았고, 선천적으로 몸이 약하거나 후천적인 이유로 무거운 것을 들지 못하는 사람들은 닭털(제기에 사용함)이나 색지(칠월칠석에 사용함), 우키요에(浮世繪) 호외 등을 가지고 다니며 팔았다. 만약 메고 다니며 팔 물건을 살 수도 없을 정도로 가난하다면, 이른 아침이

나 저녁 무렵에 송곳 한 자루를 가지고 다니며 "불 피워 드립니다~ 대나무통에 구멍 뚫어 드립니다~"라고 외치고 다니면 불을 피워달라고 나오는 아낙네들이 반드시 있었다. 한마디로 뭐든 일을 하기만 하면 최소한 굶지는 않았다.

상인이나 기술공 외에 '샐러리맨'들이 또 있었다. 바로 남의 집에 고용된 하인이나 점원들이다. 이들은 사무라이 집안의 하인과 상인 집안의 하인으로 나뉘었는데, 딸을 둔 부모들은 자기 딸을 사무라이 집안의 하인으로 들여보내기 위해 수단과 방법을 가리지 않았다. 사무라이 집안에서 하녀로 일하는 동안 자연히 여러 가지 엄격한 예법을 배우고, 장래에 좋은 신랑감을 얻을 수 있었기 때문이다. 에도 중기 이후에는 서민 인구가 점점 늘어나 사무라이 집안의 하녀는 여염집 규수들의 선망의 대상이 되었고, 그도 아니면 가요나 산겐(三弦)*을 가르치는 선생 밑에서 장기라도 하나 배우기 위해 애썼다.

상인 집안의 하인이나 점원들은 대부분 지방 도시에서 올라온 사람들로서 에도 상인들이 대부분 미에현(三重縣)과 시가현(滋賀縣)** 출신이었는데, 그들의 먼 친척이나 잘 아는 집에서 자기 아들을 점원으로 써달라는 청탁이 많았기 때문이다. 아들을 에도로 보내 성공시키려는 부모들의 바람 때문이었다. 상인 집안의 하인들은 비록 먹고 입을 걱정은 없었지만, 역시 남에게 묶여있는 몸이기에 일상생활에서 제약이 많았고, 또 경쟁도 치열했다. 특히 큰 상점인 경우 점원의 수

---

* 일본의 발현악기로 샤미센(三昧線)이라고도 한다. 4개의 판자를 합친 통에다 긴 지판을 달고 그 위에 비단실로 꼰 세 줄의 현을 친 것으로 조루리, 가부키를 비롯한 일본 고전 예술의 거의 모든 분야에서 쓰인다. 중국의 삼현에 기원을 두고 있다.
** 에치고야(越後屋)의 미쓰이(三井) 재벌이 바로 미에현 출신이다.

오쿠무라 마사노부(奧村政信)가 그린 「스루가쵸 에치고야 포목점(駿河町越後屋吳服店大浮繪)」(그림 중의 일부). 교호 연간에 상점에서 일하던 사람들의 분주한 모습을 묘사하고 있다.

가 2~3백 명이 넘는 것은 다반사였기 때문에, 그들 중에서 두각을 나타내는 일이 쉽지 않았을 것이다. 그러나 잘해서 상점의 지배인이 된다면 분점을 내든, 스스로 독립을 하든 자기 하기 나름이었다.

기술공들이 '오늘 술은 오늘 마셔 취해버릴' 때에도 상인들은 늘 내일을 염두에 두고 살았다. 그러나 에도 서민들의 대부분이 기술공이었기 때문에 그들의 성향이 바로 에도 사람들의 기질로 인식되었던 것이다.

데라코야(寺子屋)

19세기 중반 런던에서 평민 계층의 아이들 가운데 글을 읽을 줄 아는 아이는 열에 하나도 되지 않았고, 글을 쓸 줄 아는 아이의 비율은 이보다 더 낮았다. 프랑스에서는 1881년에 의무교육법을 실시했지만, 실제 취학률은 1.4%밖에 되지 않았고, 1920년 차르러시아 시대, 모스크바의 아동 취학률도 20%에 그쳤다. 그런데 같은 해인 1920년 다이쇼(大正) 시대, 일본에서는 전국 아동의 평균 취학률이 90%가 넘었다. 19세기 중반 바쿠후 말기 기록에 의하면 서민 계급 남성의 식자율, 즉 글을 아는 인구가 이미 54%에 달했고, 여성의 식자율도 20%였다. 물론 사무라이는 모두 글을 읽을 줄 알았다. 이것은 전국 평균 수치였고, 만약 수도인 에도만 놓고 보면 부유한 상인이든 나가야에 사는 빈곤층이든 남녀의 식자율이 모두 90% 이상이었다. 다시 말해, 에도 시대에 일본은 식자율이 세계에서 가장 높은 나라였다.

설마 이것이 도쿠가와 바쿠후가 서민 교육에 발 벗고 나선 결과였을까? 물론 그렇지 않다. 당시 시정을 담당했던 정부기관은 마치부교쇼였고, 공무원은 290명밖에 되지 않았다. 그들이 일반 행정 업무는 물론 경찰과 법원이 해야 할 일까지 모두 담당했으니 55만 명에 달하는 서민 교육 문제에까지 관심을 갖는 것은 불가능했다. 교육의 중대한 임무를 맡은 곳은 바로 데라코야(寺子屋), 즉 개인이 운영하는 서당이었다. 바쿠후 말기, 에도에만 1천 개가 넘는 데라코야가 있었고, 전국적으로 따지면 그 수가 2만 개가 넘었다. 데라코야 훈장들의 신분을 보면, 서민이 40%를 차지했고, 사무라이 26%, 승려 18%, 의원과 신관(神官)이 각각 9%와 7%를 차지했다. 또 대도시에서는 여성의 취학률이 높았기 때문에 훈장 가운데 3분의 1이 여성이었다.

아이들은 보통 만으로 예닐곱 살이 되면 부모의 손에 이끌려 집 근처에 있는 데라코야에 입학했다. 당시에는 학군이라는 제도가 없었기 때문에 어떤 데라코야를 선택하느냐는 순전히 부모의 판단에 달려있었고, 부모의 판단에 가장 큰 영향을 미치는 것은 물론 동네의 입소문이었다. 그러니 어중이떠중이 모두 데라코야를 열 수 있는 것은 아니었다. 데라코야의 규모도 모두 달라서, 작은 곳은 학생 수가 10~20명이었지만 2백 명이나 되는 큰 곳도 있었다. 대부분 남녀가 함께 공부했는데, 학생들의 연령이 제각각이라 개별 지도 방식을 사용할 수밖에 없었다. 교재도, 학습 기간도 일정하게 정해진 것이 없었다. 현재 남아있는 에도 시대의 교과서만 해도 7천 종 이상이니, 당시에는 얼마나 많았을지 상상할 수 있지 않은가.

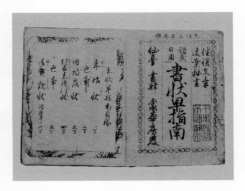

아이들이 데라코야에 입학해서 제일 먼저 배우는 것은 히라가나와 가타카나였고, 이 두 가지를 떼고 나면 한문을 배웠다. 아이들을 위한 『삼자경(三字經)』

데라코야의 교본은 그 종류가 매우 많아서 각 지방마다 자체적으로 제작했다. 그림은 센다이(仙臺) 지역에서 사용하던 『서장지도서(書狀早指南)』.

*, 『실어경(實語經)』**, 『동자경(童子經)』*** 등이 모두 필수 과목이었고, 이 외에 서예와 주판, 지리 등도 필수과목이었다. 서신 교본이나 상업 용어 교본, 농업용어 교본, 목공용어 교본 등도 전국적으로 널리 이용 되는 교과서였는데, 대부분 아이들이 열 두세 살 쯤 데라코야를 졸업 하고 이후 자유롭게 직업을 선택할 수 있도록 하기 위한 배려였다.

데라코야는 매달 1일, 15일, 25일에 쉬었고, 명절이나 축제가 열리 는 날에도 하루씩 쉬었다. 또 설날은 가장 긴 방학으로 한 달이나 수 업을 하지 않았다. 놀라운 것은 교육비를 무엇으로 내든 관계가 없었 다는 것이다. 돈이 없는 사람은 과자나 부채 등으로 고마움의 표시만 해도 괜찮았고, 농사를 짓는 사람은 직접 기른 신선한 채소로 교육비 를 대신했다. 어느 정도 돈이 있는 사람들만 직접 돈을 냈다. 학비는 1 년에 두 차례만 받았는데, 이것도 고정적인 것은 아니었다. 한마디로 당시 데라코야의 훈장은 일종의 봉사직이었고, 서민 아이들의 교육 은 "돈이 있는 자는 돈을 내고, 힘이 있는 자는 일을 한다."는 공익적 인 개념이었다. 돈이 있는 사람이 돈을 조금 더 내주면 돈 없는 사람 들도 자식이 까막눈이 될까봐 걱정하지 않을 수 있었던 것이다. 이런 생각의 바탕에는 '아이들은 공동의 재산'이라는 인식이 깔려있었다. 물론 학비를 낼 돈이 없는 부모들도 아이들의 문구류 정도는 직접 사 주어야 했다.

데라코야의 훈장은 돈보다는 남들로부터 존경받는 것을 낙으로 삼

* 중국의 『삼자경』이라는 교훈서를 모방해 일본의 역사적 변천을 서술한 것. 세 글자를 한 구로 편집했다.
** 경서 중에서 격언을 뽑아 쉽게 낭독할 수 있게 한 어린이를 위한 교훈서.
*** 5언 330구로 된 아동 교훈서.

고 살았으며, 한번 맺은 사제관계는 평생 동안 이어지는 것이 보통이었다. 학생들은 졸업 후 성인이 되어 사회에 진출해서도 해마다 명절이나 연말이면 선물을 들고 스승을 찾아뵈었고, 취직이나 혼인, 출산, 승진 등 중요한 일이 있으면 스승에게 알리거나 찾아와 상의하곤 했다. 그러므로 데라코야의 훈장들은 큰 부귀영화를 누릴 수는 없어도 하루 세 끼 끼니 걱정은 하지 않았고, 수입이 적고 일이 고되어도 마다하지 않을 수 있었던 것은 일종의 성취감 때문이었다고 봐야 하겠다.

사무라이 계급의 학교는 '한코(藩校)'였는데, 규율이 엄격하고 교육 수준도 일반 데라코야보다 훨씬 높았다. 서민 계급의 자제들도 데라코야를 졸업한 후 계속 공부하고 싶으면 한코에 진학해 사무라이의 자제들과 함께 공부할 수 있었지만, 반드시 성적이 우수해야 했고 그렇지 못하면 일반 고등 서당으로 가야 했다. 에도 중기부터 바쿠후 말기까지 서구 문화를 주로 가르치는 고등 서당이 급증했는데, 특히 바쿠후 말기에는 주자학만 가르치는 한코에 염증을 느낀 사무라이의 자제들이 고등 서당으로 전학해 서민 계급의 청년들과 동문수학하는 일이 흔했다. 메이지유신 이후 일본이 단기간 내에 서구 문화를 받아들일 수 있었던 것도 사실 고등 서당이 있었기 때문이다. 하지만 고등 서당은 데라코야와 달리 학비를 반드시 내야 하고, 일부에서는 기숙사 생활을 하도록 규정하고 따로 식비를 받았다.

중국에서는 예로부터 "여자는 무재주가 바로 덕이다."라는 관념이 있었지만, 에도 시대 어머니들의 생각은 달랐다. 에도가 본래 남자가 많고 여자가 적은 도시였기 때문에 운이 좋거나 출중한 외모를 가지고 태어난다면 나가야에서 나고 자란 여자들도 봉황이 될 수 있는 기회를 잡을 수 있었기 때문이다. 참새를 봉황으로 키우는 가장 좋은 방법은 바로 봉황의 둥지로 보내는 것, 즉 여자 아이를 사무라이의 집안에 하녀로 보내는 것이었다. 시키테이 산바의 『우키요부로(浮世風呂)』에서는 당시 여자 아이들의 일상생활을 이렇게 묘사하고 있다.

"아침에 일어나면 가장 먼저 서예 스승(데라코야)에게 가서 책상을 정리하고, 다시 산겐 스승에게 가서 아침 교육을 받는다. 그 후 집으로 돌아와 밥을 먹은 후에는 곧장 무용 스승에게 가서 무용을 배우고, 다시 데라코야에 가서 수업을 받는다. 오후 두 시에 귀가해 점심을 먹은 후에야 센토(錢湯)*에 가서 목욕을 할 수 있다. 집으로 돌아온 후에는 산겐과 무용 연습을 해야 하는데, 이때에나 조금씩 틈을 내 놀 수 있다. 해가 서산으로 기울면 다시 고금(古琴)을 배우러 간다. 놀 수 있는 시간이 거의 없었으니 정말 고된 생활이다."

이것은 에도에 사는 열 살 가량 된 한 소녀의 하루 일과였다. 보아하니 여자 아이들이 남자 아이들보다 배워야 할 것이 더 많았던 듯싶다. 책을 읽는 것도 모자라 악기와 춤까지 배웠으니 말이다. 상점에서 일하는 여자 점원들은 하는 일이 육체노동인지라 대부분 농촌의 젊은 처녀들 중에서 선택되었지만, 다이묘와 하타모토(旗本)**들이 서민 계급에서 하녀를 뽑을 때에는 가무에 능한 것을 필수 조건 가운데 하나로 쳤기 때문이다.

에도의 어머니들이 딸을 사무라이 집안에 하녀로 들여보내기 위해 안간힘을 썼던 이유는 바로 그곳에서 사무라이 계급의 예법과 교양

* 공중 목욕탕.
** 에도 시대 쇼군의 직속으로 1만 석(石) 이하의 사무라이를 의미함. '석'은 쌀의 양을 나타내는 단위로, 1석은 한 사람이 1년 동안 먹는 쌀의 양이다. 각 관직의 경제력을 '석'으로 나타냈다.

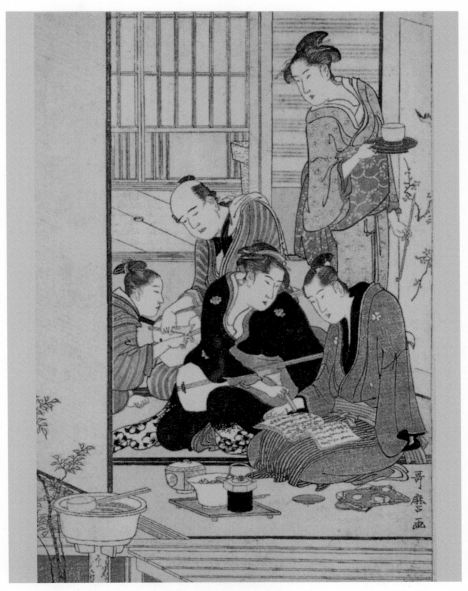

스승의 집에서 삼현(三鉉)과 무용을 배우고 있다. 에도 시대의 여자 아이들은 반드시 여러 가지 특기를 익혀야 했다.

스즈키 하루노부(鈴木春信)의 「오센의 차야(茶屋)」. 그림 속의 주인 공은 야나카(谷中) 가사모리(笠森)인데 이나리신사(稲荷神社) 앞에 있는 가기야다관(鍵屋茶館)의 아가씨다. 가사모리 오센은 당시 에도 제일의 미녀로 손꼽혔다.

을 배울 수 있었기 때문이다. 게다가 드나드는 사람들도 거의 사무라이 계급이었기 때문에 운이 좋다면 단숨에 사무라이의 부인이 될 수도 있었고, 봉황은 되지 못하더라도 부유한 상인과 혼인한다면 그것도 나쁘지 않았다. 당시 부유한 상인들은 사무라이의 예법과 교양을 배운 여자를 신부감으로 선호하는 경향이 있었다. 만약 피치 못한 사정 때문에 평생 혼자 살게 된다해도, 악기 하나만 잘 다룰 줄 알면 아이들에게 악기를 가르치며 스스로 밥벌이를 할 수 있었다. 설령 봉황이 되지 못하고 참새로 살더라도 모자란 구석은 없어야 하지 않겠는가.

이렇게 많은 것을 가르칠 여유가 없는 집안에서 태어났더라도 미모만 뛰어나다면 다관에서 일할 수 있었다. 다관에서는 차를 맛있게 우리고, 손님을 잘 응대할 줄만 알면 우키요에 화가들이 제 발로 찾아와 공짜로 선전을 해주곤 했는데, 에도에서 가장 유명했던 다관 아가씨는 아마도 가사모리 오센(笠森お仙)이었을 것이다. 오센은 결국 쇼군가 직속의 오니와반(御庭番, 에도 시대 쇼군 직속의 스파이)에게 시집

을 갔는데, 첩실도 아닌 정실이었다. 이 역시 참새가 봉황이 된 전형적인 예다.

　미모 역시 천부적인 재능이며, 이를 어떻게 이용하느냐가 중요하다는 사실은 예나 지금이나 마찬가지인 모양이다.

3. 오락 : 娛樂

원예

영국의 원예학자인 로버트 포춘(Robert Fortune)은 바쿠후 말기인 1860년과 1861년에 두 차례에 걸쳐 일본을 방문하고 에도의 도시 환경을 기록했는데, 그의 기록 중에 이런 내용이 있다.

이 광활한 도시는 한쪽이 에도만에 인접해 있어, 멀리 수평선과 맞닿아 있는 바다를 한눈에 조망할 수 있다. 울퉁불퉁한 비탈과 구릉이 있는 이 땅에서는 곳곳에서 정원을 찾아볼 수 있으며, 상수리나무와 소나무 등 상록교목들이 무성하게 자라나있다.

포춘이 언급한 정원이라는 것은 바로 다이묘들의 정원이다. 그가 말했듯, 당시 나지막한 언덕에 올라 에도를 내려다보면 한쪽으로는 바다가 보이고, 다른 한쪽에는 온통 푸른 녹음이 우거진 정원이 눈에 들어왔다. 도쿠가와 바쿠후가 화재에 대한 대비책으로 에도에 거주하고 있는 다이묘들에게 최소한 3채의 집을 소유하도록 했는데, 다이묘의 저택에는 정원이 딸려있기 마련이었고, 이 덕분에 에도 전체 면적의 70%가 바로 정원이었다. 당시 정원이 수천 개에 달했다는 기록도 있다. 단적인 예로 메이지신궁과 요요기(代代木) 공원은 본래 히코

메이지신궁 안뜰에 있는 다정(茶亭). 뜰 안에 나무가 우거지고 창포가 수백 그루나 심어져 있다. 에도 시대에는 히꼬네한 이이가의 저택이었다. 〈촬영 - 장밍이(張明義)〉

네한(彦根藩, 시가현) 이이(井伊) 가문의 저택이었고, 도쿄 대학은 가가한(加賀藩) 마에다(前田) 가문의 저택, 그리고 죠치(上智) 대학은 오와리 두쿠가와 가문의 저택이었다. 뿐만 아니다. 스미다(隅田) 공원과 고이시 강(小石川) 공원은 미토 도쿠가와 가문의 저택, 신주쿠교엔(新宿御苑)은 신슈(信州)* 다카토한(高遠藩) 나이토(內藤) 가문의 저택, 아리스가와노미야(有栖川宮) 기념공원은 주신 구라(忠臣藏)의 주군 아코한(赤穂藩) 아사노(淺野) 가문의 저택……. 간단하게, 현재 도쿄에 있는 모든 공원과 녹지는 에도 시대 다이묘의 저택이었다고 보아도 크게

* 시나노(信濃)국의 별칭으로 현재의 나가노현을 말함.

틀리지 않다.

정원이 오늘날 공원이 될 정도니 당시 다이묘들의 저택이 어마어마하게 넓었음은 길게 이야기할 것도 없다. 한 해에 20~30석의 봉록을 받는 하급 사무라이의 저택도 100~150평에 달했고, 봉록 3백 석 이상인 하타모토의 저택은 약 500평, 1천 석 이상은 700평, 5천 석 이상은 1,800평이었는데, 이런 저택에 모두 정원이나 안뜰이 있었다. 서민들은 이런 정원을 감상하기는커녕 들어갈 수도 없었지만, 언덕배기에 올라 내려다보면 온통 초록빛으로 넘실대는 에도를 조망할 수 있었다. 어떤 다이묘들은 서민들에게 정원을 개방하고 감상할 수 있도록 허락하기도 했다고 한다.

포춘은 당시 서민들의 집을 어떻게 묘사했을까.

울타리 삼아 심어진 나무들은 모두 가지치기가 잘 되어 있고, 안뜰도 역시 깔끔하게 가꾸어져 있다. 어딜 가나 눈에 띄는 초가집과 농가는 하나같이 아주 깨끗하고, 잘 정돈되어 있다. 나그네가 쉬어가는 찻집에도 뒤뜰과 물고기가 노니는 연못이 있다.

포춘은 맨 마지막에 이렇게 결론을 내리고 있다.

산골짜기와 나무가 우거진 언덕, 고즈넉한 길 양쪽으로 쭉쭉 뻗은 가로수, 여기에 상록교목의 울타리가 어우러져 있다. 아마 이 세상 그 어떤 도시도 이보다 아름다울 수는 없을 것이다.

보아하니, 옛날 에도는 콘크리트 숲이 빽빽이 들어선 오늘날의 도쿄와는 비교도 안 될 만큼 무척 아름다운 도시였던 것 같다.

그런데 다이묘와 사무라이 계급이야 넓은 저택을 짓고 정원을 꾸밀 수 있었지만, 변변한 마당 한 뼘 없이 나가야의 한 지붕 아래에서 복닥거리고 살던 소시민들은 어땠을까? 그거야 아주 간단하다. 정원 대신 분재와 화초를 가꾸면 되지 않는가. 매일같이 화초 장수가 골목 골목을 돌고, 또 가격도 비싸지 않으니 그리 어려운 일이 아니었다.

에도에서 처음으로 정원과 화초를 가꾸는 것을 유행시킨 이는 바로 도쿠가와 이에야스였다. 이에야스는 쇼군의 자리를 히데타다에게 물려준 뒤 원예에 심취해 여생을 보냈다. 그는 에도성 내에 2만 평 넓이의 광활한 꽃밭(지금의 고쿄皇居 후키아게吹上 교엔御苑의 숲)을 만들고, 여기에 사시사철 화초를 심었는데, 그 절반이 동백나무였다. 2대 쇼군인 히데타다도 동백꽃을 무척 좋아했고, 3대 쇼군 이에미쓰는 분재에 매료되어 화단 한쪽에 천막을 쳐 분재를 가득 채워놓고 7명의 관리인을 시켜 전천후로 관리하도록 했으며, 밤에도 보초를 서게 했다고 한다. 이에미쓰는 특히 소나무 분재를 좋아해 밤마다 침소에 자신이 좋아하는 소나무 분재를 가져다놓고 잠을 잘 정도였다. 이 소나무 분재는 나중에 에도의 유명한 원예가인 이토 이헤이(伊藤伊兵衛)에게 하사되었는데, 메이지 시대에 이토 가문이 몰락하면서 이 분재를 팔았고, 훗날 원로인 이토 미요지(伊東巳代治)가 이를 사들여 쇼와 천황에게 바쳤다. 이에미쓰가 애지중지하던 소나무가 다시 에도성으로 돌아오게 된 것이었다. 당시 이 소나무의 수령이 이미 5백 년이 넘었다고 한다.

에도 사람들이 꽃을 좋아하게 된 것은 8대 쇼군인 요시무네 덕분이었다. 요시무네는 사람들이 꽃을 늘 가까이하고 즐기도록 하기 위해

겐분(元文) 연간에 도쿠가와 요시무네가 에도에 벚꽃 묘목을 많이 심었다. 봄이 되면 다마카 강 상류 고가네이 다리 주변에 벚꽃이 흐드러지게 피어, 에도 시대의 유명한 꽃구경 장소였다.

에도성 내에 수천 그루의 벚꽃 묘목을 심어 기른 후, 이것들을 스미다 강과 고가네이(小金井) 강가, 아스카산(飛鳥山) 공원, 고덴산(御殿山) 등지로 옮겨 심어 에도는 어디를 가든 벚꽃을 감상할 수 있도록 만들었다. 또한 요시와라 유곽에서는 매년 3월 1일에 벚꽃 축제를 열었는데, 축제가 열리기 전에 정원사들이 벚꽃나무들의 개화기를 조정하고, 만개한 벚꽃나무를 모두 요시와라 유곽 안으로 옮겨 심어, 일반 대중들이 감상할 수 있도록 했다. 이것이 바로 밤 벚꽃놀이의 유래다. 좀 더 덧붙이자면, 일본의 국화(國花)는 국화와 벚꽃 두 가지다. 국화는 예로부터 황실의 상징으로 일본 여권과 국회의원의 휘장에 그 문양이 새겨져 있다. 하지만 벚꽃이 국화(國花)가 된 것은 메이지 시대에 이르러서의 일이다. 당시 영국으로부터 국화(國花)의 개념이 전파되자, 언론과 문인들이 에도의 국학자인 모토오리 노리나가(本居宣長, 1730~1801)의 주장을 인용해 벚꽃을 국화(國花)의 하나로 제정해야 한다고 목소리를 높이기 시작했다. 간단히 말해 국화는 황실과 귀족들의 개인적인 애호에 의해 결정된 국화(國花)지만, 벚꽃은 국민 전체가 약속이나 한 듯이 만장일치로 선택한 국화(國花)인 셈이다. 도쿄도의 도화(都花)는 소메이요시노*(벚꽃)이고, 도목(都木)은 은행나무다.

에도 사람들이 끈질기게 품종 개량에 몰두했던 꽃이 있었다. 바로 국화와 만년청(백합과에 속하는 것으로 5~7월에 연한 노란색이나 흰색의 꽃이 핌), 그리고 나팔꽃(朝顔)이다. 요즘도 해마다 가을이 되면 전국 각지에서 크고 작은 국화전이 열리고 누구나 개인적으로 가꾼 국화를 출품할 수 있다. 에도 시대에는 실내에서 국화전이 열렸다. 대나무 통에 큰 국화 한 송이씩 꽂아 출품했는데, 출품된 국화가 6~7백 송이에 달했다. 만년청의 감상 포인트는 잎의 무늬인데, 만년청이 한창 유행했을 때에는 품종이 1백 종을 넘어서기도 했다. 기록에 의하면 오사카에서 무려 2,300냥짜리 만년청 분재가 탄생한 적도 있었다고 한다. 요즘 가치로 환산하면 가격이 3억 엔에 달했으니, 당시 하타모토들이 너도나도 원예 기술을 배우려고 애썼던 것도 무리는 아닌 듯싶다. 분재로 벌어들이는 부수입이 데라코야에서 글을 가르치거나 무예를 가르쳐 버는 수입보다 많았다고 한다. 게다가 어차피 저택에 넓은 정원이 있으니 땅을 그냥 놀리는 것보다야 백번 나은 일이 아닌가.

'아사가오'라 불리는 나팔꽃은 나라(奈良) 시대에 일본으로 전파되었는데, 처음에는 약용 식물이었지만 점점 관상용으로 각광을 받게

* 도쿄 소메이의 화원에서 팔리기 시작한 데서 유래함.

되었다. 에도 시대에 가장 인기 있는 품종은 개량된 나팔꽃이었다. 당시에는 여러 가지 품종 개량을 통해 형형색색의 개량 나팔꽃이 많았는데, 이들 중 대부분이 멸종되어 지금은 찾아볼 수 없는 것이 아쉬울 따름이다. 오늘날 가장 흔히 볼 수 있는 나팔꽃 품종은 '거대륜(巨大輪)'이다.

에도 시대에 취미로 원예를 즐겼던 사람들 중에는 보통 사람들보다 학식이나 교양이 뛰어난 사무라이와 문인들이 적지 않았기 때문에 자연히 많은 원예서와 채색화 등을 남겼다. 못내 아쉬운 점이 있다면 오늘날 학자들이 아무리 우수한 첨단 기술을 동원한다 해도 당시의 원예 품종을 복원하지 못한다는 사실이다. 한 예로 복수초(福壽草)도 한창 전성기 때는 품종이 130종에 달했지만, 2차 대전 이후 복원해 낸 것은 50여 종에 불과하다. 아마도 에도 사람들이 화초 가꾸기에 쏟은 노력과 정성은 현대인들의 상상을 초월했던 것 같다.

에도 사람들은 나팔꽃을 매우 좋아했다.

가쓰시카 호쿠사이(葛飾北齋)의 「부악삼십육경 개풍쾌청(富嶽三十六景 凱風快晴)」.

우타가와 히로시게(歌川廣重)의 「명소강호백경 대교안택취우(名所江戶百景 大橋安宅驟雨)」, 안세이(安政) 4년.

도슈사이 샤라쿠(東洲齋寫樂)의 「삼대목대곡귀차지노강호병위(三代目大谷鬼次之奴江戶兵衞)」. 간세이 6년.

기타가와 우타마로의 「가찬련지부 희이봉련(歌撰戀之部 稀二逢戀)」, 간세이(寬政) 3~4년.

샤라쿠(寫樂)는 누구인가?

　　'우키요에(浮世繪)'는 에도 시대에 나타난 민간 판화를
뜻한다. 이 우키요에가 고도의 예술적 가치를 지녔음에도 불구하고
당시 일본인들은 이를 광고전단, 혹은 포스터 정도로 생각하고 그다
지 중시하지 않았다. 그 때문에 바쿠후 말기부터 메이지 시대(19세기
후반)에 이르기까지 수많은 우키요에 작품이 국외로 흘러나갔고, 심
한 경우에는 도자기의 포장지로 전락해 해외로 반출되기도 했다.

　이른바 '우키요(浮世)'란 불교의 '우세(憂世)'라는 말에서 유래해
15세기에는 '속세'라는 뜻으로 확대되었다가 16세기 이후에는 기원
과 가부키 등 모든 향락 문화를 가리키는 단어가 되었다. 이런 까닭에
우키요에에 자연히 춘화(春畫)*가 빠질 수 없게 되어, 당시 우키요에
화가들 가운데 한 번쯤 춘화를 그려보지 않은 이가 거의 없었다.

　우키요에의 매력은 엄연한 통속 회화임에도 불구하고 높은 예술적
가치를 지녔고, 또 평범한 사람들의 생활 습관과 일상의 모습이라는
소재에 독특한 색채와 창의적인 화풍이 어우러져 그림마다 일본적인
분위기가 뚜렷하게 나타났으며, 당시 일본 문화의 배경이 고스란히

---

* 남녀상열지사를 주제로 그린 그림.

히시카와 모로노부의 육필화. 「돌아보는 미인(回首美人圖)」.

담겨있다는 데 있었다. 모네와 반 고흐, 마네, 르느와르 등 인상파 화가들이 모두 이 우키요에의 영향을 받았고, 특히 반 고흐 개인의 소장품 중에도 일본 우타가와(歌川)파의 우키요에가 적지 않았다. 대부분의 사람들이 반 고흐의 그림을 생각할 때 떠올리는 쪽빛 하늘과 금색의 해바라기 역시 이 우키요에에서 모티브를 얻은 것이다.

우키요에의 창시자가 누구인가에 대해서는 히시카와 모로노부(菱川師宣, 1618~1694)라는 설이 가장 일반적이다. 우키요에는 본래 그림보다는 글이 위주가 되어 글 속에 삽입된 삽화였다가, 점차 독자적인 미술 장르로 발전했다. 도쿄국립박물관에 소장된 「돌아보는 미인(見返り美人)」이 바로 히시카와 모로노부의 대표적인 육필화(肉筆畵)* 가운데 하나다. 그 후 히시카와의 명맥을 이어 나타난 인물이 도리이 기요노부(鳥居淸信)다. 그는 특히 미인도에 능했는데, 그림의 주인공은 대부분 결혼한 여성이었고, 화풍이 명랑하고 활기찬 것이 특징이어서, 그의 그림에서는 병색이 역력한 가냘픈 여인들의 어색한 모습은 찾아볼 수 없었다. 그 다음 계승자는 우키요에의 전성기를 대표하는 화가 스즈키

* 직접 그린 그림.

120

스즈키 하루노부의 니시키에. 「좌포팔경 경대추월(坐鋪八景 鏡臺秋月)」. 메이와 2년경.

하루노부(鈴木春信)다. 그가 활약하던 당시 우키요에는 이미 초창기의 3색 판화에서 10색 이상의 다양한 색을 지닌 니시키에(錦繪)로 진화해 있었다. 그런데 이 니시키에의 탄생을 주도한 것이 바로 에고요미(繪曆), 즉 각 장마다 채색화를 그려 넣은 달력이었다.

달력은 본래 일부 돈 많고 나이가 지긋한 부호들이 재미삼아 만들던 것이었는데, 돈을 주체할 수 없는 이 노인네들이 서로 경쟁이나 하듯 내로라하는 화가를 데려다가 그림을 그리게 하고, 또 조각가와 판화가들에게 여러 가지 새로운 기술을 개발할 것을 요구했다. 주문을 받은 달력 제작소도 고객이 비용에 상관없이 훌륭한 작품을 원한다고 나서는데 이를 마다할 이유가 없었기에 신기술 개발을 위해 애쓰고, 새로운 염료를 사용해 고객의 욕구를 만족시키고자 노력했다. 그 결과 메이와 시대(明和, 1764~1772)에 이르러서는 '달력 전시회'가 크게 성행하게 되었다. 하지만 말이 전시회지 사실 까놓고 말하자면, 있는 거라곤 돈과 시간뿐인 부잣집 노인들이 할 일 없이 모여 누구의 달력이 더 독특하고 고상한지 경쟁하는 자리였다.

달력 붐이 한바탕 휩쓸고 지나간 후에야 사람들은 3색 인쇄 기술이 자신들도 모르는 사이에 다색 인쇄로 변했다는 점을 깨닫게 되었고, 또 우연히 인쇄지를 인쇄판 위에 정확하게 겹쳐놓을 수 있는 도구를 발명하게 되었다. 이 도구만 있으면 같은 그림을 대량으로 인쇄할 수 있었으니, 당시로서는 아주 획기적인 발명이자 세계 채색 인쇄의 수준을 크게 발전시키는 일대 사건이었다. 스즈키 하루노부가 바로 달력 그림의 독보적인 존재였다.

우키요에 작품 하나를 완성시키기 위해서는 보통 화가와 조각가, 판화가 세 명이 손발을 맞추어야 했다. 화가가 우선 밑그림을 그리고,

조각가가 20~30개의 벚꽃나무 목판 위에 그림을 그대로 본떠서 조각하면, 마지막으로 판화가가 목판 위에 다양한 색상의 수채 염료를 칠하고 종이에 인쇄해야 비로소 우키요에가 탄생될 수 있었다. 대부분 한 번에 200장 정도를 찍어냈는데, 색상이 다양할수록 목판도 많고, 또 제작 과정도 복잡했다. 그림을 그린 화가와 조각가, 판화가 모두에게 정교한 기술이 요구되었다.

우타가와파는 에도 시대 우키요에 장르의 최대 유파였는데, 그 시조는 우타가와 도요하루(歌川豊春, 1735~1814)였다. 우타가와라는 그의 이름은 그가 가나가와현 이세하라시(伊勢原市) 우타가와촌(歌川村)에서 태어나서 지어진 이름이다.

도요하루의 문하에서 수많은 인재가 배출되었는데, 그의 제1대와 제2대 습명(襲名)* 인물인 도요쿠니(豊國)와 도요히로(豊廣)는 역사에 길이 남은 걸작들을 많이 남겼다. 또 도요히로의 문하에서 훗날 유럽 인상파 화가들에게 지대한 영향을 미쳤던 우타가와 히로시게(歌川廣重)가 배출되었고, 도요쿠니의 문하에도 구니마사(國政)와 구니사다(國貞, 훗날 습명으로 3대 도요하루가 되었다), 구니요시(國芳) 등 후세에 이름을 날린 인재들이 적지 않았다. 구니사다가 제3대 도요하루가 된 후에는 우타가와파가 점차 방대한 조직을 형성해, 문하생이 많을 때는 200명이 훨씬 넘기도 했다.

당시 집권자인 도쿠가와 바쿠후의 11대 쇼군 도쿠가와 이에나리는 우타가와파에 가문의 휘장을 하사하고, 일본 전국의 각 한(제후들의 영토)을 자유롭게 오갈 수 있는 특권을 주었다. 이 밖에도 가와라반

---

* 같은 이름을 물려받는 것.

우타가와 히로시게의 「명소강호백경 구호매옥포(名所江戶百景 龜戶梅屋鋪)」. 히로시게의 말년 작품인
119폭의 명소 연작 가운데 하나.

반 고흐의 유화. 「꽃 피는 자두나무」(1887년). 히로시게의 영향을 깊이 받았음을 한눈에 알 수 있다.

(瓦版)* 인쇄물 등의 출판권을 우타가와파에 넘겨주어, 우타가와파는 관리나 관청과 같은 공공기관의 관할 범위를 초월한 집단이었다.

요즘 식으로 말하면, 우타가와파는 에도 시대의 언론기관이었다. 문하생들은 단순히 그림을 그리고 판화를 찍는 역할만을 했던 것이 아니다. 그들의 포스터나 광고전단은 모두 당시 문예계의 화두를 주제로 했으며, 여기에 정치와 사회 풍조에 대한 풍자가 가미되거나, 떠도는 풍문과 각종 지역 소식을 보도하는 등, 오늘날의 주간지나 월간지와 매우 흡사했다. 또 때로는 배후에서 모종의 권력에 의해 내용이 조작되기도 했으니, 그 영향력이 상상을 초월했음을 짐작할 수 있다.

우타가와파 외에도 죽어서 이름을 길이 남긴 우키요에 화가로 기타가와 우타마로(喜多川歌麿)와 가쓰시카 호쿠사이(葛飾北齋), 게이사이 에이센(溪齋英泉) 등이 있다. 그런데 후대 사람들의 입에 가장 많이 오르내리는 화가는 따로 있다. 바로 도슈사이 샤라쿠(東洲齋寫樂)다. 샤라쿠가 작품을 창작한 기간은 단 10개월뿐이다. 그는 이 짧은 기간 동안 140여 점의 작품을 남기고는 홀연히 사라져 그 뒤로 단 한 번도 나타나지 않은 신비에 휩싸인 화가다. 그는 도대체 누구였을까?

샤라쿠가 남긴 우키요에는 일본인이라면 미술에 문외한인 사람들도 한눈에 그의 작품이라는 것을 알아낼 수 있다. 그의 화풍이 워낙 독특해 다른 우키요에 작품과는 확연한 차이가 있기 때문이다. 샤라쿠의 우키요에에는 대부분 배우를 주인공으로 하고 있다. 현대식 관점에서 말하면 인기 스타들의 초상화나 포스터라고 할 수 있다. 그런데 그가 먼 훗날까지 사람들 사이에서 널리 회자되는 이유는 그의 작품

* 찰흙에 글씨나 그림을 새겨 기와처럼 구운 것을 판으로 하여 인쇄한 것.

126

도슈사이 샤라쿠의 「삼대목좌야천시송(三代目佐野川市松)」.

창작 기간이 단 열 달밖에 되지 않았고, 그가 어디서 왔는지, 그리고 그 후 어디로 갔는지에 대해 아는 사람이 전혀 없기 때문이다. 그는 마치 고요한 밤하늘에서 별똥별 하나가 땅에 떨어지듯 소리 소문 없이 나타났다가 흔적도 없이 사라졌다.

샤라쿠는 1794년 5월 36.5cm×26.5cm 크기의 검은 바탕에 화려한 색감으로 그린 28장의 배우 초상화를 들고 일본 화단에 나타나, 이듬해 1월까지 총 140여 편의 작품을 남겼지만 그 후의 행적에 대해서는 알려진 바가 전혀 없다. 그리고 그로부터 1백여 년이 지난 후인 1910년, 독일의 미술연구가인 율리우스 쿠르트(Julius Kurth)가 『Sharaku』라는 자신의 책에서 샤라쿠를 세계 제일의 '풍자화가'로 칭송하자, 일본인들은 놀라움과 기쁨 속에서 비로소 지금까지 주목받지 못한 이 화가를 새롭게 인식하고 그의 행적과 작품들을 발굴하기 시작했다. 하지만 이미 1백 년 가까이 지난 오늘날까지 샤라쿠가 누구인지에 대한 의문은 여전히 수수께끼로 남아있다.

지금은 일본에서 우키요에가 예술 작품이라는 사실에 토를 다는 사람은 거의 없다. 하지만 에도 시대만 하더라도 화가라고 하면 바쿠후의 어용화가 단체인 '가노파(狩野派)'*나 다이묘가 쥐락펴락하고 있는 '린파(琳派)'**를 의미했고, 우키요에 화가들은 기껏해야 '환쟁이'였을 뿐이었다. 그래서인지 샤라쿠뿐만 아니라 많은 우키요에 화가들의 내력과 행적이 묘연하며, 상세한 기록이 남아있는 사람이 없다. 그런데 사람들은 왜 유독 샤라쿠에게 흥미를 느끼는 것일까?

* 15~19세기에 일본에서 발전한 회화 유파.
** 17~18세기 일본의 야마토에(大和繪) 전통에 중국의 수묵화(水墨畵) 기법을 조화시켜 형성된 에도 시대의 독창적 장식화파.

우선 그는 작품의 창작 속도가 너무 빨랐다. 그나마 1794년이 윤년으로 11월이 두 번 있었기에 그의 창작 기간이 열 달이 된 것인데, 그는 이 열 달 동안 무려 140점이 넘는 작품을 남겼다. 단순히 생각해도 이틀에 한 장씩 그림을 그렸다는 계산이 나오고, 가부키가 공연되던 달을 기준으로 하면 때로는 하루에 한 장씩 그리기도 했다는 셈이다. 당시 그처럼 배우들의 인물화를 그리고, 또 샤라쿠의 경쟁자이기도 했던 우타가와 도요쿠니는 한 달에 많아야 4장의 그림을 완성했다. 게다가 설령 밑그림은 자신이 그린다고 해도 판화라는 우키요에의 특성상 조각가와 판화가의 협조가 있어야 작품이 완성되는데, 제 아무리 재주가 뛰어난 화가라도 어떻게 그렇게 많은 작품을 남길 수 있었는지 의문이다. 이런 이유 때문에 샤라쿠가 사실은 '여러 사람들로 이루어진 공동 작업팀'이었을 것이라고 추측하는 사람들도 있다. 또 이상한 것은 그의 화풍이 4단계로 나누어지는데 각 단계마다 화풍과 낙관이 모두 다르다는 점이다. 한 화가가 단 열 달 사이에 화풍을 바꿀 수 있을까? 그것도 네 번씩이나 말이다.

　둘째, 초상화 속의 인물에 대해서도 의문점이 있다. 샤라쿠의 그림 속 인물들은 모두 무명의 배우들이며, 종종 배우가 아닌 사람들도 있다. 상식적으로 생각해도 상품이라면 대중적으로 인기를 모으고 있는 배우를 그려야 마땅하지 않을까? 이름도 모르는 배우의 초상화를 구매할 사람이 어디에 있겠는가. 오늘날로 따지면 미국 메이저리그에 진출한 일본계 야구선수 스즈키 이치로(鈴木一朗)의 사진 정도는 팔아야 사람들이 앞 다투어 사려고 나설 것이 아닌가 말이다. 그런데 샤라쿠는 왜 그랬을까? 혹시 샤라쿠의 판화는 판매가 목적이 아니라 극장에 갈 수 없는 귀족들을 위한 것이 아니었을까?

쓰타야 쥬자부로(蔦屋重三郎)가 운영하는 니혼바시 오덴마초(大傳馬町) 산초메(三丁目)의 고쇼도(耕書堂).

하지만 가장 큰 의문은 따로 있다. 바로 출판사다. 당시 샤라쿠의 작품은 쓰타야 쥬자부로(蔦屋重三郎, 1750~1797, 에도 시대 서점의 주인)가 경영하는 '고쇼도(耕書堂)'라는 출판사에서 출간했다. 이 출판사는 규모가 매우 커서, 산토 교덴과 히라가 겐나이, 스기타 겐파쿠(杉田玄白) 등 유명 화가들의 그림을 많이 판매했으며, 기타가와 우타마로를 발굴하고 키워낸 출판사이기도 했다. 그런데 당시는 바쿠후가 '간세이 개혁'을 실시하고 출판업을 통제하면서 쓰타야 재산의 절반을 몰수하고 대중소설을 출판하지 못하도록 금지했던 시기였다. 이런 경제적인 어려움을 겪고 있을 때 막대한 자금을 쏟아 부어 이름 없는 화가의 판화를 출판했다는 것은 상식적으로 납득하기 힘들다. 심지어 기타가와 같은 유명한 화가도 처음에는 이 출판사에서 책에 삽화를 그려 넣는 일을 하다가 점차 판화가로 이름을 날리게 된 것이었다. 그런데 샤라쿠는 그 전까지 아무런 경력도 없었고, 그림도 대중적으로 환영받는 작품이 아니었다. 쓰타야는 왜 이런 무모한 도박을 했던 것일까? 더 이상한 것은 샤라쿠가 작품을 창작하던 기간 동안 쓰타야는 오로지 그의 작품밖에는 출간하지 않았다. 배후에서 어떤 부호가 자금을 대주었던 것일까? 아니면 샤라쿠 자신이 돈 많은 부자였을까?

130

샤라쿠가 종적을 감추고 2년 후 쓰타야마저 세상을 떠나 "샤라쿠가 누구인가"라는 수수께끼는 지금까지도 오리무중인 채로 남아있다.

에도 시대에 우키요에 분야에서 수많은 유파들이 출현했었지만, 현재까지 명맥을 이어가고 있는 것은 도리이 기요모토(鳥居淸元)가 창시한 도리이파(鳥居派)밖에 없다. 이는 도리이파가 가부키 극장의 간판을 그리는 것을 부업으로 하며 가부키와 공생 관계를 가졌기 때문에 가능한 일이었다. 현재 도쿄 긴자의 가부키자(歌舞伎座)에서는 매달 간판을 바꾸는데, 이 간판을 그리는 화가가 바로 도리이파의 제9대 후계자인 도리이 기요미쓰(鳥居淸光)이다. 그녀는 전형적인 에도 토박이로 가부키의 간판을 그리는 것 외에 무대 미술과 무대 의상 등의 디자인도 하고 있다.

다도

묘앙 에이사이(明庵榮西, 1141~1215)는 일본 임제종(臨濟宗)*의 시조이자, 다도(茶道)의 창시자다. 당으로의 사절 파견이 중단된 지 3백 년이 지난 후, 에이사이 선사(榮西禪師)는 어렵사리 두 번이나 남송에 다녀왔다. 그는 1191년 귀국 때 차의 씨앗과 재배 방법을 일본에 가져와 전파했으며, 생전에 줄곧 "차는 양생(養生)의 선약(仙藥)이며, 수명 연장의 묘약이다."라고 주장하고, 『깃사요죠키(喫茶養生記)』라는 책을 써 가마쿠라 바쿠후의 3대 쇼군에게 바치기도 했다. 그렇다고 해서 일본인들이 그때까지 차를 구경도 못해봤을 것이라고 생각한다면 오산이다. 이미 7세기 초 당에 사절로 파견됐던 사신들이 찻잎과 차 마시는 풍습을 일본에 전파한 바 있었다. 에이사이 선사는 단지 일본에서 처음으로 차 재배에 성공한 사람일 뿐이다.

일본 다도의 창시자를 꼽으라면 무라타 쥬코(村田珠光, 1422~1502)를 빼놓을 수 없다. 그 역시 승려의 자제로, 어려서 나라의 쇼묘사(稱名寺)로 출가했으나 투다(鬪茶)에 심취해 쫓겨난 인물이었다. '투다'란 차를 음미하며 찻잎의 생산지와 품질, 차를 우려낸 물을 길어온 곳을 맞추는 일종의 도박이었다. 무라타는 훗날 교토 다이토쿠사(大德

---

* 불교 선종의 한 종파.

가노우 카쓰히(狩野勝波)의 수묵화. 「구루메 한시 에도 교대근무 나가야 에마키(久留米藩士江戸勤番長屋 繪卷)」. 하급 무사들의 다회 풍경을 묘사하고 있다.

寺) 잇큐 소준(一休宗純) 선사의 문하에서 참선하면서 품차(品茶)*의 오묘한 진리를 깨닫고, 다타미 4개 반 넓이의 다실을 만들었다. 쉽게 말해, 이 다실은 귀족들이 병풍을 쳐놓고 자기들끼리만 열던 품차회(品茶會)를 좁고 허름한 방에서도 한껏 풍류를 만끽할 수 있는 대중적인 문화로 개혁한 것이었다. 무라타는 또 찻숟가락을 상아나 은 대신 대나무로 만드는 등 당나라 양식의 다구(茶具)를 사용하지 않고, 일본 고유의 풍격을 지닌 품차회로 발전시켰다.

이 무라타를 계승한 사람이 바로 일본의 다도를 중흥시킨 다케노

---

* 차를 품평하는 일.

일본의 다성(茶聖)이라 불리는 센노리큐. 전국 시대에 오다 노부나가와 도요토미 히데요시에게 신임을 얻어 중용되었으나, 결국 도요토미 히데요시에 의해 사약이 내려졌다.

죠오(武野紹鷗, 1502~1555)다. 다케노는 화려하고 사치스런 다구와 장황한 장식을 일체 배제하고, 렌가(連歌)*의 한적함의 미학을 결합시켜, 와비차(侘茶) 정신을 창시해냈다. 여기에서 '와비(侘)'란 '한적함', 혹은 '고즈넉함'을 의미한다. 다케노가 표현하고자 했던 것은 가마쿠라 시대 말기의 궁정 시인 후지와라 사다이에(藤原定家)가 읊조렸던 "눈을 들어 보니 여기가 어디인고, 매화와 단풍이 붉디붉구나. 바닷가에 띠집 한 채 덩그러니 가을 하늘을 바라보네(擧目今何在, 櫻花和楓紅, 海濱一茅廬, 秋令觀暮色)"의 경지였다. 하지만 일본의 다도를 집대성한 사람은 다케노의 제자인 센노리큐(千利休, 1523~1591)였다. 그는 오늘날 일본에서 다성(茶聖)으로 추앙받고 있는 인물이다.

센노리큐는 오사카부 사카이시(堺市)의 부유한 상인이라는 신분에도 불구하고 다타미 네 개 반짜리 다실을 다타미 두 개만한 공간으로 줄이고, 무명 도예가들의 도기와 다구를 선호했을 뿐 아니라, 차를 마시기 전에 먹는 호화로운 가이세키(懷石) 요리를 '3차 1탕'으로 간소화했다. 오다 노부나가와 도요토미 히데요시가 모두 센노리큐를 높이 평가하기는 했지만, 오다 노부나가 시대의 다회(茶會)는 그저 정치·경제적인 의식일 뿐이었고, 도요토미 히데요시가 집권한 후에야

---

* 두 명 이상이 각각 와카의 5·7·5의 장구와 7·7의 단구를 이어가며 부르는 시가.

대중적으로 널리 보급되기 시작했다. 센노리큐가 남긴 업적과 그에 얽힌 일화에 대해서는 여기서 길게 언급하지 않고, 그저 결말에 대해서만 간단하게 이야기하겠다. 도요토미와 센노리큐는 한동안 좋은 관계를 유지했지만, 훗날 여러 가지 이유로 센노리큐는 도요토미로부터 할복 명령을 받고 세상을 떠났다. 그리고 3년이 지난 후에야 도요토미는 비로소 센노리큐의 손자인 센소탄(千宗旦)이 가문을 다시 일으켜 세울 수 있도록 허락했다. 센소탄 이후 센 가문의 다도는 '오모테센케(表千家)'와 '우라센케(裏千家)', '무샤코지센케(武者小路千家)'로 나뉘어 지금까지 전해졌으며, 현재는 일본 다도에서 가장 유명한 3대 유파가 되었다.

에도 시대에 도쿠가와 바쿠후는 사농공상의 신분 제도를 확립하고, 다인(茶人)이라는 직책을 두었다. 다인 가운데에서 가장 높은 직위는 물론 쇼군 가문의 다도 스승이었으며, 가장 낮은 직위는 바쿠후에서 소소한 일들을 처리하는 젊은 승려들이었다. 그러자 다이묘들도 바쿠후를 모방해 앞 다투어 다인들을 초빙했는데, 처음에는 선사들을 데려다가 다도를 배웠지만, 나중에는 점차 전문적으로 소년들을 데려다가 교육을 시켜 다인으로 길렀다. 이 소년들은 모두 머리를 깎아야 했기 때문에 승려로 불리기는 했으나 정식으로 출가한 승려는 아니었다. 에도성 안에 약 1백 명의 '오쿠오쇼'와 2백 명의 '오모테오쇼'가 있었는데, 오쿠오쇼는 쇼군의 곁에서 잡다한 일들을 도맡아하는 승려였고, 오모테오쇼는 매일 등청하는 다이묘들을 위해 잡무를 처리하는 승려였다. 오쿠오쇼 다두(茶頭)*는 두 명으로 봉록이

---

* 다도를 관리하는 책임자.

25석이었고, 오모터오쇼 다두는 아홉 명으로 봉록이 20석이었다. 하지만 오모터오쇼 다두는 종종 다이묘가 특별히 주는 용돈을 받곤 했다. 다두 위에도 물론 상급 직책이 있었다.

본래 취미와 기호의 영역에 속했던 다인의 신분이지만 직위로 제도화되고 난 다음에는 자연히 계급의식이 생기게 되었고, 자신들의 지위를 탄탄히 하기 위해 특정 유파의 사가(師家), 혹은 고도(高徒) 등의 자격을 따야만 했다.

바쿠후와 다이묘, 귀족들 사이에서 다회가 성행하자, 일부 어용상인들 역시 그 유행에 동참해 틈만 나면 다회를 열고 손님들을 초대했다. 그러다가 에도 중기 이후에는 유학이 크게 유행하여 국학(國學)으로 자리 잡으면서, 바쿠후를 등에 업고 득세하던 불교도 점차 쇠락의 길을 걷게 되었다. 이에 따라 본래 불교사상에 가까웠던 다도의 열기도 식어, 다인들이 유학자들에게 밀려 점차 설 자리를 잃고, 경제적으로도 어려움을 겪게 되었다. 그러자 다도의 명맥을 잇기 위해 아예 관직에서 스스로 물러나 상인과 서민들을 대상으로 하는 민간 다도라는 유파를 만들어낸 다인들이 있었다. 시대적인 흐름을 보고 재빨리 처신했던 이 유파는 지금까지도 이어지고 있지만, 당시 관직에 대한 집착을 버리지 못했던 다인들은 대부분 후대에 자신의 다도를 계승시키지 못했다.

바쿠후가 다인을 홀대하기는 했지만, 그렇다고 해서 바쿠후가 더 이상 다회를 열지 않았던 것은 아니며, 다인들은 단지 정치적인 발언권을 잃었을 뿐이다. 일본의 명차 가운데 하나인 '옥로(玉露)'는 교토부 우지시(宇治市)에서 생산된 것이다. 3대 쇼군 이래로 우지에서 생산한 차가 쇼군에게 진상되었는데, 바쿠후는 매년 일정한 시기에 우

「오챠쓰보도츄(御茶壺道中)」는 게이쵸(慶長) 18년(1613년)에 시작되어, 간에이(寬永) 10년(1633년)에 제도화되었고, 도쿠가와 요시무네가 8대 쇼군으로 즉위한 후에야 개선되었다.

지로 사람을 보내 그해 갓 수확한 신선한 차를 가져오곤 했다. 이때 에도와 교토를 오가던 어차(御茶) 운반 행렬이 바로 일본 역사상 악명이 드높은 '오챠쓰보도츄(御茶壺道中)*'다. 어차를 운반하던 관리들이 각 마을을 지나며 얼마나 나쁜 짓을 일삼았으면 그들에 대한 원한이 담긴 동요까지 유행했을까?

오챠쓰보도츄는 흠차(欽差)**와 더불어 황족의 바로 다음 가는 권력을 휘둘렀는데, 1671년에 기록된 사서에 따르면, 오챠쓰보도츄는 사람이 120명, 말이 23필로 5만 석 다이묘의 행차와 맞먹는 규모였다. 이들이 지날 때에는 길 양옆의 농가에서는 들에 나가 일을 할 수 없고, 특히 분뇨를 뿌릴 수 없었으며, 길을 깨끗하게 청소해야 했고, 아이들은 연을 날릴 수 없었다고 한다. '산킨코타이' 중인 다이묘의 행

* 에도 바쿠후 때 신차를 수집하기 위해 챠쓰보(차 항아리)를 나르며 에도와 우지 사이를 왕복한 행렬. 어용임을 빙자해 횡포를 부렸다.
** 황제의 명령을 전하기 위해 파견된 관리.

렬도 오챠쓰보도츄를 만나면 다이묘 본인은 가마에 앉아있다 하더라도, 다른 수행원들은 모두 말에서 내려 길옆에 엎드려야 했다. 그래서 아무리 큰 규모의 다이묘 행렬이라도 오챠쓰보도츄와 마주칠 수 있다는 소식을 들으면 멀더라도 길을 돌아가는 편을 택하고는 했다.

바쿠후 말기에는 다도가 한때 쇠락했었지만 메이지 시대에 이르러 국수주의가 다시 활개를 치면서, 특히 제1차 세계 대전을 전후해 다도가 크게 발전하게 되었다. 센케(千家) 유파도 이 시기에 옛날의 영화를 회복해 지금까지 면면히 이어질 수 있었던 것이다. 메이지 시대 이후에는 다도가 이미 대중화되고 통속화된 데다가, 여자 스승이 우후죽순으로 출현하면서 결혼을 앞둔 신부들의 수양 과목 가운데 필수 과목이 되기도 했다.

스모

　'스모(相撲)'가 일본의 국기(國技)라는 것을 모르는 사람
은 거의 없겠지만, 사실 일본인들이 스모를 국기로 생각하기 시작한
것은 그리 오래된 일이 아니다. 1909년 료고쿠 국기관(國技館) 개막식
때, 작가인 에미 스이인(江見水蔭, 1870~1934)이 축사를 썼는데, 이 축
사에서 처음으로 '스모가 일본의 국기'라는 말이 언급되었고, 그때부
터 비로소 사람들이 스모를 국기로 여기게 된 것이다. 그런데 이 '국
기'라는 말을 누가 만들었느냐에 대해서는 확인할 길이 없다. 스모는
예나 지금이나 세계적으로 공통된 격투기 시합 중 하나로, 그 어떤 무
기도 사용하지 않고 오로지 몸으로만 싸운다는 점에서 인류의 가장
원시적인 스포츠라고 할 수 있다. 고대 올림픽 종목에도 실오라기 하
나 걸치지 않은 남자들이 스모와 비슷한 형태로 서로 부둥켜안고 대
결하는 경기가 있었는데, 레슬링과 권투는 바로 이 운동이 발전한 형
태다. 중국의 『예기 · 월령(禮記 · 月令)』에도 "천자가 장수들에게 무
예를 가르치도록 하고, 활쏘기와 말 타기, 각력(角力)을 연마했다."는
기록이 있는데, 여기에서 '각력'이란 좀 더 광범위한 의미를 지니고
있다.

　중국의 한문에는 본래 '상박(相撲)'이라는 단어가 없었다. 이 말은

가쓰카와 슌에이(勝川春英)의 「오즈모입장(大相撲入場)」. 간세이 7년(1795년).

서기 약 590년에 인도인이 석가모니의 전기인 『불본집행경(佛本行集
經)』을 한문으로 번역할 때 맨손으로 싸우는 인도의 격투기 시합을
'상박'이라고 번역하면서 생겨난 것이다. 한문에 '각력'이라는 말이
있는데도 굳이 '상박'이라는 말을 만들어낸 것을 보면 당시 인도의
격투기가 중국의 각력과는 형태가 달랐던 모양이다. 중국 하남성(河
南省) 밀현(密縣) 타호정(打虎亭)에서 발굴된 동한(東漢) 시대의 묘실벽
화 '각저지도(角觝之圖)'를 보아도 중국 고대 격투기의 형태가 레슬링
과 매우 흡사하다. 요컨대 힘으로 상대를 밀거나 쓰러뜨리는 방식의

경기는 인류의 역사가 생겼을 때부터 이미 존재했었던 것 같다. 하지만 형태를 자세히 들여다보면 일본의 스모와 가장 비슷한 것은 뭐니뭐니해도 몽고의 전통 씨름일 것이다.

일본에서는 고대부터 스모와 비슷한 경기가 있었지만, 스모의 존재가 문자로 기록된 것은 8세기 초에 편찬된 『일본서기(日本書記)』가 처음이었다. 이 책에 기록된 바에 의하면, 제35대 고교쿠(皇極) 천황(641~645)이 백제에서 보낸 사신을 대접하기 위해 궁정위사(衛士)들에게 스모 시합을 해보이게 했다고 한다. 그 전까지 스모는 본래 한해 농사의 길흉을 점치기 위해 민간에 널리 보급된 일종의 제신 의식이었다. 그런데 농사의 길흉을 어떻게 점쳤을까? 방법은 매우 간단했다. 각 마을마다 역사(力士)를 뽑아 공개된 장소에서 서로 힘을 겨루도록 하고, 시합에서 승리한 역사가 속한 마을이 하늘의 보살핌을 받아 그해 농사에서 풍작을 거둘 수 있다고 믿었다.

8세기 나라 시대 중기부터는 천황의 주도 하에 조정의 귀족들도 해마다 칠석날이 되면 스모를 즐기며 놀았다. 훗날 칠석은 점차 독립된 명절로 발전해 설(元旦)과 단오, 중양절과 함께 4대 명절로 자리 잡게 되었다. 헤이안 시대인 821년 제52대 사가(嵯峨) 천황은 아예 스모를 궁중의 중요한 의식 가운데 하나로 지정해, 활쏘기, 말 타기와 함께 '산도세치(三度節)'라고 불렀다. 궁중 안에서 '구니우라(國占 : 국가적으로 행해지는 점)'가 실시되었기 때문에 이 시기에는 스모가 매우 성대한 의식으로 치러져서 당일 진행 순서는 물론 사전 준비도 매우 복잡했다. 『곤자쿠 모노가타리(今昔物語)』와 『우지슈이(宇治拾遺)』에도 스모에 관한 기이하고 흥미로운 이야기들이 많이 실려 있으며, 『겐페이 세이스이키(源平盛衰記)』에는 스모 시합으로 황위 계승자를 결정했다는 기록이 남아있기도 하다. 궁중의 중요한 의식이 된 후부터 스모는 주먹으로 때리고 발로 차는 등의 거친 행위를 지양하고, 오로지 '힘'과 '기술'만으로 승부를 가리는 현재 스모의 형태로 변하게 되었다.

헤이안 시대 말기 이후 사무라이들이 통치한 가마쿠라 시대에 궁중의 화려한 의식이었던 스모가 점차 쇠퇴해, 사무라이 계급으로 내려오자 자연히 스모는 실전 무술의 훈련법 가운데 하나가 되었으며, 또 유도(柔術)가 파생되어 나왔고, 유명한 스모 역사들 가운데 사무라이가 되어 전쟁터에서 종횡무진 활약하는 사람들도 나타났다. 그러나 궁중에서 활동하던 스모 역사들 대부분이 사무라이가 되기보다는 낙향해 제례에서 스모로 점 치는 법을 가르치는 일을 업으로 삼았다. 이로 인해 궁중 스모 의식의 여러 가지 법도가 일반 농민들에까지 전파되었다. 가마쿠라 시대부터 오다 노부나가와 도요토미 히데요시가 천하를 통일한 아즈치·모모야마(安土桃山) 시대에 이르는 약 4백 년 동안, 스모는 사무라이와 농민 계급이 함께 즐기는 오락이었다.

에도 시대 도쿠가와 바쿠후의 3대 쇼군 말기에 이르러 바쿠후의 권력 기반이 탄탄해지면서 사람들이 천하태평의 달콤함에 빠져들기 시

142

작하자, 스모 역시 또 한 차례의 전성기를 맞이하게 되었다. 단지 에도가 다소 거친 도시라는 점이 과거와 다를 뿐이었다. 당시 에도는 일자리를 찾지 못하고 저잣거리를 배회하는 젊은 남자들이 부지기수였고, 하타모토와 다이묘의 가신들도 전국 시대에 거칠 것 없이 위세를 부리던 습관을 고치지 못한 데다가, 강호를 떠돌던 사내들이 대거 모여들었는데, 그중에 이른바 '협객'을 자처하는 사람들이 사무라이와 대립했다. 간단히 말해, 당시 에도의 분위기는 미국의 서부 개척 시대와 크게 다를 바 없었다. 스모 시합이 열릴 때면 어김없이 싸움과 소동이 뒤따랐고, 유혈 사태도 심심치 않게 일어났다.

당시 성행하던 스모는 '칸진즈모(勸進相撲)'였다. '칸진(勸進)'이란 절을 짓거나 다리를 새로 놓는 등의 경비를 조달하기 위한 행사를 의미했다. 역사들은 물론, 전문 '스모 낭인(浪人)'들도 빈번하게 칸진즈모를 개최했는데, 번화한 거리의 한복판에 푯말을 세우거나 깃발을 꽂아놓고 스모 시합을 하면 구경꾼들이 그들에게 동전을 던져주는 방식이었다. 이 시합은 또 구경하던 사람이 즉석에서 등록하고 참여할 수 있어서, 하타모토 집안의 자제나 유명한 협객의 수하들이 출전해 힘을 과시하면, 구경꾼들 사이에 있던 혈기 왕성한 사내들도 객기가 발동해, 나서서 힘을 겨루곤 했다. 그러고 보면 에도 초기가 터프한 남자들의 세계였다던 누군가의 표현도 그리 틀린 말은 아닌 듯하다. 하지만 아무리 시합이라지만 서로 치고받는 격투기였으니 막판에는 반드시 피를 봐야 끝장이 나곤 했다.

스모로 인한 소란과 사건이 끊이지 않자 참다못한 바쿠후는 1648년, 스모 금지령을 내리기에 이르렀다. 하지만 아무리 엄한 정책이 실시되어도 아랫사람들에게는 늘 요리조리 피해갈 방법이 생기기 마련

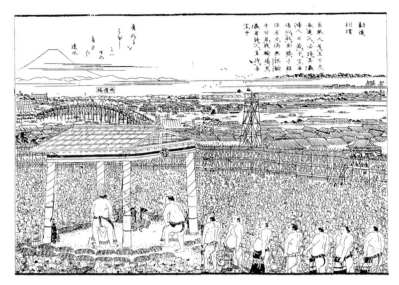

칸진스모는 한 시대를 풍미했었지만, 유혈이 낭자한 폭력 사건이 끊이지 않자 결국 바쿠후에 의해 금지령
이 내려졌다.

이어서, 스모는 여전히 계속되었다. 달라진 것이 있다면 시합 장소가
번화한 중심가에서 교외로 옮겨졌다는 것뿐이었다. 그로부터 13년
후, 바쿠후가 또 한 차례 금지령을 내렸다. 이번에는 바쿠후도 그리
호락호락하지 않았다. 에도는 물론 오사카와 교토까지 모두 스모 시
합을 금지시켰다. 바쿠후가 이렇게 강하게 나왔던 것을 보면 백성들
의 '혈기왕성함'이 정말 참기 힘든 지경에 이르렀던 모양이다. 1684
년, 전문 스모 역사였던 이카즈치 곤다유(雷權太夫)가 절에서 행정을
담당한 '지샤부교(寺社奉行)'에게 요청해 몇 차례 평가와 심의를 거쳐
스모장의 씨름판인 '도효(土俵)'와 48가지 기술, 각종 반칙 등의 규정
을 정해 즉흥적으로 시합에 참여할 수 없도록 하자, 바쿠후도 비로소
금지령을 취소했다. 하지만 절 안에서만 시합을 해야 한다는 제한 규

정이 있었다. 이 일은 스모 사상 매우 중요한 의미를 갖는 획기적인 사건이었으며, 그 후 전문 역사들은 반드시 특정 스모 단체에 속한 신분으로만 시합에 참여할 수 있었다. 그러나 그 후에도 바쿠후가 몇 차례나 '야외 스모 금지령'을 내렸던 것을 보면, 정식 스모 외에 비공식적인 '야외 스모'가 여전히 성행했었음을 짐작할 수 있다.

1868년 4월에는 바쿠후가 평화적으로 권력을 이양하고, 5월에 구정부의 대신들로 구성된 쇼기다이(彰義隊)와 신정부 간의 치열한 전투가 벌어졌다. 7월에 에도의 명칭이 도쿄로 바뀌고, 8월에는 메이지 천황의 즉위식이 거행되었으며, 9월에 연호를 메이지로 바꾸고, 10월에 에도성에 고쿄(皇居)가 세워졌다. 그리고 그해 11월 스모의 '후유바쇼(冬場所)'*가 료고쿠바시(兩國橋)에서 성대하게 개막되었다. 정권교체로 사회가 극도로 혼란한 해였음에도 불구하고, 스모 대회를 거르지 않고 거행했다는 사실은 스모가 이미 단순히 한바탕 좋은 구경거리로 끝나는 것이 아니라, 온전한 운동경기로 자리 잡고 '스모도'까지 출현했었음을 충분히 증명해 주는 것이다.

하지만 오르막이 있으면 내리막도 있는 법, 스모의 좋은 날도 그리 오래 가지는 못했다. 모든 것을 서양의 방식대로 바꾸던 신정부가 '나체로 하는 야만적인 놀이'라는 이유로 메이지 6년에 스모 금지령을 내린 것이다. 양복을 입고 서양의 왈츠를 배우는 데 푹 빠져있던 대부분의 젊은 관리들도 정부의 조치에 맹목적으로 동조해, 스모를 '시대에 부합하지 않는, 벌거벗고 추는 춤'이라고 비난했으며, 언론은 한 술 더 떠 스모를 가차 없이 배척해 버렸다. 그 결과 스모 배척론

* 매년 10월이나 11월에 열리는 스모 대회.

19세기 말 스모 선수의 사진.

이 메이지 시대 중기까지 이어졌는데, 그 와중에도 정부의 원로인 구로다 기요다카(黑田淸隆)와 후쿠자와 유기치, 고토 쇼지로(後藤像次郎), 이타가키 다이스케(板桓退助) 등은 끝까지 스모를 비호하고 두둔했다.

지금은 스모가 세계적으로 공인된 일본의 국기지만, 이는 역사적으로 숱한 부침과 영욕을 겪을 대로 겪은 결과이다. 소위 전통문화나 어떤 장기, 기술 등은 결코 하루아침에 형성되는 것이 아니며, 반드시 큰 풍랑을 견디고 대중들에게 지지를 받아야만 면면히 그 명맥이 유지되고 발전할 수 있는 것이다.

서민들의 여행

3대 쇼군 이에미쓰가 제정한 '산킨코타이'는 전국적인 교통망의 빠른 확충과 숙박업의 발전이라는 긍정적인 효과를 가져왔다. 바쿠후가 관리하는 5대 도로는 도카이도(東海道)와 나카센도(中山道), 고슈가도(甲州街道), 오슈가도(奧州街道), 그리고 닛코가도(日光街道)였다. 이에야스는 에도에 바쿠후를 설립하기 전에 먼저 이 다섯 개 도로를 정비하고, 전국 시대부터 있었던 '덴마(傳馬) 제도'를 강화했다. 덴마 제도라는 것은 일정한 거리를 두고 24시간 운영하는 '슈쿠바(宿場 : 에도 시대의 역참)'를 설치하고, 공문을 전달하는 관리와 군량미를 운반하는 군대가 휴식을 취하거나 밤을 묵고, 또 말을 바꿀 수 있도록 하는 제도였다.

산킨코타이가 제도화된 후 슈쿠바가 객잔들이 모인 작은 마을로 발전하고, 5대 도로 외에 각 한의 한슈들도 중간급 도로와 작은 지선 도로를 닦고, 도로 양편에 가로수를 심었으며, 1리(4킬로미터) 마다 '이치리즈카(一里塚)'라는 이정표를 세우고, 하천에도 물을 건널 수 있는 배와 나루를 설치했다. 이렇게 해서 외진 산골짜기에 있는 마을까지도 작은 도로가 생겨 큰 도로와 연결되었기 때문에, 여행과 관련된 제반 시설은 에도 초기에 대부분 완비된 셈이었다. 하지만 여행이

일반적으로 에도 서민들은 종교 참배를 명목으로 명승지를 여행하곤 했다.

허용된 사람들은 아직까지 공무를 위해 타지로 가는 사무라이나 상인, 노동자 그리고 순례자들뿐이었다. 마쓰오 바쇼가 1689년에 도호쿠(東北) 지방에 있는 '오쿠노호소미치(奥の細道)'를 탐방하고, 숙박시설이 부족한 해안 지방 깊숙이 여행했었던 것은 전무후무한 특별한 경우였다. 그가 후대 사람들에 의해 바쿠후의 비밀 스파이로 의심을 받는 것도 그리 무리는 아닌 듯하다.

에도 초기부터 중기까지 서민들에게 있어 장거리 여행이란 평생에 단 한 번 있는 특별한 일이었고, 그 목적지도 지금의 미에현에 있는 이세신궁(伊勢神宮)이었다. 기록에 의하면 대규모 참배단이 처음 생겨난 것은 1650년의 일이며, 그 후 1705년과 1718년, 1723년, 1771년, 1830년에 대규모 참배가 있었다고 한다. 이세신궁 참배단에 참가하려는 서민들은 저축계를 조직해 정기적으로 회비를 납부하고, 매년

148

회원들 가운데 장년층 남성과 이제 막 성년이 된 청년을 선발해 대표로 참배하도록 했다. 어떤 지역에서는 회원 전체가 참배할 수 있었고, 또 어떤 지역에서는 현지 신궁이 참배단을 이끄는 가이드 역할을 하기도 했다.

길에서 대규모 참배단을 만나면 농가의 아낙과 아이들, 상점의 하인들이 하던 일을 모두 놓고 즉흥적으로 행렬에 참여해 참배단과 한바탕 어울리곤 했다. 참배단에 참여한 사람들은 사전 준비는커녕 돈 한 푼 가지고 있지 않은 경우가 대부분이었지만, 지나는 마을마다 일반 서민들과 부자들이 참배단이 도착했다는 소식만 들으면 먹을 것과 짚신을 산더미처럼 준비해 그들에게 무료로 나누어주었다. 어떻게 보면 집단 열병에라도 걸린 듯한 모습이었다. 1705년에는 이 열병이 도코쿠(東國)의 에도와 사이코쿠(西國)의 히로시마(廣島), 시코쿠(四國) 등지로 퍼졌다. 참배단의 인원수가 최대를 기록했던 1830년에는 486만 명에 달했는데, 당시 전체 인구가 3천만 남짓이었으니, 한 해 동안 전체 인구 중 여섯 명 가운데 한 명은 최장 5~6백 킬로미터에 달하는 장거리 여행을 했던 셈이다. 에도 중기 이후에는 이미 여행이 서민들에게도 매우 일상적인 일로 자리 잡았었음을 알 수 있다.

참배단에 무료로 참가하는 것은 특별한 경우에만 가능한 일이었고, 대부분의 서민들은 여행을 하려면 여러 가지로 돈이 들어갈 곳이 많았다. 예를 들어 에도의 첫 번째 역인 니혼바시에서 출발해 도카이도 고쥬산지(東海道五十三次, 53개 숙박업소가 포진해 있었다)를 거쳐 마지막 역인 교토 산죠하시(京都三條大橋)까지 가자면 총 492킬로미터(현재의 고속도로는 503킬로미터다)를 지나야 했는데, 건장한 남성의 걸음으로도 가는 데만 달포가 걸렸고, 중간에 숙박과 교통(말이나 가마,

배), 식사 등을 해결하는 데 드는 비용을 모두 합치면 왕복 여비가 네다섯 냥은 족히 됐다. 에도에서 수입이 가장 안정적이라는 목수의 한 달 수입이 약 두 냥으로, 두세 달 허리띠를 졸라매야 교토 여행을 할 수 있었으니, 이 정도면 천문학적인 금액은 아니었다. 상점의 종업원들은 한해에 받는 세경이 두 냥 남짓에 불과해 기술을 가진 목수와는 비교도 할 수 없었지만, 주인집에서 숙식을 제공해 주었으므로 돈을 모으는 것이 그리 어려운 일은 아니었다.

여행에는 경비가 들기 마련이라 직접 주먹밥을 준비해 경비를 절약하곤 했다. 그림은 우타가와 히로시게의 「동해도오십삼차세견도회등택 평총삼리반(東海道五十三次細見圖會藤澤平塚三里半)」.

대도시 주민이었던 목수와 상점 종업원은 그렇다 치고, 전체 인구의 약 80%를 차지하는 농민들의 경우는 어땠을까? 『고슈가도 역사의 길 조사보고서 제5집(甲州街道歴史之道調査報告書第五集)』에 매우 재미있는 기록이 하나 있다.

1730년, 한 나그네가 마부를 고용해 고슈가도를 달려 고마기노(駒木野, 지금의 도쿄도 오메시青梅市) 부근에 도착했다. 때마침 저녁 어스름이 짙게 깔리자, 마부는 자신의 집이 멀지 않으니 하루를 묵고 가자고 제안했다. 그런데 나그네가 마부를 따라 그가 말한 이른바 '누추한 집'

으로 가보니, 뜻밖에도 마부는 하인을 줄줄이 거느린 한 부잣집 농가의 도련님인 것이었다. 알고 보니 부농의 아들이 부수입을 벌기 위해 자기 집에 있는 말을 가지고 마부로 일하고 있는 것이었다.

1816년에 간행된 『세사견문록(世事見聞錄)』(부요인시武陽隱士 저)에도 당시 농민들이 머리끈으로 머리를 깔끔하게 묶고 향유(香油)까지 발랐다는 기록이 있다. 아낙네의 경우에는 한 술 더 떠, 얼굴에 백분을 바르고 연지를 칠했으며, 머리에 은으로 만든 떨잠을 꽂았고, 짚신이 아니라 대나무로 만든 신이나 게다를 신고, 비가 올 때도 도롱이에 밀짚모자를 쓰는 것이 아니라 우의를 입고 우산을 받쳐 들었다. 어떤 농민들은 심지어 이발사에게 앞머리를 깎고 뒷머리를 틀어 올려 도시 사람들과 똑같이 하고 다니기도 했다. 천재지변으로 흉년이 들지 않은 이상, 당시 농민들은 지금 우리가 생각하는 것보다도 훨씬 호의호식하며 생활했었던 것 같다.

일반적으로 국민들이 아무런 걱정 없이 전국을 여행하려면 최소한 나라가 평온하고, 교통이 발달하고, 화폐가 유통된다는 세 가지 조건이 갖추어져야 하는데, 당시에 바로 이 세 가지 조건이 완벽하게 들어맞았던 것이다. 현대인과 마찬가지로 에도 사람들도 장거리 여행을 위해 가장 먼저 준비한 것이 여행 가이드북이었다. 1655년경부터 시중에 휴대용 여행 가이드북이 등장했는데, 5대 도로의 주변에 있는 숙박업소에 대한 소개와 숙박업소 사이의 거리가 상세하게 소개되어 있었다. 1677년에 일본 최초로 명승지 관광에 대한 내용을 담은 『에도 스즈메(江戶雀)』라는 책이 출간되었고, 1689년에는 이하라 사이카쿠가 글과 그림을 곁들인 『일일옥모(一日玉鉾)』라는 책을 발표했다.

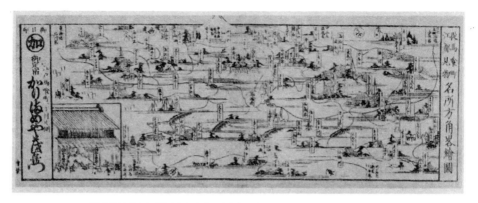

17세기 중엽부터 여행객들의 편의를 위해 숙소를 소개하는 안내도가 시중에 나타났다.

이 책은 여행을 할 수 없는 독자들이 펼쳐보며 허기라도 달랠 수 있게 해주는 그야말로 '그림의 떡'이었다.

여행을 할 때에는 사무라이든 서민이든 모두 신분증을 지참해야 했다. 사무라이라면 자신이 소속된 다이묘에게 증명서를 받았고, 일반 백성들은 절의 주지스님이나 현지 공무원에게 발급받았다. 그리고 여행을 떠나기 전에 이웃들에게 알리고, 친구와 친척들을 찾아다니며 인사를 하는 풍습이 있었다. 장사를 하는 사람이라면 고객들에게도 자신이 여행을 떠난다는 것을 알려야 했다. 이런 경우 친척과 친구들은 여행을 떠나는 사람에게 여비로 쓰라며 돈을 조금씩 건넸는데, 이런 관례가 지금까지도 이어지고 있다. 지금은 단지 여행이 보편화되다보니 유학이나 해외 파견, 이민 등으로 오랫동안 만날 수 없을 경우에만 인사를 다닌다. 예전에 내가 두 아이를 데리고 중국 하남성으로 유학을 떠날 때에도 시댁의 모든 친척과 친구들이 송별회를 열고 적지 않은 용돈을 쥐어 주었다.

여행자들은 신분증 외에도 세키쇼(關所, 검문소)에서 사증을 신청해

152

야 했다. 바쿠후가 관할하는 5대 도로 주변에 35개의 주요 세키쇼가 있었고, 규모가 작은 것까지 합치면 총 76개의 세키쇼가 있었다. 또한 한에는 한슈가 자체적으로 설치한 세관인 반쇼(番所)가 있었다. 세키 쇼와 반쇼를 설치한 목적은 모두 출입자 가운데 의심스러운 사람이 있는지 감시하기 위해서였다. 세키쇼는 5대 도로에만 집중되어 있었 지만, 반쇼는 도후쿠와 일본해 연안의 호쿠리쿠(北陵), 규슈 등지에 분 산되어 있었다. 5대 도로와 접해있는 각 제후국의 다이묘들은 도쿠가 와 가문과 혈연관계는 없었지만, 대대손손 도쿠가와 가문에 충성해온 가신 가문이었기 때문에 세키쇼의 출입 자격 심사는 반쇼에 비해 훨 씬 엄격했다.

기준이 가장 엄격했던 곳은 하코네(箱根) 세키쇼였다. 소총은 절대 로 에도로 들여보내지 않고, 여자는 절대로 함부로 에도에서 내보내 지 않는다는 철칙이 있었다. 특히 사무라이 가문의 여성들은 바쿠후 의 입장에서는 매우 중요한 인질이었기 때문에 그들은 세키쇼에 사 중을 신청할 때 머리 모양과 옷차림, 신장, 체중 등의 기본 사항 외에 신체적인 특징이나 점의 위치까지 상세하게 기록해야 했다. 하코네 세키쇼에는 이른바 '히토미온나(人見女)'라는 전문적으로 여자의 몸 을 수색하는 일을 맡은 세관 요원도 있었다. 하지만 아무리 엄격한 조 치에도 반드시 그것을 피해갈 수 있는 편법은 생기는 법이어서, 나갈 때는 나카센도를 이용하고, 돌아올 때는 도카이도를 이용하면 세키 쇼를 거치지 않고도 에도를 출입할 수 있었다. 하지만 바쿠후가 금지 하는 것은 사무라이 가문의 여자들이 에도를 나가는 것이었기 때문 에 에도로 들어오는 여성들에게는 매우 관대한 편이었다. 기록에 의 하면, 2백여 년 동안 사중 없이 몰래 통과하려다가 사형 판결이 내려

요시나가(嘉永) 2년(1852년) 하코네의 세키쇼테가타(關所手形). 통관을 위한 신분증명서다.

진 사람의 수가 6명에 불과했다고 하니, 정책은 엄격했어도 일선에서 일하는 세관 요원들은 그리 매정한 편은 아니었던 것 같다. 남자들은 통관 수속이 매우 간단해, 몸에 흉기만 지니지 않았다면 매우 쉽게 통과할 수 있었다(하코네 세키쇼는 1999년에 복원을 시작해 2007년 봄에 완성했다).

초기에는 여관이라고 해봐야 시설이 매우 낙후되어 여행자들이 직접 먹을 것을 준비하고, 땔감이나 조리 도구 등은 여관에서 구입하거나 빌려서 사용했는데, 이것으로 숙박비를 대신했다. 물론 초기에도 숙식을 제공하는 '하타고야(旅籠屋)'라는 여관이 있기는 했지만, 한 푼이라도 여비를 절약하려는 서민들은 대부분 간이 여관을 이용했다. 중기 이후에는 서민들의 주머니에도 여유가 생겨 하타고야가 전국적으로 널리 생겨나고, 또 경쟁이 치열해져 시설과 서비스도 눈에 띄게 향상되었다. 니혼바시에서 출발해 처음으로 나타나는 숙박지는 시나가와(品川)로 당시 이곳에 93개에 달하는 여관이 있었다. 지금의 기타시나가와(北品川)역 앞에 있는 쇼핑가가 바로 옛날 도카이도이고, 세이세키(聖蹟)공원이 혼진(本陣)*의 옛터다. 나고야 아쓰타(熱田) 숙박지에는 무려 248개에 달하는 여관이 있었는데, 이곳에 이세신궁 다음 가는 아쓰타신궁이 있기 때문이었다.

* 에도 시대의 역참 중 다이묘나 고위 관리 등이 숙박하던 공인된 여관.

우타가와 히로시게의 「동해도오십삼차(東海道五十三次)」 중 「고유(御油) 아이치현 도요카와시에 있는 도카이도의 역참」의 하타고야(여관)에서 종업원이 문밖으로 나와 손님을 끄는 광경을 묘사하고 있다.

하타고야에는 하루 숙박과 두 끼 식사만 포함된 보통 여관과 여종업원들이 투숙객을 위해 잡다한 일을 시중들어주는 여관이 있었다. 하지만 에도 시대 후기에는 서민들 사이에서도 여행이 일상화되어 여관 거리에 호객꾼들이 나타나고, 일부 여관에서는 여종업원들에게 매춘까지 시켰다. 그러자 오사카 상인들이 앞장서서 '나니와코(浪花講)'라는 '우량여관협회'를 만들고 투숙객에게 매춘이나 도박, 술에 취해 소란을 피우는 행위 등을 하지 말 것을 요구했다. 이 협회는 많은 사람들로부터 높은 호응을 얻었고, 특히 이 협회의 간판이 걸린 여관은 여성들도 안심하고 숙박할 수 있었다.

여관에 투숙하게 되면, 우선 여종업원이 세숫물을 떠다주고, 그 물에 손과 발을 씻은 후 목욕을 했다. 목욕이 끝나면 종업원이 저녁식사

3대 쇼군 도쿠가와 이에미쓰의 아우인 도쿠가와 다다나가(德川忠長)가 오이 강에 부교를 설치했으나, 이에미쓰가 간사이 다이묘들의 침입을 막는다는 이유로 철거했다. 이 때문에 여행객들은 강을 건널 때 도하졸의 등에 업히거나 도하졸이 멘 가마에 앉아 강을 건널 수밖에 없었다.

를 차려주는데, 이때 여관 주인이 나와 직접 인사를 하기도 했다. 손님이 잠자리에 들면 종업원은 손님의 양말을 빨고 신발을 닦아 방에 있는 못에 널어 말렸다. 기본적으로 다타미 여섯 개 넓이의 방에는 두 명이, 다타미 여덟 개의 방에는 세 명이 묵는 것이 원칙이었다. 숙박비는 지금 돈으로 약 5천 엔이었다.

도카이도를 여행하는 사람들을 제일 곤혹스럽게 하는 것은 시즈오카현에 있는 오이 강(大井川)이었다. 이 강은 길이가 160킬로미터에 폭이 1킬로미터가 넘는 큰 강이었는데, 도쿠가와 바쿠후는 군사적인 이유로 다리를 놓지 않고, 또 나루도 설치하지 못하도록 했기 때문에, 이 강을 건너는 방법은 오로지 나무판 위에 앉거나 도하졸(渡河卒 : 강을 건너게 해주는 사람)의 목말을 타고 건널 수밖에 없었다. 수심이 무릎 높이보다 낮으면 48몬(지금의 1,200엔)만 내면 강을 건널 수 있었지만, 수심이 무릎과 겨드랑이 사이라면 90~100몬(지금의 2,500엔)을 내야했다. 또 수심이 140센티미터 이상이면 강을 건널 수 없어 여행자는 여관에서 수위가 낮아지기만을 기다려야 했다. 여자들은 보통 4명의 도하졸이 드는 나무판 위에 올라타 강을 건넜는데, 도하졸 한 명 당 지금 돈으로 2,200엔씩 주어야 했으니, 총 8,800엔이나 들었다. 강 한 번 건너려면 숙박비보다 비싼 금액을 치러야 하는 것이었다. 이쯤 되면 다

156

이묘들이 왜 강물이 불어나는 장마철에 행차하는 것을 가장 두려워했는지 충분히 공감이 간다. 장마철이 아니더라도 녹봉 10만 석의 다이묘들이 강을 건널 때 드는 비용은 30~40냥으로, 지금 돈으로 3~4백만 엔이나 되었다. 메이지 3년(1870년)에는 신정부가 오이 강에 나루를 설치하고, 당시 도하꾼들에게는 모두 차밭을 개간하도록 했는데, 오늘날 시즈오카현 가나야쵸(金谷町)의 유명한 차 생산지가 바로 이 덕분에 만들어진 것이다.

에도에서 여행이 크게 성행하게 된 것이 1700년부터였는데, 세계사를 들춰봤을 때, 당시 일본이 세계적으로 여행이 가장 발달한 나라였음을 알 수 있다. 18세기 초부터 19세기 중반까지 다른 나라들은 도대체 무엇을 하느라 그렇게 바빴던 것일까? 유럽에서는 전쟁의 불길이 끊이지 않았고, 미국에서는 겨우 독립을 실현하고 인디언들을 내몰자마자 남북전쟁이 일어났으며, 프랑스에서는 대혁명이 발생하고, 중국도 내우외환으로 어려운 상황이었다. 하지만 에도 사람들은 남녀노소를 불문하고, 도쿄에서부터 교토, 오사카까지 유람하며 수려한 산수를 즐길 수 있었으니, 정말 운이 억세게 좋은 사람들이 아니었나 싶다.

4. 사랑 : 情色

에도 시대의 연애

에도 시대 초기에는 도쿠가와가 데려온 가신들이나 상인들이 고향에서 데려온 점원, 혹은 봇짐 하나 달랑 메고 상경해 막일을 하는 청년들 모두 남자였기 때문에, 에도는 그야말로 '남자들의 도시'였다. 뭐든 그 수가 줄어들면 귀해지는 법이기에 여자들이 매우 귀한 존재가 되었고, 자연히 활달하고 호방하며 말도 잘하는 기질을 가지게 되었다. 하지만 그렇다고 해서 여성 특유의 애교와 명랑함을 잃은 것은 아니었기 때문에, 에도 여자들은 남자들을 웃기고 울리며 애간장을 녹이기에 충분했다.

당시에는 조혼이 보편적이어서 여자들은 13, 14세쯤이면 혼담이 오가기 시작해 대부분 17, 18세면 결혼을 했고, 남자는 25, 26세가 결혼 적령기였다. 여자들에게 가장 인기 있는 신랑감은 스모 역사(力士)나 호리(捕吏 : 죄인을 잡아 가두는 사람), 그리고 소방대장이었다. 역사들은 '힘'을, 호리는 '정의'를, 그리고 소방대장은 '의협'을 대표했다. 하지만 사실 여자들이 동경했던 것은 그들이 입고 있는 제복이었을 것이다. 역사들은 복장이 매우 화려해서 그들이 팔을 크게 휘저으며 거리를 걸을 때면 그 모습이 마치 지금의 패션 모델들을 방불케 했다(물론 몸매는 전혀 달랐지만 말이다). 호리들은 비록 말단 하급관리였

에도 시대 여성들은 대부분 조혼을 했다.

지만, 그래도 사무라이 계급에 속해있는지라 매일 정식 예복을 입고 출근을 했고, 정수리에 머리를 틀어 올릴 때에도 보통 사람들은 따라 할 수 없는 특별한 매듭법이 있었다. 소방서의 서장은 세습 제도로 이어졌지만 대장은 순전히 능력에 따라 임명되는 것이었기 때문에 서민이라도 노력 여하에 따라 충분히 대장이 될 수 있었다. 화재가 발생할 때마다 이마에 독특한 무늬의 소방두건을 쓰고 소방대 제복을 입고 현장에서 지휘하는 모습은 위풍당당함 그 자체였다.

　이상적인 여성의 표본은 바로 요시와라 유곽의 기녀들이었다. 특히 출중한 용모와 기예를 겸비한 오이란(花魁)은 감히 넘볼 수 없는 존재였다. 에도 후기에는 서민 계층에서도 다관(茶館)의 얼굴 마담이 나타나기 시작했는데, 이런 아가씨들은 대부분 우키요에 인물화의 모델이 되어 유명세를 떨치곤 했다. 지금의 CF 스타들과 비슷했다고 할 수 있다.

당시에는 자유연애가 널리 유행해, 남자가 자신이 흠모하는 여자에게 편지를 보내 마음을 전하고 여자의 답장을 기다리는 것이 일반적인 연애 방식이었다. 그래서 '연애편지 쓰는 법'에 대한 책들은 어떤 책이든 나오자마자 날개 돋친 듯 팔렸다. 남녀가 가까운 곳에 살고 있다면, 축제가 열려 수많은 인파가 모여든 틈을 타 남자가 자신이 마음에 두고 있는 여자의 뒤를 몰래 따라가다가 엉덩이를 살짝 꼬집어 상대의 의중을 떠보기도 했다. 이럴 때 여자가 눈을 흘기지 않으면 여자를 데리고 부근에 있는 다관에 가서 밀어를 속삭일 수 있었다. 아쉬운 점은 데이트를 즐길만한 장소가 마땅치 않았다는 것이다. 부유한 집 자제들은 다관의 객실을 미리 예약할 수 있었지만, 돈이 없는 사람들은 남의 눈을 피하기 위해 절의 후원이나 찹쌀을 파는 천막 안에서 데이트를 하곤 했다. 게다가 당시에는 남녀가 함께 길에서 떳떳하게 활보할 수도 없었다. 미성년자들은 다관의 객실에도 갈 수가 없었다. 한 번에 요즘 돈으로 3만 엔은 있어야 했으니 젊은 남녀에게 그런 돈이 있을 리 만무했고, 그러다 보니 결국 다관의 객실은 불륜 남녀들의 '실락원'이 되고 말았다.

맞선을 보는 경우도 있었다. 중매쟁이는 대부분 나가야의 오오야였다. 나가야에 세 들어 사는 사람들은 대부분 독신이었기 때문에 친척이 없어 결혼식도 아주 간단하게 치렀다. 술 한 병에 몇 가지 음식을 준비한 후 오오야가 증인이 되어 혼인 서약을 하고 첫날밤을 지내고 나면 바로 부부가 된다. 혼인 신고는 본래 오오야의 업무였기 때문에 그리 번거로울 것도 없었다. 하지만 상인 집안 규수들의 혼인은 상황이 달랐다.

에도 후기, 유복한 상인 집안의 규수들은 집밖으로는 단 한 발짝도 나갈 수 없었다. 그녀들을 하코이리무스메(箱入り娘)라고 불렀는데, 어려서부터 귀하게 집안에서만 자란 처자들을 뜻하는 말이었다. 집밖으로 나가지 못하니 자유연애는 꿈도 꿀 수 없었고, 전문 중매인들이 그녀들을 대신해 신랑감을 찾아주었다. 당시 중매인들은 어느 상인의 집에 혼기가 찬 아가씨나 청년이 있는지는 물론이요, 그 집안의 사업 규모까지 알고 있어야 했다. 그래야 걸 맞는 집안끼리 혼사를 추진할 수 있었기 때문이다. 그중에서도 특히 중요한 것은 여자 집

하코이리무스메(箱入り娘)는 양갓집 규수를 가리키는 말이다. 산토 교덴(山東京傳)의 「규중 처녀(箱入娘)」『강호풍속도권(江戸風俗圖卷)』.

안의 자산 현황이었다. 왜냐하면 이것은 신부의 지참금과 직결되는 문제였기 때문이다. 상류층 상인 사이에서는 혼인할 때 신부가 지참금을 넉넉하게 가져오지 못하면 혹독한 시집살이를 했다. 시댁이 부

유한 집안일 경우 지참금이 2, 3백 냥으로 오늘날로 치면 2, 3천만 엔을 훌쩍 넘는 경우도 허다했고, 신부의 외모가 '변변치 않으면' 지참금 액수는 이보다 더 높았다고 한다. 맙소사, 지금의 나고야(名古屋) 사람들보다도 더 심하지 않은가. 나고야 사람들이 혼수를 많이 하는 것은 일본 전체가 다 아는 일이지만 그래봐야 트럭 3대 분량일 뿐이니, 에도 상인 앞에서는 명함도 못 내밀 듯하다.

당시 며느리의 지참금은 일종의 대출이었다. 며느리의 지참금을 이용해 사업 규모를 확장했을 경우, 며느리가 아들을 낳은 후 시부모가 소유권을 넘겨주면 그 며느리는 하루아침에 큰 상점의 주인마님이 되는 것이었다. 이 밖에도 지참금은 결혼생활을 보장해주는 일종의 보루의 기능도 했다. 남편이 바람을 피워 본처와 이혼을 하려면 본처가 혼인할 때 가지고 왔던 지참금에다가 중매인이 중개수수료 명목으로 챙겨간 지참금의 10분의 1의 금액까지 얹어서 고스란히 돌려주어야 했다. 그런데 지참금은 이미 써버린 지 오래되었을 테니 갑자기 그 큰 돈을 어떻게 마련한단 말인가. 결국 돈을 마련하지 못해 이혼을 포기하는 경우가 많았다. 그러나 아내가 이혼을 요구한 경우는 지참금을 돌려줄 필요가 없으니 돈 때문에 서로 얼굴 붉히는 일이 없었다.

기본적으로 에도 시대에는 남편은 아내를 소박할 권리를 가지고 있었지만 아내는 이혼을 요구할 권리가 없었다. 하지만 아내에게도 전혀 방법이 없었던 것은 아니다. 만약 아내가 가지고 온 혼수를 남편이 제 멋대로 전당포에 맡기거나 팔아먹었을 때에는 장인이 나서서 이혼을 요구할 수 있었고, 아니면 아내가 아예 엔키리데라(縁切寺)*로

---

* 남편의 난봉이나 강제 결혼을 피해 도망쳐 온 여자를 구조, 보호할 특권을 갖고 있는 절.

164

도망쳐 도움을 요청할 수도 있었다. 가나 가와현 가마쿠라시(鎌倉市) 도케이사(東慶寺)와 군마현(群馬縣) 오지마마치(尾島町) 만토쿠사(滿德寺)가 바로 바쿠후가 법률로 인정한 '이혼지원소'였다. 이 두 절은 언제나 자유의 몸이 되기를 기다리는 기혼 여성들로 가득 차 있었는데, 그들은 모두 일정한 기간이 지나면 정식으로 이혼해 이곳에서 나갈 수 있었다. 그 기간은 도케이사의 경우 2년하고도 하루였고, 만토쿠사는 3년이었다. 통상적으로 아내가 도망쳐 엔키리데라로 들어가면 남편들은

가마쿠라시 도케이사에서 소장하고 있는 에도 시기의 이혼증명서. 단 세 줄 반으로 써야했기 때문에 '미구다리한(三下り半)' 이라 불렀다.

더 이상 아내를 붙잡는 것을 포기하고 이혼증명서를 써주었다. 바쿠후의 강력한 법률이 버티고 있으니 그 어떤 간 큰 남자가 불복할 수 있었겠는가? 남편이 집을 나가 1년이 넘도록 돌아오지 않고 편지 한 장 보내지 않을 경우에도 이혼할 수 있었다. 그러고 보면 에도 시대 여성의 지위가 현대인들이 생각하는 만큼 그렇게 낮은 것은 아니었던 모양이다.

역시 가장 불쌍한 것은 사무라이들이었다. 그들은 비록 신분상으로는 고위층에 속했지만 빛 좋은 개살구가 따로 없었다. 사무라이들은 경제적으로 그리 넉넉지 못했기 때문에 남편감으로는 기피 대상 제1순위였다. 지방 도시의 사무라이들은 주로 어머니에게 수양딸을 들이게 한 후, 그 수양딸을 아내로 삼는 방식을 택했다. 당시 혼례 풍습이 너무 성대해서 손님을 초대해 혼례를 치르고 음식을 베풀고 나

면 신랑신부 양가 모두 기둥뿌리가 흔들릴 정도였다. 그래서 수양딸을 들인다는 명목으로 여자를 데리고 와 조용히 혼사를 치르곤 했다. 에도의 사무라이 가운데 봉록이 5백 석 이하이고 쇼군 직속 사무라이였던 하타모토들은 상인 집안의 딸과 결혼하는 것을 선호했는데, 이 역시 거액의 지참금 때문이었다. 며느리가 시집을 오면 시아버지와 시어머니가 작당을 해 온갖 수단을 다 동원하여 며느리를 구박했다. 견디다 못한 며느리가 제 발로 집을 나가면, 며느리가 가져온 지참금은 고스란히 그들 차지가 되는 것이었고, 그 후 다시 다른 며느리를 얻어 지참금을 챙겼다. 전문 중매인이 생겨난 것도 바로 이런 비극적인 혼인이 출현하는 것을 막기 위함이었다. 혼사를 추진하기 전에 양쪽 집안의 여러 가지 상황을 자세히 조사해 두 집안의 형편이 비슷한지 판단하는 것이 바로 중매인들의 임무였다.

에도 초기에는 계급의식이 매우 엄격해 사무라이들은 절대로 서민 여자를 아내로 맞이하지 않았다. 그러나 중기 이후로 신분보다 경제적인 요인이 우세하게 되면서 지참금만 많이 챙겨간다면 서민 여성들도 사무라이 가문에 시집을 갈 수 있었다. 사무라이들은 그 놈의 돈 때문에 아무리 못생긴 여자라도 두 눈 질끈 감고 아내로 맞이했다. 사무라이들이야 어차피 자유연애가 금지되었었기 때문에 사실 누구와 결혼하든 큰 관계가 없었다. 재미있는 것은 정작 서민 남성들은 돈을 좀 쓰더라도 성격 좋고 아름다운 여성과 결혼하려고 했다는 사실이다. 만약 여자가 사무라이 집안 출신이었다면 더 바랄 나위도 없었다.

날 사랑합니까?
- 첫사랑 편

연애를 해보셨나요? 짝사랑? 열정적인 사랑? 늦게 한 사랑? 불륜
의 사랑? 그것도 아니면 동성애?

연애의 느낌이 어땠나요? 구름을 타고 하늘을 나는 느낌이었나요?
가슴 깊이 사무치는 고통을 느꼈나요? 애잔한 슬픔에 가슴 아팠나
요? 아니면 다시는 돌이키고 싶지 않은 기억인가요?

동서고금을 막론하고 그 어떤 형태의 연애이든 코끝의 시큰함과
눈물은 늘 따라다니는 것이어서 당사자는 사랑의 진정한 맛을 음미
하기도 전에 쓴 맛부터 보게 될 수도 있다. 연애를 시작하고자 한다면
기꺼이 시련을 감수하겠다는 것을 의미한다. 이런 마음의 준비가 없
다면 아예 연애를 시작하지도 말라고 정중하게 충고하는 바이다. 그
런데 결혼은 진정 연애의 아름다운 결말일까? 물론 아니다. 결혼은
그저 또 다른 연애 방정식의 시작일 뿐이다. 그리고 이 방정식에는 무
수한 미지수가 숨어있고, 그 미지수들은 당신으로 하여금 세상에 염
증을 느끼고 현실에서 도망치고 싶도록 만들 것이다.

이 점은 지금이나 옛날이나 크게 다를 바가 없다.

에도 시대의 연애는 신분과 직업의 조건이 결부된 데다가, 여자가
기녀라는 이유로 결실을 보지 못하고 비극으로 끝난 경우가 허다했

『호색일대남(好色一代男)』에는 요시노(吉野) 다유와 요노스케(世之介)의 사랑 이야기가 묘사되어 있다.

다. 공직에 있는 사람들은 상인 집안의 규수를 사랑할 수 없고, 남에게 고용된 사람들은 재능 있고 개방적인 여성을 사랑해서는 안 되며, 사무라이들은 서민 여성을 사랑하는 것이 금지되었다. 그러나 연애란 한 마디 말로 설명할 수 없는 것이고, 또 요 큐피드란 녀석이 장난기가 다분한 까닭에 마음먹은 대로 쉽게 연애를 할 수 있는 사람은 몇 명 없었다. '자유연애' 라는 것은 그저 쓰디쓴 약에 달콤한 꿀물을 입힌 알약일 뿐이었다.

하이카이(俳諧) 작가이자 통속소설가였던 이하라 사이카쿠(井原西鶴, 1642~1693)의 『호색일대남(好色一代男)』과 『호색일대녀(好色一代女)』, 『제염대감(諸艶大鑑)』, 『호색오인녀(好色五人女)』 등의 작품에 당시의 연애 풍속이 아주 자세히 묘사되어 있다. 여기에서 '호색' 이라는 것을 색을 밝힌다는 의미로 오해하는 사람들이 많겠지만, 사실 이 말은 시대를 앞서나가고, 유머러스하고, 눈치가 빠르고, 박학다식하고, 예절을 잘 지키고, 다재다능하고, 다양한 풍모를 갖춘 사람을 의미하는 것으로 남녀 모두에게 사용할 수 있는 일종의 찬사였다. '호색남', 혹은 '호색녀' 라고 하면 육체적 · 정신적으로 남과는 다른 무언가가 있어야 했다.

『호색오인녀』에 '야오야 오히치의 이야기(八百屋阿七物語)'라는 사실에 바탕을 둔 이야기가 있다. 야오야는 채소 가게를 의미한다. 한 채소 가게 주인에게 오히치라는 딸이 있었다. 그런데 어느 해 12월, 오히치 모녀는 집 주변에서 화재가 발생해 근처의 절로 대피하게 되었다. 절에는 그들 모녀 외에도 많은 사람들이 생활하고 있었다. 그런데 어느 날, 한 젊은 청년이 족집게로 손가락에 박힌 가시를 빼려고 애를 쓰고 있었다. 그 모습이 안쓰러웠지만 눈이 침침해 도와줄 수 없었던 오히치의 어머니가 오히치를 불러 가시를 뽑아주라고 했다. 그런데 이것이 오히치로 하여금 사랑에 눈 뜨게 하는 계기가 될 줄 누가 짐작이나 했을까. 오히치는 그 청년에게 한눈에 반해버렸다. 청년의 이름은 기치사부로(吉三郎)였으며, 사무라이 집안의 자제였다. 두 사람 모두 열여섯 살이었는데, 당시에는 지금의 일본처럼 나이를 만으로 계산하지 않았기 때문에 지금 나이로 따지면 중학교 3학년인 셈이었다.

같은 절에서 생활하기는 했지만 사무라이 계급인 기치사부로는 어린 승려의 방에서 기거하니, 둘은 편지로 마음을 주고받을 수밖에 없었다. 그렇게 세 통의 편지가 오간 후, 오히치는 끓어오르는 연정을 참지 못하고 야심한 밤을 틈타 기치사부로의 방을 찾아가 동침을 하고 평생을 약속하기에 이르렀다. 그런데 날이 밝아올 무렵 뜻밖에도 오히치의 어머니가 오

이하라 사이카쿠.

히치를 찾아온 것이었다. 오히치는 그날로 어머니의 손에 이끌려 집으로 돌아가게 되었고 외출도 엄격하게 통제되었다. 하지만 오히치와 기치사부로는 하녀의 도움으로 여전히 편지를 주고받으며 애틋한 정을 나누었다. 심지어 광주리를 메고 농부로 위장한 기치사부로가 오히치의 집에 채소를 팔러 와서는 하룻밤을 묵으며 밤에 몰래 오히치와 만나기도 했다.

거센 바람이 불던 어느 날, 사건이 발생했다. 오히치에게 갑자기 한 가지 묘안이 떠오른 것이다.

'화재가 발생하면 다시 절로 대피해 기치사부로와 만날 수 있지 않을까?'

오히치는 갑자기 용기가 샘솟는 것을 느꼈다. 연인의 얼굴을 한 번 더 볼 수만 있다면 그 무엇도 두렵지 않았다. 그리고 이 위험한 생각을 행동으로 옮겼다. 연기를 피워 큰 소란을 일으켰던 것이다. 그런데도 사람들이 가장 두려워했던 것이 바로 이 화재였다. 아무리 작은 불이라도 초기에 진화하지 않으면 에도 전체를 삼켜버릴 수 있었기 때문이다. 결국 이 일이 오히치의 소행이라는 것이 밝혀졌고, 오히치는 화형이라는 중벌로 다스려졌다. 그 후 기치사부로는 사랑하는 여인을 잃은 슬픔을 이기지 못해 방황하다 거의 산송장이 되었고, 오히치가 죽은 지 백일 되던 날 절에 있는 오히치의 무덤 앞에서 칼을 빼들고 자결을 하려다가 사람들의 만류로 미수에 그쳤다.

여기까지는 아주 슬픈 사랑이야기일 뿐이다. 오히치가 연인을 보겠다는 일념으로 방화를 했다는 사실은 오늘날에도 충분히 동정 받을 수 있고, 또 공감할 수 있는 일이다. 하지만 오늘날과 다른 것이 있다면 기치사부로에게 이미 정해진 배우자가 있었고, 그 '본처' 가 바

기타가와 우타마로(喜多川歌麿)의 니시키에(錦繪) 다색 판화.
사랑하는 남녀가 우산을 함께 쓰고 있는 모습을 표현했다.

로 남자였다는 사실이다. 다시 말해 기치사부로는 '슈도(衆道 : 남자동성애자)' 세계의 와카슈(若衆)*였다. 이쯤 되면 기치사부로가 미소년이었다는 사실을 이미 짐작했을 것이다. 전국 시대부터 에도 시대, 그리고 메이지 시대 초기에 이르기까지 이런 일은 매우 흔한 경우에 속했다. 특히 사무라이와 승려들 사이에서는 더욱 심했다. 그런데 그런 기치사부로가 오히치와 사랑에 빠져 바람을 피웠으니, 이것은 또 어떤 사랑으로 정의할 수 있을까?

기치사부로는 슈도 사회에서 더 이상 얼굴을 들고 다닐 수 없었고, 오히치의 일을 생각하면 더욱 가슴이 찢어지는 고통을 느꼈기에 마침내 출가의 길을 택하게 되었다. 다른 슈도들이 극구 말렸지만 출가하겠다는 기치사부로의 결심을 꺾을 수 없자 어쩔 수 없이 함께 출가했다. 동성애와 이성애가 얽히고설킨 이 사랑이야기를 덧없다고 할 것인가, 아니면 허망하다고 할 것인가, 그도 아니면 한바탕 꿈이라고 해야 할까?

『도카이도 요츠야 괴담(東海道四谷怪談)』의 저자인 쓰루야 난보쿠(鶴屋南北)의 작품 가운데 사무라이 집안 출신인 사쿠라히메(櫻姬)의 이야기를 담은 「사쿠라히메아즈마분쇼(櫻姬東文章)」라는 가부키가 있다. 사쿠라히메는 도적인 겐스케에게 강간을 당했지만, 자신의 첫 남자인 겐스케를 사랑하게 되어 손목에 겐스케와 똑같은 문신을 하고 그의 아이를 낳은 후 겐스케와 다시 만나게 된다. 이 가부키는 사쿠라히메가 양가댁 규수에서 여도적 가제스즈히메(風鈴姬)가 되는 과정을 그리고 있다. 출신이 귀한 여성의 우아한 행동과 남편을 따라 강

---

* 에도 시대, 관례 전의 앞머리가 있는 모습의 소년.

호를 떠도는 아낙네의 거친 말투가 뒤섞이면서 관중들에게 묘한 느낌을 주는 작품이다.

이 두 가지 예에서도 알 수 있듯이 지금이나 옛날이나 사랑에 있어서는 여자들이 남자보다 훨씬 더 용감하다. 사랑을 위해서라면 다른 모든 것을 포기할 수 있는 것이 여자들이다. 삼각관계나 불륜에 빠진 남녀가 자신들의 사랑이 위협받아 더 이상 견딜 수 없게 되면, 대부분 남자는 태도를 확실히 정하지 못하고 우유부단한 모습을 보이곤 한다. 남자들의 성격이 연약하기 때문일까? 아니면 여자들의 생리적인 구조가 그들로 하여금 강인해지도록 만드는 것일까?

날 사랑하나요?

사랑한다면 날 위해 모든 것을 포기한 채, 나와 함께 세상 끝으로 방랑의 길을 떠날 수 있나요?

날 사랑합니까?
- 요바이(夜這)편

한 번 먹었던 음식이 오래도록 잊혀지지 않았던 경험이 있나요? 어떤 것을 잊을 수 없었나요? 음식의 맛인가요? 아니면 그 음식을 먹었던 장소나 함께 먹었던 사람, 혹은 음식이 담겼던 그릇이나 음식과 함께 마셨던 술, 나누었던 대화의 내용과 같은 전체적인 분위기를 잊을 수 없는 건가요?

뼛속까지 사무칠 정도로 짜릿한 섹스를 해본 적이 있나요? 어떤 것이 가장 자극적이었나요? 오르가즘? 아니면 장소나 파트너? 혹은 테크닉이나 음악, 조명, 나지막이 속삭이던 밀어 등의 그 분위기를 잊을 수 없는 건가요?

그저 배만 채우려고 한다면 무엇을 먹든 다를 것이 없고, 이른바 '음식 문화'라는 말은 의미를 잃게 될 것이다. 같은 이치로 성적 욕구만을 채우려고 한다면 거리를 지나는 수많은 사람 가운데 그 누구와 관계를 갖는다고 해도 무방하며, '성 문화'라는 것 자체가 사라질 것이다. 식욕과 성욕 자체는 모두 동물적이고 원시적인 본능이지만, 동물과 사람 사이에 다른 점이 있다면, 동물은 눈앞의 만족을 채우는 데만 급급하고 사람은 그것을 문화와 예술로 승화시킬 수 있다는 것이다.

널리 알려진 바대로 일본에서는 사람들의 눈이 휘둥그레질 만큼 섹스 산업이 발달해 있다. 그런데 이것이 일본인들이 유난히 색을 밝히기 때문일까? 물론 그럴 리 없다. 옛날 중국의 고자(告子)도 "식색성야(食色性也)"라고 하여 식욕과 성욕이 모두 인간의 본성이라고 했던 것을 보면, 성욕이란 것은 나라와 민족의 경계를 뛰어넘는 공통된 욕구인 듯하다. 섹스 산업이 다양하게 발전한 것은 미국 역시 마찬가지가 아닌가?

　그런데 어쩌다가 일본 사람들이 아시아 최대 '색마'로 낙인찍히게 되었을까? 개인적인 견해지만, 아마도 메이지유신 정부가 일본의 전통적인 성 풍속을 억압한 결과가 아닌가 싶다. 일본의 전통적인 성 풍속은 사실 매우 인간적이고, 인성에 부합하며, 다신교를 믿는 모계 씨족 사회였던 일본의 상황에는 너무도 자연스러운 것이었다. 그런데 메이지유신을 통해 새로 수립된 정부는 '문명적이고 개화된' 새로운 사회를 수립하겠다는 생각으로 서양의 단일신 교리에 부합하는 성 관념을 도입해 사람들에게 강요했다. 처녀막을 숭상하고, 연애와 결혼이 별개여서는 안 되며, 또 일부일처제가 가장 이상적인 혼인 방식이라고 사람들에게 강요하고, 장자계승제를 실시했다. 그 결과 그동안 떳떳하고 자연스럽게 행해졌던 섹스가 남의 눈치를 보며 몰래 해야 하는 행위가 되고, 합리적이고 정당했던 풍속이 미풍양속을 해치는 주범으로 몰리게 되었던 것이다. 국가가 국민들의 인식을 억압하고, 성욕을 억제시킨 것이 바로 섹스 산업을 고도로 발전시키는 부작용을 낳게 된 것이다.

　그렇다면 일본의 전통적인 성 풍속은 어땠을까? 아마도 요바이(夜這)가 일본 전통의 성 풍속을 대표한다고 볼 수 있을 것이다. 요바이

남성이 여성의 방을 야습하는 풍습은 『겐지모노가타리』에 묘사되어 있다.

란 남자들이 한밤중에 여자의 침실에 몰래 들어갔다가 날이 밝기 전에 돌아오는 풍습이다. 1천 년 전에 지어진 『겐지모노가타리(源氏物語)』라는 책에도 요바이에 대한 기록이 있는 것을 보면 일본에서 이 풍습이 얼마나 오래되었는지 짐작할 수 있다. 1백 년 전 메이지 신정부가 이 풍습을 바꾸려고 무던히 애를 썼지만, 이 풍습은 제2차 세계대전이 끝난 후 1950년대에 이르러서야 비로소 중단될 수 있었다.

요바이에는 두 가지 방식이 있었다. 하나는 여자라면 어린 소녀이든 과부이든, 심지어는 버젓이 남편이 있는 유부녀까지 요바이의 대상이 되었던 방식이고, 다른 하나는 젊은 여성과 과부, 하녀나 유모만을 대상으로 하는 방식이었다. 전자는 요바이의 대상이 광범위하기는 하지만 남편이나 동거하고 있는 남자가 집에 없을 때에만 몰래 요바이를 할 수 있다는 불문율이 있었다. 산골 마을이나 바닷가 마을에서 전자의 방식을 따르는 경우가 많았고, 후자는 간토 평야에서 주로 행해졌다. 또 마을마다 풍습이 조금씩 달라서, 어떤 마을에서는 이웃집 여자는 범할 수 없도록 금지했고, 어떤 마을에서는 이에 대해 비교적 관대하기도 했다.

1백 가구 정도가 살고 있는 마을이 있다고 가정해 보자. 한 가구당 평균 다섯 명의 식구가 있다고 하면, 마을 전체 인구는 5백 명이다. 남녀의 성비가 1 : 1이라고 보고, 노인이나 아이, 기혼 남성과 외지에서 온 일꾼들을 제외하고 나면 요바이가 가능한 젊은이들은 대략 남녀 각 12, 13명밖에 되지 않는다. 이 젊은이들은 모두 '청년조', 혹은 '소녀조'에 가입해야 했다. 다시 말해 각 마을마다 연령층에 따라 각각의 자치 조직이 있었는데, 요바이 역시 무분별하게 이루어지는 것이 아니라 이 조직에 의해 엄격하게 통제되었다. 어떤 마을에서는 남자들이 제비뽑기로 상대를 정하고 여자들은 남자가 와주기만을 기다려야 했는데, 이는 외모가 떨어지는 여성은 매일 독수공방을 하고, 미모가 뛰어난 여성은 남자들이 문전성시를 이루는 것을 방지하기 위한 배려였다. 보통 제비뽑기 방식 때문에 다툼이 생기곤 했는데, 여자가 자신을 찾아온 남자를 극구 거부할 때에는 '청년조'와 '소녀조'가 의논해 상대를 바꾸어주기도 했다. 그러므로 젊은 남자들은 평소 마을에서의 평판을 매우 중요하게 생각했다. 천부적으로 출중한 외모를 타고났다고 해도 게으르고 늘 말썽을 일으킨다면 평생토록 여인의 향기를 훔칠 기회를 얻지 못할 수도 있었다.

그 옛날 전등이 없었던 시절에는 저녁 8~9시면 모두 잠자리에 들었고, 요바이를 시작하기에 적합한 시간은 약 11시경이었다. 먼 곳까지 원정을 가려고 한다면 이보다 더 일찍 길을 나서야 했다. 요바이의 범위는 통상적으로 반경 4~5킬로미터였는데, 평야 지대에서는 별 문제가 아니었지만, 산간 지역이나 바닷가에서는 산 넘고 물을 건너야 했기 때문에 그리 녹록한 일이 아니었다. 특히나 산간 지역에서는 집들이 평야에서처럼 옹기종기 모여 있지 않고 산비탈과 계곡에 드문드문 떨어져 있어서, 요바이의 범위도 자연히 20킬로미터 정도로 넓어졌다. 그러니 체력이 약한 남자는 요바이를 시도할 엄두도 내지 못했다. 시바 료타로(司馬遼太郎)의 『역사야화(歷史夜話)』에 기이반도(紀伊半島)의 산골 마을에서는 집집마다 밤에 문을 잠그지 않고 부엌 한 편에 반드시 찬밥과 먹을거리, 그리고 그릇과 젓가락을 준비해 두었다는 기록이 있다. 해뜰 무렵 먼 곳으로 돌아가는 남자들이 도중에 아무 집에나 들어가 허기를 채울 수 있도록 하기 위한 배려였던 것이다. 다른 지역에서는 남자가 직접 밤참을 준비해야 했다. 한치 앞도 분간하기 힘든 캄캄한 밤에 산행을 해야 했으니 생각만 해도 얼마나 힘들었을까 좀 안쓰럽기도 하다. 게다가 겨우 목적지에 도착했는데 이미 누군가 선수를 친 후라면 발정 난 밤고양이처럼 다시 산골을 헤매었을까? 그렇다고 정말로 뻔뻔스런 밤고양이처럼 문밖에서 상대를 부르며 울부짖을 수는 없는 노릇이 아닌가.

여기까지는 전국에 걸쳐 통상적으로 행해지던 요바이 방식이다. 동북 지역이든, 아니면 간토 평야나 규슈 평야든, 심지어는 외진 작은 섬이든 요바이의 방식은 대동소이했다. 그렇다면 에도와 오사카 같은 대도시에서는 어떠했을까? 대도시에는 일반적으로 공인된 유곽이 있고, 사창가도 적지 않아 남자들이 성욕을 해결할 수 있는 방법이 많았다. 그렇다고 해서 대도시에는 '요바이'의 풍습이 없었다고 생각한다면 오산이다. 유곽이나 사창가에서 이루어지는 것은 엄연한 상업적 거래였기 때문에 돈이 없으면 얼씬도 할 수 없지 않은가.

대도시에는 상점이 많았는데, 규모가 큰 '에치고야'(미쓰이 그룹의 전신)와 '다이마루(大丸) 백화점'의 경우 여자 점원만 해도 사오십 명에 달했고, 이 밖에 회계 직원이나 남자 하인들까지 따지면 직원 수가 셀 수도 없었다. 직원의 수가 많은 만큼 그들 사이에도 계급이 있어서, 신분이 높은 직원은 독방을 썼지만 새로 들어온 직원이나 견습생들은 대부분 예닐곱 명이 한 방에서 비좁게 생활해야 했다. 이런 환경 때문에 동성애는 매우 흔한 일이 되었다. 그렇기는 하지만 태생적으로 동성애자인 경우를 제외하면, 남자들은 열대여섯 살이 되면 자연스럽게 요바이 방법을 터득하곤 했다. 게다가 상점들은 늦봄과 늦겨울이 되면 한 차례씩 대청소를 했는데, 그날은 오후 네다섯 시경에 청소를 끝내고 목욕을 한 후 거나하게 술자리가 벌어지는 것이 보통이었다. 술이 몇 순배쯤 돌고 주흥이 무르익을 때쯤이면 주인과 신분이 비교적 높은 지배인격의 직원, 여자 점원들은 슬며시 자리를 피해주었다. 젊은 남자 점원들이 마음껏 마시고 놀 수 있도록 하기 위한 배려였다. 향기로운 술과 맛있는 안주로 배를 채우고 나면 성욕이 동하는 것은 인지상정이 아닌가. 그러면 남자들은 술기운을 빌려 평소에는 신분과 계급의 차이 때문에 감히 접근하지 못했던 상대에게 은근슬쩍 다가가기도 하고, 간 큰 청년들은 주인집 아가씨의 방에 몰래 들어가기도 했다. 그런 경우 주인집 입장에서는 키우던 호랑이 새끼에게 물린 셈이었으니, 에도의 상인들이 가장 두려워한 것도 바로 이것이었다.

에도 중기 이후에는 전국적으로 마을마다 축제를 빌미로 야외에서 많은 남녀들이 혼음을 하는 경우도 있었다. 기혼이든 미혼이든, 혹은

마을 사람이든 지나가는 과객이든 누구나 축제에 참여할 수 있었고, 이날만큼은 그 어떤 불륜이나 방탕함도 비난받지 않았다. 물론 '외부인'까지 참여시키는 목적이 따로 있었겠지만, 역시 근본적인 바탕에는 '해방', 혹은 '일탈'을 추구하는 마음이 깔려있었을 것이다. 에도 시대의 계급 제도는 누구도 감히 도전할 수 없는 것이어서, 농사꾼 집안에서 태어났다면 자자손손 영원히 농민 신분으로 살 뿐, 계급을 뛰어넘어 신분을 상승시킬 기회가 전혀 없었다. 더군다나 토

여성은 남성이 야습을 하기를 가만히 기다릴 수밖에 없었지만, 찾아온 남자가 마음에 들지 않으면 거부할 권리는 있었다.

지 매매를 금지시켰기 때문에 살던 곳을 떠나 이주할 수가 없어서 아무리 작은 마을이나, 궁벽한 산골이어도 태어난 곳에서 평생 살아야만 했다. 그러므로 '요바이'는 너무도 자연스럽고 합리적인 풍습이었던 셈이다. 그렇지만 사무라이 사회의 모습은 전혀 달랐다.

　성관계에는 늘 임신이라는 부작용이 수반되기 마련이다. 여자가 결혼 전에 임신을 했다면 그 여자를 받아들일 남자가 있었을까? 물론 있었다. 임신한 여자가 지목하기만 하면 그 남자는 정말로 아이의 아버지이든 아니든, 싫든 좋든 무조건 아이의 아버지가 되어야 했다. 당시에는 혈액형 검사 같은 것이 없었고, 야마토(大和) 민족은 혈통에 대한 관념이 약해 아이를 마을의 공동 재산이라고 생각했기 때문에

기타가와 우타마로의 「도행연농부등좌남(道行戀濃婦登佐男)」.

누가 아버지가 되든지 크게 개의치 않았다. 그 덕분에 여자들은 혼전에 여러 남자와 깊은 관계를 갖고 남자들을 서로 비교해 자신과 가장 어울리는 남자를 고를 수 있었다. 누구와 결혼을 하든지 간에 결혼 후에도 다른 이성과 성관계를 가질 수 있었으므로, 당시에는 결혼을 자신을 가두는 새장이라고 생각지도 않았고, 또 거절할 이유도 없었다.

　대도시인 에도라고 해서 다를 것은 없다. 혼전에 아시이레혼(足入婚)이라는 것이 있어서 여자가 남편이 될 사람의 집에서 얼마동안 머무르는 풍습이 있었다. 남녀가 속궁합이 잘 맞으면 하객을 불러 정식으로 혼례를 올렸지만, 속궁합이 맞지 않는다면 여자가 엉덩이를 툭툭 털고 일어나 짐을 챙겨 집으로 돌아가면 그만이었다. 오늘날의 동거와 비슷한 개념이었다. 그러니 사실혼으로 따지자면 두 번 혼인하는 경우는 말할 것도 없고, 서너 번, 심지어는 다섯 번까지 혼인하는 것도 대수로울 것이 없었다.

요즘은 유부남의 외도는 '우와키(浮氣)'라고 부르고, 결혼한 여자가 외도하는 것만을 '후린(不倫)', 즉 '불륜'이라고 부른다. 그런데 재미있는 것은 에도 시대에는 '우와키'란 말이 연애를 의미했다는 사실이다. '우와키 결혼'이라는 것은 바로 연애결혼이었다. 그런데 이 연애결혼에 대한 사람들의 인식이 오늘날과는 매우 달랐다. 지금은 연애결혼을 했다는 것을 자랑으로 생각하는 사람들이 많지만 당시에는 일시적인 들뜬 마음에 결혼한 것으로 보아 그리 칭찬받을 만한 것은 아니었다. 개인적으로는 매우 일리가 있는 생각이라고 본다. 연애가 일시적인 들뜬 기분에 하는 것임은 부인할 수 없는 사실인데, 어떻게 상대에게 죽을 날까지 변하지 않을 것을 요구할 수 있을까? 행여나 죽음이 코앞에 닥친 경우가 아니라면 말이다.

날 사랑하나요?

사랑한다면 날 위해 배고픔을 무릅쓰고 산 넘고 물 건너 나를 찾아와 '요바이'를 할 수 있나요?

날 사랑합니까?
- 슈도(衆道)편

国화를 좋아하나요? 어떤 국화를 좋아하나요? 페르시아 국화? 아프리카 국화? 아니면 『우게쓰 모노가타리(雨月物語)』에 나오는 「국화의 약속(菊花の約)」을 좋아하나요?

동성을 사랑하나요? 얼마나 사랑하죠? 생사를 걸 수 있을 만큼? 바위라도 뚫을 수 있을 만큼? 아니면 임이 옷이라면 옷깃이 되기를 원하고, 임이 치마라면 치마끈이 되기를 바랄만큼 사랑하나요?

이상은(李商隱)의 시 구절처럼 사랑하는 남녀를 '죽음에 이르러야 실을 다 뽑아내는 봄누에'에 비유한다면, 동성의 연인이라고 해서 '다 타서 재가 되어야 비로소 눈물이 다하는 초'에 비유할 수 없다고 누가 장담할 수 있을까?

'동성애'라는 말은 1896년 한 헝가리 의사가 만들어낸 전문 용어이고, 이성 간의 '애정'과 '연애'라는 말은 메이지 시대의 작가인 기타무라 도코쿠(北村透谷)와 쓰보우치 쇼요(坪內逍遙)가 1892년에 영어의 'love'를 번역하면서 처음 사용한 말이다. 그 전까지 일본에서는 동성이든 이성이든, 에로틱한 사랑이든 플라토닉 러브이든, 모두 '색(色)'이라는 말로 통칭되었다. 미녀는 '색녀(色女)', 미남은 '색남(色男)'이라고 불렀으며, 이성간의 연애는 '여색(女色)', 남성 간의 동성

에도 시대에는 남성들 간의 동성애가 고상한 취미로 여겨졌다.

연애는 '남색(男色)'이라고 했다. 게다가 '남색'은 '여색'과 대등하게 인식되어 지금처럼 금기시되지도 않았을 뿐더러 에도 시대 사무라이 사회에서는 심지어 '여색'보다도 더 숭고하게 여겨졌고, 서민 사회에서도 고상한 취미로 인식되었다.

고금을 통틀어 동양의 승려나 서양의 신부 등 무릇 독신주의를 고집하는 종교계 사람들이 동성애에 있어 가장 선두주자였지만, 종교 사회에 대한 언급은 잠시 접어두고 일본 사무라이 사회와 동성애의 역사적인 변천에 대해 살펴보고자 한다.

일본 사무라이 사회의 동성애는 사실 미소년에 대한 일종의 집착증이라고 해야 할 것이다. 12세기 말 가마쿠라 바쿠후가 사무라이 중앙집권제를 수립한 직후만 해도 미소년을 좋아하는 취미는 일부 관리나 귀족들 사이에서만 유행했다. 상류 사회의 전유물이었던 것이다. 그런데 16세기 중반 전국 시대에 이르러 각지에서 전란이 끊이지 않고 발생하자, 남성 집단의 내부 결속을 강화하기 위해 예절과 의리를 중시하는 강력한 결속 관계를 수립하면서 이 미소년 집착증이 성행하기 시작했다. 물론 여자까지 데리고 전쟁터를 누빌 수는 없었기에 성욕을 해소하기 위한 방법 중 하나이기도 했지만, 이보다도 주군(主君)과 심복 간의 신뢰 관계라는 점이 더욱 중요했다.

적들이 장수의 군영을 습격했을 때, 그의 곁을 지키는 어린 근위병들이 죽음을 불사하겠다는 각오가 없다면 어떻게 장수를 보호할 수 있을까? 또 평소에 장수가 근위병들에게 단수(斷袖)*의 정을 베풀지 않는다면 어떻게 근위병들에게 목숨을 내놓고 싸우라고 강요할 수 있겠는가? 이 때문에 전국 시대 사무라이들이 사랑했던 미소년들은 승려나 귀족 사회의 미소년들과는 매우 달랐다. 외모가 아름다워야 하는 것은 물론이거니와 출중한 무예 실력을 갖추고 있어야 했던 것이다. 이 밖에도 미소년은 전국 시대 인술(忍術)**의 수단으로 사용되기도 했다.

오다 노부나가와 도요토미 히데요시가 잇따라 천하를 통일한 후, '남색'은 자연스럽게 사무라이들의 무사도와 결합해 '슈도'로 발전했으며, 슈도는 스스로 한 유파를 형성하여 자기 수양의 규칙들이 불문율처럼 생겨나기 시작했다. 무사도의 대표작인 『하가쿠레(葉隱)』***(야마모토 죠쵸山本常朝, 1716년)의 주된 내용은 사무라이 정신을 찾는 것이지만, 이 밖에 사무라이들의 여러 가지 연애 규칙도 기록되어 있다. "사랑의 극치는 남 몰래 하는 사랑이다. 서로의 마음을 알게 되고 만나기 시작한 후에는 사랑의 가치가 반감되기 시작한다. 평생을 가슴 속에만 담고 있는 사랑이 바로 사랑의 본질이다."라는 기록도 있다. 여기서 말하는 사랑의 본질이 바로 슈도 정신을 의미한다.

무사도에서는 '충성'을 강조하고, 슈도의 궁극적인 취지 역시 '충

* 남성끼리 사랑하는 동성애를 뜻함. 한나라 때 애제(哀帝)가 동성인 동현(董賢)을 몹시 사랑했다. 그러던 어느 날 애제가 동현을 팔베개 해주고 낮잠을 재우다가 급히 일어날 일이 생기자, 곤히 잠든 동현을 깨우지 않으려고 동현이 베고 있는 팔의 옷소매를 칼로 자르고 일어났다는 고사에서 유래했다.
** 일본의 비밀 청부살인 조직의 구성원인 닌자들이 살인, 침투 등에 사용하는 독특하고 괴이한 기술.
*** 유명한 무사도 지침서.

성' 이었다. 다른 점이 있다면 전자의 대상은 주군이지만, 후자의 대상은 '맹형(盟兄)', 혹은 '맹제(盟弟)'였다는 것이었다. 무사도와 슈도가 완벽하게 결합되지 않는다면 얼마 못 가 좌절을 겪고 갈 곳을 잃을 수밖에 없었다. 『하가쿠레』에서 "발정난 들고양이처럼 조금 마음에 든다고 해서 납작 엎드려 상대를 등에 태우지 말고, 적어도 5년 정도 관찰한 후에 자신의 마음을 털어놓아라. 서로 사랑하기 시작한 후에는 정조를 지키는 열녀처럼 무슨 일이 있어도 헤어지지 않기로 맹세해야 한다."라고 간곡하게 충고한 것도 바로 이 때문이었다.

천하가 태평했던 에도 시대에는 사무라이 사회의 규율이 더욱 엄격해져서, 에도성을 중심으로 다이묘들의 저택과 신분이 비교적 높은 가신들의 거처는 '안뜰'이 매우 분명했다. '안채'는 여자들의 세계로 사무라이나 가신은 신분이 아무리 높다 하더라도 함부로 들어갈 수 없었고, 모든 일은 부인과 여자 하인들이 스스로 처리했다. 그리고 '바깥채'는 남자들의 세계로 쇼군과 다이묘의 신변에서 일어나는 잡다한 일들은 모두 14~18세의 어린 남자 하인들이 시중을 들었다. 역사적으로 가장 유명한 슈도 쇼군은 바로 3대 쇼군 이에미쓰와 5대 쇼군 쓰나요시였다. 이에미쓰는 22살이 될 때까지 여자는 거들떠보지도 않았고, 쓰나요시는 곁에 130명이 넘는 소년들을 두었다고 한다.

사회가 평화롭고 안정될수록 서민의 경제력이 향상되었고, 이에 따라 사무라이 계급의 미소년 집착증이 자연히 서민 계급까지 유행하게 되었다. 이쯤 되자 미소년 집착증은 이제 더 이상 성욕이나 선천적인 체질을 운운할 단계를 넘어서 일종의 '풍류'로 유행하게 되었다. 심지어 이하라 사이카쿠는 "맹형이 없는 와카슈(若衆)는 청혼을 받지 못한 아가씨와 다를 바가 없다."라고 말하기도 했다. 바꿔 말하

도리이 기요노부(鳥居淸信)의 「다키이 한노스케(瀧井半之助)의 와카슈」.

면 아직 앞머리를 밀지 않은 소년이 남자에게 프러포즈를 받지 못하는 것은 일종의 치욕이라는 것이었다. 보아하니 에도 시대 남성들은 남자와 여자에게 모두 흠모를 받지 못하면 '호색남'이라는 영예를 누릴 수 없었던 것 같다. 다른 남자에게서 '남자 연인'을 빼앗으면 살인 사건으로 번지기 십상이었지만, 남의 아내를 몰래 범하는 것은 상대적으로 큰 문제가 일어나지 않았다고 한다.

다이묘 사이에서는 프러포즈 절차 역시 아주 재미있다. 양쪽 모두 다이묘이기 때문에 프러포즈 역시 다른 계급과 같을 수 없었다.

13세에 이즈모국(出雲國, 시마네현島根縣) 마츠에성(松江城)의 지주였던 호리에 타다하루*(堀尾忠晴, 봉록이 12만 석이었다)는 16~17세에 출중한 외모로 '세상에 둘도 없는 미소년'이라는 찬사를 한 몸에 받았다. 당시 23~24세였던 가가(加賀) 가나자와(金澤)의 백만 석(石) 지주인 마에다 도시쓰네(前田利常)**가 타다하루에게 매료된 나머지 바쿠후 하타모토에게 중매인이 되어 자신의 마음을 대신 전해달라고 부탁했다. 중매인에게 떨어지는 떡고물이 적지 않았기에 하타모토는 선뜻 월하노인(月下老人)***이 되기로 하고 곧장 술자리를 마련했다.

그날 술자리에는 당사자 두 명 외에 월하노인인 하타모토와 다른 두 명의 가신이 동석했는데, 이들 세 명은 도중에 슬그머니 한쪽으로 자리를 피해주었다. 당사자끼리 마음 놓고 사랑을 속삭일 수 있도록 하기 위함이었다.

---

* 1599~1633, 할아버지가 오다 노부나가와 도요토미 히데요시의 휘하에서 전공을 세운 호리에 요시하루(堀尾吉晴)다.
** 1593~1658, 마에다 도시이에(前田利家)의 넷째 아들로서 역사에 길이 남은 유명한 지주다.
*** 붉은 끈을 매어 남녀의 인연을 맺어준다는 노인.

한 명은 한창 주가를 올리고 있는 미소년(하지만 신분은 일개 성의 지주였다)이고, 또 한 명은 쇼군 가문인 가가국의 지주인 데다가 나이도 비슷했으니 얼핏 생각해도 서로 아주 잘 통할 듯했다. 그런데 둘만 남자 뜻밖에도 어느 누구도 말을 건네지 않고 어색한 침묵만이 흘렀다.

연장자이자 구애자인 도시쓰네는 속이 타들어갔다. 상대의 환심을 살 수 있는 달콤한 말을 해서 서먹한 분위기를 해소해야만 했다. 때마침 보름날인지라 하늘에 휘영청 밝은 보름달이 떠 있고 산들바람이 불어왔다. 도시쓰네가 두근거리는 가슴을 애써 억누르며 드디어 침묵을 깼다.

"오늘 밤은 달이 무척 아름답군요."

이런 경우 여느 미소년 같으면 살짝 눈웃음을 짓고 고개를 끄덕이며 "그렇네요."라고 대답했을 것이다.

하지만 타다하루의 반응은 역시 일개 성의 지주다웠다. 그는 태연하게 이렇게 대답했다.

"보아하니 존형(尊兄)께서 달을 무척 좋아하시는 모양입니다. 존형께서 달을 마음껏 감상하실 수 있도록 전 이만 일어나겠습니다. 존형의 흥취를 방해할 수야 있겠습니까."

월하노인인 하타모토와 가신들이 다급하게 나서서 만류하며 어떻게든 사태를 수습해 보려고 했지만 타다하루는 이내 뒤도 돌아보지 않고 가버렸다.

"오늘 밤은 달이 무척 아름답군요."라는 도시쓰네의 말이 좀 촌스러웠던 것은 사실이지만, 상대는 바쿠후 대국의 군주 바로 아래의 권

마에다 도시쓰네가 동성애자이기는 했으나, 2대 쇼군 도쿠가와 히데타다의 딸을 정실로 맞이했다.

세를 지니고 있는 인물이 아니든가? 어떻게 이렇게 매몰차게 자리를 뜰 수 있단 말인가? 이 정도면 상대의 체면을 완전히 짓밟은 것이었다. 설사 경국지색을 갖춘 미인이라고 할지라도 이렇게 대담한 행동은 할 수 없을 듯했다. 하지만 이런 생각은 우리네 필부들의 생각일 뿐이다. 정작 당사자인 도시쓰네는 체면을 완전히 구겼음에도 불구하고, 타다하루에 대한 흠모의 정을 거둘 줄 몰랐고, 오히려 정이 더욱 깊어져 가슴앓이를 했다.

며칠 후 미소년 타다하루에게서 좋은 날을 잡아 감사의 뜻을 표시하기 위해 도시쓰네를 찾아오겠다는 전갈이 왔다. 도시쓰네는 펄쩍 뛰어오를 정도로 기뻐하며 곧장 연회루를 짓게 하고 석 달 전부터 그날이 오기만을 학수고대했다.

드디어 그날이 왔다. 도시쓰네는 이른 아침부터 모든 준비를 마치고 귀빈이 오기만을 기다렸다. 그런데 오전 10시쯤 되었을까. 타다하루가 사람을 보내 몸이 갑자기 불편해 약속을 지킬 수 없겠다는 전갈을 전해왔다. 도시쓰네는 화가 머리끝까지 치밀어 올라 하루 종일 이불을 덮어쓰고 긴 한숨만 푹푹 내쉬었다. 하인이 저녁상을 대령했을 때에도 "지금 밥이 넘어가겠느냐!"라고 호통치며 내쳐버렸다. 온 집안 하인과 가신들이 그야말로 찍 소리도 할 수 없는 살벌한 분위기가 감돌았다.

그런데 저녁 6시쯤 타다하루가 보낸 사자(使者)가 또 찾아와 반드시 도시쓰네의 앞에서 직접 전갈을 읽어야 한다고 고집을 부리는 것이었다. 가신들은 사자의 행색이 변변치 않고 말도 타고 오지 않은 것을 보고 신분이 비천한 사무라이가 분명하다고 생각했지만, 그렇다고 거절할 수도 없어 우선 도시쓰네에게 보고해 보겠다고 말했다. 그런데 이 소식을 들은 도시쓰네가 허겁지 겹 일어나 대문으로 한달음에 달려가는 것이 아닌가. 일개국의 지주가 어찌 대문까지 직접 나가 사자를 맞이할 수 있느냐며 가신들이 극구 만류했지만, 도시쓰네는 "상관하지 말라!"라고 호통을 치며 귓등으로도 듣지 않았다.

대문으로 나온 도시쓰네가 "사자가 어디에 있느냐?"라고 외치자, 그의 앞에 한 미소년이 나타나 이렇게 대답했다.

"여기 있습니다."

사실 이 모든 것은 도시쓰네의 마음을 떠보기 위해 타다하루가 일부러 꾸민 일이었다. 그날 밤, 도시쓰네와 타다하루가 어떤 밤을 보냈을지는 그리 어렵지 않게 상상할 수 있을 것이다.[*]

당시 사무라이 사회는 여자를 심하게 배척하고, 여자를 그저 '번식의 도구', 혹은 '신변의 안전을 지키기 위한 수단' 정도로 치부했다. 그도 그럴 것이 사무라이 사회의 법도에 따르면 혼인을 함에 있어서 추호의 개인적인 감정이 개입될 수 없었고, 아내로 인해 멸문지화를 당하는 경우가 적지 않았기 때문에 신분이 높은 사무라이일수록 더욱 여자를 믿지 않았다. 가장 대표적인 예가 바로 도쿠가와 이에야스의 장남 노부야스였다. 노부야스는 오다 노부나가의 딸인 도쿠히메(德姬)를 아내로 맞이했는데, 고부간에 사이가 좋지 않다는 이유로 오

---

[*] 이 이야기는 1614년에 출간된 『영고재담총(寧固齋談叢)』에 수록된 것이다.

다 노부나가가 내린 할복 명령에 따를 수밖에 없었다. 오다 노부나가가 노부야스에게 할복을 명령한 원인은 바로 도쿠히메가 보낸 한 통의 편지였다. 미토 코몬(水戶黃門)과 도쿠가와 이에야스가 임종을 앞두고 여자는 어느 누구도 병상에 가까이 오지 못하도록 금지했던 이유도 바로 여기에 있었다. 여자를 믿지 못했으니 자신을 위해 목숨도 내던지고 용감하게 싸워주는 맹형제(盟兄弟)에게 굳게 의지하는 것은 어찌 보면 자연스러운 일이었다. 실제로 도시쓰네가 세상을 떠나면서 그 어떤 가신과 하인도 따라 죽지 말 것을 당부했음에도 불구하고, 가신과 하인 가운데 다섯 명이 의연하게 할복을 선택했다. 바쿠후는 그 후 다섯 해가 지난 후에야 순장 풍습을 완전히 금지시켰다.

에도 후기에는 사무라이들의 경제력이 점차 약해지면서 미소년 집착증도 차차 설 자리를 잃게 되었다. 당시에는 명망 있는 귀족 사무라이만이 미소년을 곁에 두었을 뿐, 그 외에는 경제적인 제약때문에 어린 소년을 하인으로 두었다가도 15세만 되면 곧 앞머리를 깎아 장가를 들였다. 설령 준수하게 생겼다고 하더라도 앞머리를 모두 밀어버리니 미소년으로 인정받기 힘들 수밖에 없었다. 그런데 바쿠후 말기부터 메이지 시대 초기까지 또 한 차례 미소년들의 인기가 치솟았다. 메이지 시대 작가들 중 미소년에 대한 작품이나 일기를 남기지 않은 사람이 드물었다. 왜 그랬을까? 이유는 매우 간단하다. 바쿠후 말기에 바쿠후에 잘 보이려는 사람들과 메이지 시대에 신정부의 관리로 등용되고자 하는 사람들이 대부분 규슈 출신이었기 때문이다. 규슈, 그중에서도 특히 구마모토(熊本)와 가고시마(鹿兒島) 일대가 바로 일본 슈도의 발상지였다.

오시마 나기사(大島渚)가 메가폰을 잡은 『고하토(御法度)』라는 영화가 있는데, 이것이 바로 신센구미(新選組)[*] 내부의 슈도 문제를 다룬 작품으로, 시바 료타로가 쓴 『신센구미혈풍록(新選組血風錄)』에 나오는 단편소설 두 편을 결합해 만든 영화였다. 그중 오키타 소지(沖田總司)가 『우게쓰 모노가타리』(우에다 아키나리^{上田秋成}, 1776년 출판)의 「국화의 약속」에 대해 이야기하는 대목이 있는데, 이 부분은 원작에는 없는 것으로 오시마 나기사가 자신의 생각을 표출하기 위해 끼워넣은 것이 분명하다. 「국화의 약속」은 막역한 사이의 두 남자가 중양절^{**}을 함께 보내기로 약속했지만 그중 한 남자가

우에다 아키나리(上田秋成)의 『우게쓰 모노가타리』, 분에이도(文榮堂) 발행. 〈국립국회도서관 소장〉

정치적인 분규에 휘말려 구속되었고, 그 남자는 약속을 지키기 위해 스스로 목숨을 끊어 영혼이 되어 중양절에 약속 장소로 간다는 내용의 단편소설이다. 원작에는 물론 동성애와 관련된 묘사는 전혀 나오지 않지만 훗날 사람들은 이 작품을 슈도의 대표작으로 손꼽고 있으니 오시마 나기사가 영화에 이 장면을 포함시킨 것도 그리 무리는 아니다.

날 사랑하나요?

사랑한다면 날 위해 국화를 입에 물고 의연하게 할복할 수 있나요?

<hr>

[*] 바쿠후 말기의 최강 사무라이 조직.

^{**} 음력 9월 9일.

날 사랑합니까?
- 신쥬(心中)편

당신은 나에게 하늘이 갈라놓지만 않는다면 나에 대한 사랑이 영원히 끝나지 않을 것이라고 약속했습니다.

운명이 당신으로 하여금 날 만나게 한 이상, 보란 듯이 영원히 내 곁을 지키겠다고도 말했습니다.

그런데 우리 둘 다 저세상으로 가지 않았는데, 왜 서로 헤어져야 하나요? 하룻밤을 함께 하고도 서로 영원히 사랑할 수 있다면 꼭 함께 살아있어야 하는 건 아니겠지요?

하지만 죽어도 되돌릴 수 없는 것이 이미 돌아선 사람의 마음이라면 같은 무덤에 눕는다고 해서 영원히 사랑을 잡아둘 수 있을까요?

에도 시대 일본에서는 연인이 동반 자살하는 일이 아주 흔해, 신쥬 미치유키(心中道行)의 나라였다고 해도 과언이 아니다. 여기에서 '신쥬'란 바로 사랑하는 사람과 함께 목숨을 끊는 것이고, '미치유키'란 남녀가 사랑을 위해 함께 도망치는 것을 의미한다. 이승에서 백년해로할 수 없다면 함께 저세상으로 가는 편이 나을 수도 있다. 와타나베 준이치(渡邊淳一)는 『실락원(失樂園)』의 결말을 하필 연인의 동반 자살로 택했을까? 이는 사랑을 위해 죽는 것이 일본의 전통적인 사랑의 모범이었기 때문이다. 남녀 주인공이 동반 자살하지 않았다면, 아마

스즈키 하루노부의 「풍류좌포팔경 수식괘귀범(風流坐鋪八景 手拭掛歸帆)」.

도 와타나베 준이치는 독자들로부터 질책을 받았을 것이다.

'신쥬'의 본래 뜻은 '사랑을 위해 목숨을 끊다', 혹은 '자결하다'가 아니라, 바로 '마음을 연다'는 것이다. 다시 말해, 자신의 마음을 열어 상대에게 자신의 바다 같이 깊은 사랑이 죽을 때까지도 다하지 않을 것임을 증명해 보이는 것이다. 오늘날 연인들이 주고받는 사랑의 징표와 비슷하다. 가장 간단한 사랑의 징표는 서약서였다. 에도 시대에 팔던 서약서에는 제일 위에 구마노신사(熊野神社)의 고오호인(牛玉寶印 : 액막이 부적)이 찍혀있고 까마귀가 그려져 있었다. 사랑을 맹세하려는 사람은 우선 붓으로 서약 내용을 직접 쓰고, 바늘로 손가락을 찔러 붉은 피를 까마귀의 눈에 떨어뜨린 후 상대에게 주었다. 사람들은 이 까마귀가 신사의 사자(使者)이며, 이 서약을 어기면 구마노신사에 있는 까마귀가 피를 토하고 죽는데, 한 번에 세 마리가 죽고 서약을 어긴 사람도 천벌을 받는다는 전설을 믿고 있었다. 그런데 처음에는 천벌을 받는 것이 두려워 서약을 굳게 지켰지만, 아마도 구마노신사의 까마귀가 고분고분하게 '죽어주지' 않았기 때문인지, 나중에는 편법을 쓰는 사람들이 생겨나기 시작했다. 서약서를 작성할 때 교묘하게 까마귀의 눈을 비켜서 피를 떨어뜨렸던 것이다. 좀 더 고단수인 사람들은 먹물에 무언가 수작을 부려 시간이 지나면 글씨가 저절로 사라져버리도록 만들기도 했다.

사랑을 맹세하는 두 번째 방법은 머리카락을 잘라 상대방에게 주는 것이었다. 미용실에 가서 머리를 자르는 것이 극히 일상적인 일이 된 지금도 만약 머리카락을 잘라 누군가에게 준다면 역시 몇 번쯤 다시 생각해 볼 일이 아닐까? 설령 준다고 해도 상대방이 그걸 고맙게 생각할지 의문이기도 하다. 세 번째 방법은 문신이었다. 문신은 반드시 손목에 새겼는데, 문신을 하면 지우는 것이 거의 불가능하기 때문에 머리를 자르는 것보다도 맹세의 강도가 더 강했다. 그 다음은 손톱을 빼는 것이었는데, 손톱은 한 번 빼면 다시 자라기 힘들다. 만약 손톱을 빼고도 상대에게 믿음을 줄 수 없다면 과감히 손가락을 잘라 마음을 표현했다. 이 정도면 상대가 진심이라는 것을 믿지 않을 도리가 없을 듯하다. 현대 의학 기술로는 시간이 오래 지체되지 않는다면 봉합 수술로 잘린 손가락을 다시 붙일 수도 있겠지만 당시로서는 불가능한 일이었다.

하지만 위와 같은 방법은 모두 사랑을 증명하는 수단에 불과했다. 사실 이미 사랑이 식어 다른 사랑을 찾아 떠나기로 결심한다면 어떻게든 책임을 회피할 방법을 찾아낼 수 있었다. 온갖 수단을 다 동원해

도 상대의 마음을 돌릴 수 없다면 '신
쥬', 바로 동반 자살이 최후의 수단이
었다. 신쥬는 본래 슈도 가운데 사무
라이들이 연인을 따라 죽는 행위에서
온 것이었다. 이것이 훗날 요시와라로
전해졌고, 그 후 가부키교겐(歌舞伎狂
言)*과 조루리(淨琉璃)** 극작가인 지카
마쓰 몬자에몬(近松門左衛門,
1653~1724)이 「소네자키 신쥬(曾根崎心
中)」와 「신쥬 텐노아미지마(心中天網
島)」, 「신쥬 요미고신(心中宵庚申)」 등
문학사에 길이 남은 명작들을 창작하

지카마쓰 몬자에몬의 본명은 스기모리 노부모리
(杉森信盛)이며, 51세에 「소네자키 신쥬」를 창작한
후 조루리 창작에 열중했다.

면서 신쥬 풍습이 서민 계급 이성간의 사랑에까지 널리 퍼지게 되었
다. 그리고 이 풍습은 에도보다도 오사카에서 더욱 성행했다.

　사무라이 사회에서는 연인을 따라 죽는 것이 슈도의 법도 가운데
하나였다. 할복의 이유는 매우 간단했다. 대부분 주군이 세상을 떠났
다는 이유만으로 가신과 그를 따르던 미소년들은 그를 따라 자결했
던 것이다. 하지만 이성간의 사랑에서 신쥬의 원인은 자신들의 사랑
이 사회에서 용납되지 못한다거나, 경제적인 문제, 고부간의 갈등 등
여러 가지가 있었다. 사랑하는 연인과 어떤 이유 때문에 더 이상 사랑
을 이어갈 수 없을 때 다음 생의 사랑을 기약하며 마지막으로 선택하
는 길이었던 것이다.

* 노(能)교겐에 대하여 가부키극 또는 그 각본을 말함.
** 곡에 맞추어 이야기를 음송하는 일본 전통극의 한 형식.

당시 바쿠후는 신쥬 사건이 너무 많아 골머리를 앓으면서도 이를 억제할 방법을 찾지 못했다. 특히 바쿠후 중흥에 큰 공을 세운 8대 쇼군 요시무네는 신쥬를 극히 싫어해 1723년에 신쥬를 처벌하는 형법까지 공포하고, 신쥬에 관한 출판물의 출간을 전면 금지하는 한편, 신쥬로 목숨을 끊은 이들의 시신을 매장하지 못하도록 했다. 검시관들은 사건 조사를 끝낸 후 시신의 옷을 모두 벗겨 자연 부패하도록 방치해 두었다. 신쥬를 감행했다가 둘 중 하나가 요행히 살아남아도 곧 사형에 처하고 마찬가지로 시신을 매장하지 않았으며, 둘 다 자살에 실패하면 사흘간 거리에 앉아 지나가는 사람들에게 온갖 조롱과 야유를 받은 후, 최하급 신분인 천민 계급의 부락으로 추방당했다.

그런데 실오라기 하나 걸치지 않은 시신이 공짜로 볼 수 있는 좋은 구경거리가 될 줄 누가 알았을까. 강에 투신해 동반 자살한 시신이 발견될 때마다 현장은 검시원이 도착하기도 전에 인산인해를 이루고, 저마다 시신을 손가락질 하며 이러쿵저러쿵 트집을 잡아댔다. 자결한 당사자가 자신이 죽은 후 이렇게 많은 사람들에게 주목받을 줄 알았다면 아마 죽는 순간까지도 옷차림에 특별히 신경을 쓰지 않았을까 싶다. 동반 자살하는 남녀는 죽은 후에도 헤어지지 않겠다는 일념으로 허리띠를 서로 묶고 강에 뛰어들었다.

1804년 5월, 남녀 한 쌍의 시신이 에도 료고쿠(兩國)에서 강물 위로 떠올랐다. 둘은 똑같은 도라지꽃 문양의 유카타를 입고 있었는데, 남자는 그 안에 붉은 비단 속바지를 입고 바둑판 문양의 사나다(眞田) 허리띠(전국 시대 명장이었던 사나다 마사유키眞田昌幸가 발명한 편직법)를 하고 있었고, 여자는 흰 비단 속치마에 검은색 허리띠를 묶고, 머리에는 은과 대모(玳瑁)*로 장식하여 비녀까지 가지런히 꽂고 있었다. 두 사람은 또 붉은 비단으로 함께 허리를 묶고 이마에는 각자 흰천을 두르고 있었다. 외모로보나 옷차림으로 보나 상류계급이었던 이 두 사람은 뜻밖에도 어부들에게 큰 돈을벌 기회를 주었다. 이들이 발견됐다는 소문이 퍼지자 많은 사람들이 모여들었고, 강가운데 떠있는 그들을 보기위해 너도나도 배를 타려고했기 때문이다. 원래 강을 한번 건너는 데 1인당 8몬이었지만, 타겠다는 사람이 많으니 자연히 가격이 올라가 급

후쿠이시(福井市) 류센사(龍泉寺)에서 소장하고 있는 초상화. 도쿠가와 이에야스의 차남 유우키 히데야스(結城秀康)와 그를 따라 순사한 사람들의 초상화이다. 바쿠후 초기에는 주인을 위해 순사하는 일이 비일비재했으며, 바쿠후는 이를 근절하기 위해 금지령을 내렸다.

기야 50몬까지 폭등했다. 바쿠후는 45일이 지난 후에야 배를 마련해시신을 건져 올렸다고 한다. 이 이야기에서 당시 연인들이 동반 자살을 하기 전에 '수의'를 준비하는 데 꽤 신경을 썼음을 짐작할 수 있다.

에도 서민들이 의아하게 생각하는 동반 자살 사건으로 '게키(外記)와 아야키누(綾衣)의 신쥬 사건'이라는 것이 있다.

1785년 8월 14일, 쇼군 직속의 하타모토인 후지에다 게키(藤枝外記)와 요시와라 유곽의 기녀인 아야키누(綾衣)가 함께 손을 잡고 에도 근

---

* 공예품이나 장식품 따위에 귀하게 쓰이는 바다거북의 등껍질.

교의 센조쿠무라(千束村, 지금의 다이토구臺東區)의 한 농가 창고에서 죽은 채 발견되었다. 남자는 하타모토 중에서도 봉록이 4,500석(봉록 5백 석 이상의 하타모토는 쇼군을 배알할 수 있었다)인 높은 지위에 있었지만 여자는 요시와라의 기녀였으니, 에도 전체를 떠들썩하게 만들기에 충분한 사건이었다.

후지에다는 28세에 에도성 내에서 거의 다이묘와 맞먹는 대우를 받고 있었고, 아야키누는 방년 19세였다. 상식적으로 보아 후지에다의 신분과 경제력 정도면 유곽에 돈을 내고 아야키누를 첩으로 들여다 앉히는 것은 식은 죽 먹기보다 쉬웠다. 단지 바쿠후가 사무라이의 요시와라 출입을 엄격하게 금지했고, 후지에다가 데릴사위였기 때문에 목숨을 끊을 당시 집에 아야키누와 동갑인 본처와 3남 1녀가 있다는 것이 문제였다.

후지에다는 아야키누에게 마음을 빼앗긴 후 공무를 게을리 하고 여기저기에서 돈을 변통했으며, 심지어 집에 있는 값나가는 물건은 모두 가져다가 전당포에 팔았다. 이 사실을 알게 된 바쿠후는 후지에다를 야마나시현(山梨縣) 고후성(甲府城)의 경위(警衛)로 발령했다. 고후는 바쿠후의 직할지로 경범죄를 저지른 사무라이들을 근신시키기 위해 보내는 곳이었다. 만약 후지에다가 바쿠후의 명령에 복종했더라면 몇 년 후 다시 에도로 돌아왔을 것이었다. 하지만 후지에다는 도저히 아야키누와 헤어질 수도 없었고, 또 그녀를 자유의 몸으로 풀어줄 돈도 없었다. 게다가 아야키누를 마음에 둔 부유한 상인이 그녀를 첩으로 두려고 노리고 있었다. 이런 상황에서 둘이 선택할 수 있는 길은 동반 자살뿐이었던 것이다. 농가의 한 창고로 도망친 그들은 멍석을 깔고 마주앉아, 내세에는 신선이 되어 사랑을 실현하기로 다시 한

번 약속했다. 모든 준비가 끝나고, 후지에다가 검을 들어 아야키누를 내려친 후 자신도 스스로 목숨을 끊었다.

이 사건으로 바쿠후가 발칵 뒤집혔다. 하지만 후지에다(藤枝) 가문이 과거에 쇼군의 첩을 배출했고 그 첩이 후사를 이었으니, 따지고 보면 후지에다 가문이 쇼군의 외척이었기 때문에 바쿠후 내부에서도 이 사건의 처리 문제를 놓고 의견이 분분했다. 하지만 결국 윗물이 맑아야 아랫물도 맑다며 상류 계급의 죄를 엄격하게 처벌해야 한다는 주장이 힘을 얻어 후지에다 가문을 평민 계급으로 강등시키고 봉록을 몰수했으며, 후지에다의 처자와 양모를 모두 종신형에 처했다.

하지만 손바닥으로 하늘을 가릴 수는 없는 법이어서, 머지않아 이 사건의 전말이 에도 전체로 퍼져나갔고, 삼현소곡(三弦小曲)으로 만들어져 불리기도 했다.

> 임과 함께 봄밤을 보낼까
> 오천 봉록을 가질까
> 오천 봉록인들 무슨 소용이리
> 임과의 하룻밤은 천 냥 금만큼이나 귀하다네

후지에다와 아야키누의 선택이 과연 이런 찬사를 들을 만한 것이었을까, 아니면 단순히 우매한 남녀의 어리석은 행동이었을까?

날 사랑하나요?
사랑한다면 신분과 지위를 모두 버리고 나와 함께 동반 자살할 수 있나요?

색도(色道)의 시조, 요시와라 (吉原)

19세기 초, 지금의 도쿄 고라쿠엔(後樂園) 일대에 있던 고산케 미토 가문의 저택 뒤편에 한 절이 있었다. 그런데 이 절의 주지가 여색을 탐하지 말라는 금계를 어겼다는 소문이 에도 전체에 파다하게 퍼지자 당국이 승려들을 잡아다가 심문을 하기로 했다. 사실 이같은 일이 그리 드문 것은 아니었다. 특히 에도 후기에는 비일비재해 사서에 기록될만한 것도 아니었다. 그런데 이번 사건에는 특별한 점이 있었다. 이 사건의 당사자는 승려가 아니라 쇼군과 유곽의 기녀, 즉 '유죠(遊女)'였던 것이다.

당시 집권하고 있던 11대 쇼군 이에나리는 이 사건을 보고 받은 후 호기심이 발동해 심문 과정을 직접 보고 싶다고 했다. 결국 모든 관련자들이 에도성 안으로 소집되었고, 쇼군은 그들 몰래 옆방에서 심문 내용을 엿들었다. 파계승은 이미 여러 번 여자와 동침했으며, 시도 때도 없이 요시와라 유곽을 드나들며 그곳의 한 다유와 가깝게 지냈다는 사실을 자백했다. 요시와라 다유에게 환심을 살 정도라면 이 파계승도 꽤나 든든한 재력을 가지고 있었던 것 같다. 이 사건이 요시와라의 다유와도 연관됐다는 말을 듣자 쇼군의 눈이 번쩍 뜨였다(그러고도 남았을 것 같다). 심문이 끝난 후 쇼군은 그 요시와라의 다유를 불러들이라고 명했다. 그리고 이유를 이렇게 덧붙였다.

"짐이 게이세이(傾城, 유죠의 별칭)에 대한 것을 듣기만 하고 본 적이 없으니, 직접 불러다가 자세하게 물어보겠다."

정말 측은한 일이 아닐 수 없다. 일개 나라의 주인인 쇼군이 에도 서민들도 동경해 마지않는 우상을 단 한 번도 본 적이 없다니 말이다. 이에나리는 이번 기회를 틈타 다유를 만나보기로 결심했다.

이튿날 다유가 심문을 받기 위해 에도성으로 들어왔다. 심문하는 관리들이 요시와라의 유죠가 된 경위를 묻자 그녀가 대답했다.

"집안이 가난하고 양친 부모가 모두 병석에 누워계셔서서 가족들의 끼니를 해결하기 위해 몸을 팔 수 밖에 없었사옵니다."

당시 요시와라의 유죠 대부분이 이런 사연을 가지고 있었고, 관리들도 이런 사실을 익히 알고 있는 터라 별로 대수롭지 않게 넘겼다. 그런데 유독 그녀의 이 한 마디에 감동한 사람이 있었으니, 바로 쇼군인 이에나리였다. 그녀의 대답을 들은 이에나리는 가슴속에서 참을 수 없는 동정심을 느꼈다.

"이 여자의 효심이 갸륵하구나. 손님이 없으면 생계가 위협을 받겠구나. 몸을 파는 것도 이 여자의 직업이고, 유죠라는 직업을 가진 것이 무슨 죄이겠느냐. 이 여자를 후하게 대접해 돌려보내라."

역시 쇼군이었다. 동정과 연민이 느껴지는 것은 사실이었지만 그래도 함부로 정을 흘릴 수는 없는 법이었다. 그저 유죠의 직업을 인정해주고 몸을 파는 목적을 높이 평가하는 것이 그가 할 수 있는 모든 것이었다. 일시적인 충동에 손을 내민다면 사회에 큰 혼란을 야기할수도 있었다.

그런데 '유죠'와 '다유'는 어떻게 달랐을까? 간단히 말해, 유죠는 기녀이고, 다유는 오이란(花魁)*이었다. 그런데 쇼군은 왜 백문이 불여일견이라며 한낱 기녀를 성으로 불러들였을까? 그 이유를 알기 전에 먼저 이하라 사이카쿠가 「세켄무나잔요(世間胸算用)」에서 평범한 양갓집 아낙을 어떻게 비판했는지 들어보자.

> 양갓집 아낙들은 눈치가 없고, 무엇을 하든 민첩하거나 간결하지 못하며, 다소 옹졸하다. 또 편지를 쓰면 말과 다르고, 술을 마시지 못하고 노래도 부를 줄 모르며, 옷매무새가 단정하지 않고 행동이 우유부단하다. 걸음걸이가 비척거리고, 베갯머리에서도 일상적인 잡다한 이야기만 해댄다. 돈을 아끼기 위해 한 번 코를 풀 때 종이를 단 한 장밖에 쓰지 않고, 침향(沈香)**을 약재로밖에 생각하지 않으니 하는 일마다 눈살이 찌푸려진다. ―『호색일대남』의 「세켄무나잔요」 중

이 문장을 현대식으로 말하면 이렇게 바꿀 수 있다.

"마누라를 어떻게 직업 여성과 비교할 수 있을까? 남자의 심리를 제대로 알지 못하고, 늘 바가지만 긁어대고, 한 푼이라도 아끼려고 입는 것과 먹는 것에 벌벌 떤다. 글을 쓰면 도저히 봐주기가 어렵고, 술을 권하면 마실 줄 모른다고 뒤로 빼거나 필름이 끊길 때까지 마셔버린다. 노래라도 부를라 치면 돼지 멱따는 소리를 내고, 1년 365일 주구장창 흰색 티셔츠에 고무줄 바지만 입는 데다가 동작은 왜 그리 굼뜬지. 푸덕푸덕 소리를 내며 걷고, 잘 때도 대출금이 어떠네, 애 학비가 얼마네 잔소리를 해댄다. 천지가 진동하게 손으로 코를 풀고, 향수

* 고급 창기(娼妓).
** 약재이면서 향을 조제하는 주요 원료로 쓰이는 식물.

쵸분 사이에이시(鳥文齋榮之)의 「청루미인육화선선옥화선(靑樓美人六花仙扇屋花扇)」. 간세이 7년경.

보기를 독약 보듯 한다. 어휴, 이 지경으로 변할 줄 알았으면 양갓집 규수랑은 절대 결혼하지 않았을 텐데!"

그러면 다유는 어떻게 묘사되어 있는지 살펴보자.

> 손님이 오면 우선 금(琴)을 연주하고 피리를 불고 와카(和歌)를 한 곡조 멋들어지게 뽑아낸다. 차를 내오고 꽃꽂이를 하며, 시곗바늘을 맞추고 손님과 바둑을 두며, 여자 아이의 머리를 빗어준다. 고금의 그 어떤 화제로도 자연스럽게 대화를 이어가 함께 마주한 사람을 감동시킨다.

『호색일대남』은 남자 주인공이 다유를 아내로 맞이하려다가 친족들의 거센 반대에 부딪히자, 다유가 친족의 모든 부인들을 초대해 최후의 만찬을 벌였는데, 귀부인들이 오히려 다유에게 매료되어 모두 이 혼사를 쌍수 들고 찬성한다는 내용이다. 다유가 남성의 애간장을 녹이는 재주는 물론이거니와 여자들을 설득시키는 매력까지 갖추어야 했음을 짐작할 수 있다. 이 밖에도 다유에게 빠질 수 없는 조건이 바로 잠자리에서의 테크닉이었다.

에도 시대 이래로 일본인들은 작은 일이라도 반드시 '도(道)'로서 정립시키고 발전시켜야 한다고 생각했기 때문에, '선도(禪道)'와 '다도(茶道)', '화도(花道)'*, '향도(香道)'**, '극도(極道)'***, '슈도' 등 수많은 법도가 있었으니, 유곽의 기녀라고 해서 나름대로의 '도'가 없었을 리 없다. 이것이 바로 '색도(色道)'다.

* 꽃꽂이.
** 향나무를 잘게 잘라서 가느다란 향을 만들어 불에 붙여 음미하는 일.
*** 못된 짓을 하거나 방탕한 생활을 하는 것을 말함. '고쿠도'라고도 한다.'

206

도쿠가와 이에야스는 1603년 바쿠후를 세운 후 에도라는 이 신도시를 건설하는 데 전념했고, 그의 노력으로 얼마 전까지만 해도 외딴 시골 마을이었던 에도가 점차 경제도시이자 소비도시로 탈바꿈하기 시작했다. 외지인의 유입을 장려하기 위해 3대 쇼군이 1635년에 산킨코타이를 제정하고 전국 각지의 다이묘들로 하여금 처자식을 둔 채 한시(藩士)*들만 이끌고 에도로 부임하도록 했으며, 이와 동시에 갖가지 업종의 상인과 노동자가 모여들고, 수많은 신사와 절이 들어서게 되었다. 그 결과 에도는 남녀 성비에 있어서 남성이 여성보다 압도적으로 많은 도시가 되어버렸다. 장사치들이 이런 인구 비율의 특징을 그대로 간과했을 리 없어서, 교토에 있던 기원(妓院)들은 하나둘씩 에도로 옮겨오기 시작했다.

처음에는 기원이 몇 군데에 불과했지만, 이에야스가 세상을 떠난 이듬해인 1617년, 바쿠후가 홍등가를 허용하자마자 바쿠후가 공인한 요시와라 유곽이 들어서게 되었다. 바쿠후가 지정해 준 지역은 바로 지금의 도쿄 쥬오구(中央區) 닌교초(人形町) 2~3번가 일대였는데, 그때까지만 해도 이 지역은 매우 외진 곳에 속했다. 하지만 1657년에 10만 명의 사망자를 낸 대화재(메이레키明曆 화재, 후리소데 화재라고도 부른다)가 발생하자, 바쿠후는 도시를 새로 건설할 수밖에 없었고, 요시와라 유곽은 센소지(淺草寺, 아사쿠사에 있는 절) 뒤편의 농지로 이전하게 되었다. 이곳은 총면적이 기존의 1.5배인 20,767평에 달해, 이 일을 계기로 더욱 화려한 유곽으로 거듭날 수 있었다.

요시와라 유곽은 에도와 메이지, 다이쇼(大正), 쇼와(昭和), 이렇게

* 한(藩)에 소속된 사무라이.

히시카와 모로노부(菱川師宣)의 「길원지체 고도문전(吉原之體 高島門前)」. 다카시마(高島)는 기원(妓院)의 명칭.

네 시대를 거친 후, 1958년에 이르러 정부가 매춘금지령을 내린 후에
야 역사의 뒤안길로 사라졌다. 요시와라 유곽은 이미 흔적도 없이 사
라졌지만, 이곳이 일본 사치 문화의 모체이자 '색도' 의 시조임은 분
명한 사실이다.

　요시와라 유곽은 남성들에게는 세상과 단절된 도원경, 혹은 꿈을
파는 유토피아나 다름이 없었으며, 문화를 발전시키는 기반이자, 서
민들의 사교의 장으로서의 역할도 수행했다. 요시와라의 다유를 매
춘부라고 한다면 그녀들을 너무 얕잡아 매도했다는 인상을 지울 수
없다. '받은 만큼만 봉사하는' 진정한 의미의 매춘부는 바로 기원과
사창(私娼)에서 일하는 여성들이었고, 요시와라 유곽은 엄밀히 말해
'고급 자유연애 거래 장소' 라고 할 수 있었다. 현대인들도 연애할 때
몇 단계를 거친 후에야 잠자리를 함께 하지 않는가. 이 점은 당시 요

시와라에서도 마찬가지였다.

2만여 평의 유곽 안에서는 누구나 평등해서, 이른바 다이묘와 사무라이, 서민으로 이어지는 계급의식이 없었고, 사무라이들이 칼을 차고 입장하거나 가마를 타고 들어오는 것은 모두 금지되었다. 이 때문에 어떤 다이묘들은 요시와라 안에서 서민들에게 흠씬 두들겨 맞는 일도 있었다. 한 예로 센다이(仙臺) 다테(伊達) 가문의 제3대 한슈인 다테 쓰나무네(伊達綱宗)는 요시와라에 갔다가 누군가 쫓아오며 마구 때리는 바람에 영문도 모르고 한 두부점으로 도망을 갔는데, 황망한 와중에 침낭함을 떨어뜨렸다. 후에 이 침낭함의 주인이 센다이의 한슈라는 것이 밝혀져, 19세에 한슈에 올랐던 다테 쓰나무네는 결국 21세에 자리에서 물러나야 했다. 바쿠후는 요시와라의 다유에게 매료됐다는 이유로 그에게 한슈 자리에서 물러나 은거하라는 명령을 내렸던 것이다.

요시와라에서는 권력도 무용지물이었던 것 같다. 유죠들이 중요하게 생각한 조건은 '기백'과 '이키(粹)', 그리고 '돈'이었다. 돈을 가장 마지막으로 열거한 것은 물론 돈이 없으면 요시와라에서 즐길 수 없었지만, 돈이 있다고 해서 만사형통인 것은 아니었기 때문이다. 이것이 요시와라의 매력 가운데 하나이기도 하다. 소위 '이키('스이'라고도 함)'란 인정 많고, 세상일에 밝으며, 생각이 트이고, 풍류를 즐길 줄 아는 것을 의미한다. '이키'의 경지에 다다르는 것은 하루아침에 이루기는 어렵고, 부단한 노력으로 차근차근 내공을 쌓아야 한다.

요시와라의 유죠들 중에는 가난한 농가 출신만 있는 것은 아니었고, 교토 귀족 가문의 여식이나 바쿠후의 심기를 거슬러 가산을 몰수당한 다이묘 집안의 딸도 있었다. 요시와라에 전속되어 평생 동안 전

히시카와 모로노부의 「강호풍속도권 격자선(江戶風俗圖卷 格子先)」. 그림에서 무사가 삿갓과 도롱이를 뒤집어써 신분을 숨기고 있다.

국을 돌며 외모가 수려하고 신분이 귀한 여자들을 찾아오는 일을 맡은 사람들도 있었는데, 이렇게 보내진 여자들은 요시와라에서 다유로 길러졌다. 노련한 사람들은 아직 열네다섯 살밖에 되지 않은 소녀라도 다유가 될 재목인지 한눈에 알아볼 수 있었다고 한다. 다유로서의 소질이 보인다면 천금을 들여서라도 반드시 소녀를 손에 넣었는데, 그 소녀들이 나중에 크면 그보다 몇 배, 몇 십 배나 더 벌어들일 수 있는 가치가 있었기 때문이다.

유죠는 대부분 네다섯 살 때부터 유곽에서 여러 가지 교육을 받았다. 시와 글을 배우고, 악기를 연주하고 그림을 그렸으며, 노래와 춤, 다도 등은 기본 교양 과목이었다. 귀족 가문의 여자들과 다른 특이한 점이라면 잠자리에서 남자를 즐겁게 하는 기교까지 교육받았다는 점

210

이다. 뿐만 아니었다. 몸 자체가 상품이었기 때문에 어려서부터 '몸 만들기'에 온갖 노력을 쏟아 부었다. 피부에 좋지 않은 음식은 절대 입에 대지 않았으며, 목욕물에는 반드시 창포를 띄웠고, 옷도 향을 쐬어 입었다. 심지어 음부에도 사향이나 용연향*을 넣은 향낭을 끼워 넣었다. 음모라고 해서 소홀히 할 수 없어서, 늘 다듬는 것은 물론이요, 식초를 발라 부드럽고 가늘며 윤기가 흐르도록 관리했다. 본래도 뛰어난 외모에 오랫동안 후천적인 관리가 이어지니 성형을 하지 않아도 그 자태가 옥 같이 곱고, 절로 향이 날 지경이었다. 이 밖에 행동거지와 말투, 사람을 응대하는 법, 방을 들고 나는 법, 찡그린 표정, 웃는 눈매 하나 어디 흠잡을 데가 없었다. 쓰는 말도 아주 독특해서 발음과 어휘 사용이 남달랐는데, 이는 각지에서 모여든 여자들이었기 때문에 사투리나 말투를 통일시키기 위함이었다.

요시와라 유곽은 사방에 물길이 나있어 정문으로만 출입할 수 있었으며, 정문을 들어서면 좌우에 초소가 하나씩 있었다. 한쪽에는 바쿠후가 파견한 보초병이 있고, 다른 한쪽은 사무소와 비슷한 것이었다. 요시와라에 출입하는 사람들은 남자가 대부분이었지만, 유곽 밖에 사는 여자들도 볼일을 보러 들어가는 일이 잦아 그럴 때에는 모두 사무소에서 신분증명서를 받아야 했다. 들어갔다가 나오지 못하는 일이 생기는 것을 방지하기 위해서였다. 처음에는 사무라이들이 유곽의 주된 고객이고, 다이묘와 하타모토들도 단골이었다. 사무라이들은 아사쿠사에서부터 말을 타고 왔는데, 이 길은 오늘날 토부이세키센(東武伊勢崎線) 아사쿠사역 앞에 있는 우마미치도오리(馬道通)다.

* 향유고래에서 채취하는 송진 같은 향료. 사향과 비슷한 향기가 있음.

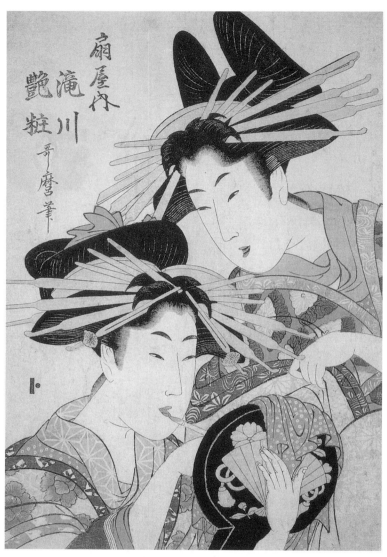

본명이 기타가와 테쓰고로(北川鐵五郎)인 제2대 기타가와 우타마로가 요시와라 요기야(扇屋)의 2대 미인
을 그린 「선옥내롱천 염장(扇屋內瀧川 艶粧)」.

바로 매년 8월 아사쿠사 삼바댄스 축제가 열리는 곳이기도 하다. 후에는 유객(遊客)들의 교통수단이 점차 가마와 쪽배로 바뀌게 되었다.

요시와라의 유죠들에게도 역시 등급이 있어서, 최고급이 '다유'였고, 그 다음은 '고시(格子)', 그리고 하급 유죠는 '하시(端)'라고 불렀다. 다유와 고시는 아무나 데리고 놀 수 있는 유죠가 아니었다. 그들 뒤에는 대부분 다이묘나 봉록이 높은 하타모토 사무라이, 혹은 유명한 상인이 버티고 있었기 때문이다. 바쿠후가 사무라이들의 유곽 출입을 금지한 것은 에도 중기 이후의 일이니, 에도 초기만 하더라도 서민들에게 있어 요시와라는 손에 잡을 엄두도 낼 수 없는 뜬구름이나 진배없었다.

처음 요시와라에 간 사람은 반드시 아게야(揚屋 : 여자를 불러다 놀던 집)에서 심사 절차를 거쳐야 했다. 요시와라의 정문으로 들어가면 좌우에 두 줄로 아게야가 쭉 늘어서 있었는데, 다유를 부르고 싶으면 유명한 아게야를 찾아가야 했다. 아게야는 오늘날의 일본식 여관과 비슷해 숙식을 제공했다. 아게야에 들어가면 먼저 술상을 내오게 하고 풍악을 울리고 무희들을 불러 한바탕 즐겼다. 그리고 나면 아게야의 주인 여자가 와서 인사를 하며 손님의 신분을 대강 파악하고, 어떤 기원의 다유를 부를 것인지 판단한 후 사람을 시켜 유죠를 불러왔다.

지명된 다유는 몸단장을 마친 후(다유는 일반적으로 분을 바르지 않아서, 화장이라고 해야 입술연지를 바르는 게 고작이었다), 기원에서 나와 아게야까지 가는 동안 예쁘장하게 생긴 어린 하녀들의 시중을 받았는데, 이 소녀들이 바로 미래의 다유 후보들이었다. 다유 앞에 앞장선 '후리소데 신조(振袖新造)'*도 역시 미래의 다유 후보였는데 어린 하녀보다 나이가 많았고, 뒤에 있는 '반토 신조(番頭新造)'는 이미 현역

『양파위언(兩巴危言)』에 있는 유녀의 등급표. 오른쪽에서 왼쪽으로 다유, 고시, 산차(散茶), 쓰보네(局)이다. 이 중 다유가 가장 고급 유녀이고, 그 다음이 고시다.

에서 물러난 퇴기로서, 다유의 곁에서 잡다한 일을 돌보아주는 일을 했다. 이 밖에도 젊은 청년 몇 명을 거느렸는데, 가장 앞에 선 청년은 등불을 들어 길을 비추고, 뒤에 있는 청년은 긴 양산을 받쳐 들었다. 아게야에서 보낸 사람과 기원의 경호원도 뒤를 따랐다. 일행은 모두 다유의 발걸음에 맞춰 유유히 기원을 나와 아게야로 향했다. '오이란 도추(花魁道中 : 무리를 거느린 기녀들의 행진)'라고 불리는 이 행렬이 지금은 몇몇 관광지에서 관광객들을 위해 연출하는 일종의 퍼레이드나 축제의 특별 프로그램으로 재연되고 있다.

아게야에 도착한 다유는 유객이 마음에 들지 않으면 한 마디 말도 없이 바로 발걸음을 돌려 가버릴 수 있었고, 인상이 괜찮으면 방으로 들어와 유객과 술을 한 잔씩 마셨다. 설령 서로 마음에 들었다고 해도 첫 만남에서 할 수 있는 것은 그것이 다다. 그럼 다유에게 이 술 한 잔을 마시게 하기 위해 유객들이 과연 얼마를 썼을까? 다른 비용은 모

* 에도 시대, 가부토(급이 높은 기녀가 부리던 10세 안팎의 소녀)를 벗어나 아직 자신의 방을 갖지 못한 상태로 후리소데를 입고 있는 어린 유녀.

히시카와 모로노부의 「강호풍속도권 아게야노 오요세(江戶風俗圖卷 揚屋の大寄)」
* 오요세(大寄) : 많은 기녀나 연예인을 한 곳에 모아놓고 유흥하는 일. 요시와라의 유객들이 아게야에 들
  어가 유녀들에게 술자리를 준비하도록 하고 있다.

두 접어두더라도 술상을 차린 비용과 악사와 무희를 부른 값, 열 명 남짓한 다유의 수행원들에게 건넨 사례비, 그리고 다유를 불러온 '화대(揚代)' – 약 한 냥 – 만 따져도 어림잡아 닷 냥에서 열 냥은 족히 되었다. 당시 한 냥이면 오늘날의 12만 엔에 해당하니, 지금 사람들도 선뜻 내놓기에 힘든 금액이 아닐까 싶다.

첫 만남에서 술을 한 잔씩 마시고 난 후, 두 번째 만남에서도 다유는 절대 젓가락을 들지 않았다. 그리고 세 번째 만남에서 다유가 유객의 전용 젓가락을 준비했다면 유객의 구애가 드디어 성공한 셈이었다. 일단 구애에 성공하면 술자리가 파한 후 유객은 호기롭게 다유를 데리고 기원으로 갈 수 있었다. 기원에 도착하면 또다시 술상이 차려

우타가와 히로시게(歌川廣重)가 그린 오이란도추의 광경. 유녀들이 기원에서 나온 후 독특한 팔자걸음으로 손님을 맞으러 아게야로 가고 있다.

졌는데, 이때에는 다유 곁에서 시중드는 하인과 기원에서 일하는 사람들이 자리에 합석했다. 유객은 술이 거나하게 취하고 배불리 먹고 난 후에야 비로소 다유의 규방(閨房)에 들어갔다. 이튿날 아침 다유는 유객과 함께 목욕을 하고 푸짐한 아침상을 차려준 후 정문까지 배웅했다. 이렇게 밤을 보내는 데 도대체 돈이 얼마나 들었을까?

어머나, 이게 무슨 장사도 아니고, 서로 좋아 사랑을 속삭이는 건데 너무 돈에 연연하면 볼 상 사납지 않아요? 뭐 정말로 내가 마음에 든다면 요와 이불이나 새로 한 채 보내주시면 고맙게 받지요. 그러자면 또 얼마가 드냐고요? 그리 비싸지 않으니 걱정 마세요. 고작 50냥밖에 안 된답니다.

유객과 다유가 정식으로 '부부'가 된 후에는 반드시 '일부일처'의 규칙을 따라야 했기 때문에 양쪽 모두 한눈을 팔 수는 없었지만, 관계를 청산하고 싶다면 아주 자연스럽게 서로 웃는 낯으로 헤어질 수는 있었다. 그러나 일단 다유에게 반해버리면 아게야에 내는 돈과 첫날밤을 위한 침구 비용만 드는 것이 아니라 수시로 크고 작은 선물을 하고, 하인이나 견습 다유에게도 섭섭하지 않게 용돈을 찔러주어야 했다. 이런 일이 과연 서민에게 가당키나 했을까?

옛말에 세상은 돌고 도는 것이라고 했던가. 요시와라 역시 인간 세상의 흥망성쇠라는 숙명을 비켜날 수는 없었다. 서민과 다유 사이에는 여전히 건널 수 없는 강이 가로놓여 있었지만, 점차 사창이 성행하면서 요시와라의 지위를 위협해 왔다. 바쿠후가 1667년에 대규모 소탕령을 내려 사창과 유나(湯女)*들을 대규모로 잡아다가 요시와라로 보냈는데, 전문 교육을 받지 않은 사창들이 요시와라의 격을 떨어뜨리기도 했지만, 반대로 요시와라의 대중화에 기여하기도 했다.

초기에 거의 우상처럼 떠받들던 다유가 한창 때는 70명이 넘기도 했는데, 100년 후에는 열 명 남짓만 남게 되었고, 150년 후에는 단 한 명만 남아 고군분투했다. 그리고 1752년에 이르러서는 결국 다유 제도가 완전히 사라지고 아게야도 모두 문을 닫고 말았다. 이때 아게야를 대신해서 나타난 것이 바로 오이란과 찻집(茶屋)이다. 다시 말해 본래 다유와 고시보다 낮은 등급이었던 '하시' 유죠들이 그보다 더 등급이 낮은 사창들이 대량 유입됨에 따라 저절로 최고급으로 상승하게 되었는데, 하시 가운데 미모와 재주를 겸비한 유죠를 바로 오이란

* 공중목욕탕의 서비스 직원, 가끔씩 몸을 파는 일도 있었다.

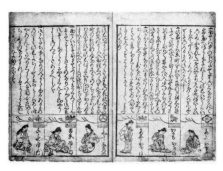

유녀의 등급과 평가가 기록된 요시와라 안내수첩 『길원
국총람(吉原局總攬)』.

이라고 했다.

이 시기에는 바쿠후가 사무라이의 요시와라 출입을 막은 지 이미 오래되었을 때이기에 서민들이 주요 고객층이었다. 오이란과 찻집의 격식은 다유 시대와 대동소이했고, 단지 절차와 비용이 줄어들었을 뿐이었다. 시중에 요시와라에서 즐기기 위한 지침서까지 등장했는데, 이 책에는 유곽의 지도와 기원의 규모, 유죠의 등급, 밤을 보내는 비용 등이 상세하게 소개되어 있었다. 1797년 이후에는 유죠의 등급이 14개로 세분화되고, 이 체계가 바쿠후 말기까지 이어졌다. 하지만 3~4천 명에 이르는 유죠 중 열에 아홉은 하급 유죠였다. 하급 유죠들은 기원 1층에 모여 유객들에게 지명되기를 기다렸는데, 유객에게 지명을 받으면 곧 유객을 데리고 위층으로 올라가 밤을 보냈다. 하룻밤을 보내는 데 드는 비용이 지금 돈으로 15,000엔이었으니, 많이 대중화된 가격이었다. 여전히 최고급인 오이란과 최하급인 유죠 사이의 화대가 무려 100배의 차이는 있었지만 등급이 14개나 있었으니, 유객들은 그날그날의 주머니 사정에 따라 유죠를 선택할 수 있었다.

유객의 수준 역시 변화가 있었다. 서민들은 다이묘, 사무라이들과는 역시 사뭇 달랐다. 다이묘와 사무라이들은 아무래도 신분이 있기 때문에 무엇을 하든 법도에 따르고 남보다 튀는 행동을 하지 않았으나, 서민들은 막무가내로 소란을 피우며 요시와라에서 '무용담'을 남기기 위해 경쟁했다.

역사적으로 유명한 에도의 양대 거상으로 기노쿠니야 분자에몬(紀伊國屋文左衛門, 약 1669~1734)과 나라야 모자에몬(奈良屋茂左衛門, ?~1714)이 있었다. 기노쿠니야 분자에몬과 나라야 모자에몬은 모두 목재 상인이자 자수성가한 사람들이었다. 기노쿠니야의 상호가 오늘날의 '기노쿠니야' 서점과 똑같기는 하지만 사실은 전혀 관련이 없다. 공통점이라면 창업자의 고향이 똑같은 기슈(紀州, 와카야마현)라는 것뿐이다. 지금의 기노쿠니야 제1대 사장은 기슈 도요토미가(家)의 최하급 무사로서, 처음 에도에서 작은 잡화점인 기노쿠니야를 개업한 후, 몇 번씩 업종을 바꾸면서도 상호는 그대로 유지했고, 제8대 사장이 1927년에 개업한 서점이 지금까지 이어지고 있는 것이다.

기노쿠니야와 나라야는 같은 시대(5대 쇼군 집권 시기)에 이름을 날린 부호이자 바쿠후의 어용상인*으로 지금으로 말하면 공공사업을 수주한 민간업체였다. 그러니 둘 사이에 자연히 공적 · 사적으로, 그리고 안팎으로 알력과 경쟁이 결코 만만치 않았다.

한 예로 어느 날 나라야가 냉 소바(메밀국수)를 요시와라의 한 다유에게 보내자 이를 안 기노쿠니야가 비웃으며 이렇게 말했다.

"소바가 아무리 좋아봤자 소바일 뿐 아닌가? 통도 정말 작군. 그래 가지고 요시와라에서 제대로 즐길 수 있겠어? 좋아, 여봐라! 요시와라에 있는 소바를 전부 사들여 모든 유쬬에게 보내라!"

그런데 기노쿠니야의 하인들이 백방으로 수소문했지만, 이상하게도 그날따라 소바를 파는 상점마다 모두 문을 닫고 임시 휴업을 하고 있는 것이었다. 심지어 요시와라에서 멀리 떨어진 소바 상점까지도

---

* 황실이나 관아에 물건을 대는 상인.

모두 문을 굳게 닫고 있었다. 알고 보니 나라야가 이미 모든 소바 상점마다 하루치 매출액을 주고 그날 하루 문을 닫도록 손을 써놓았던 것이다. 다유가 그날 먹은 소바는 말 그대로 아무리 돈이 많아도 살 수 없는 진귀한 음식이었던 셈이다(에도 시대에는 메밀국수를 먹을 때 냉 소바로 만들어 먹었다).

또 한번은 기노쿠니야와 나라야가 같은 날 요시와라의 아게야에 가서 술상을 차려놓고 눈이 쌓인 설경을 구경하고 있었다. 그런데 나라야가 유유자적하는 모습을 본 기노쿠니야는 나라야를 한번 골려주어야겠다는 생각이 번뜩 들었다. 나라야의 흥취를 단번에 보기 좋게 깨버릴 수 있는 가장 좋은 방법은 바로 바깥에 소복이 쌓인 눈을 모두 없애는 것이었다. 하지만 하인들을 시켜 삽으로 퍼내거나 물을 뿌려 녹여버린다면 아무래도 세련되지 못한 방법인 것 같았다. 쥐도 새도 모르게 눈을 없애버리라는 지시를 받은 기노쿠니야의 하인들이 서로 머리를 맞대고 꾀를 짜내기 시작했다. 그때 한 하인이 무릎을 치며 한 가지 묘안을 내놓았고, 기노쿠니야도 이 방법에 동의하며 곧장 행동으로 옮기기로 했다. 얼마 후 기노쿠니야는 천연덕스럽게 나라야가 있는 아게야의 바로 맞은편 아게야로 자리를 옮겼다. 기노쿠니야가 손짓을 하자 악사들이 일제히 북을 두드리고 징을 치며, 무희들이 나와 가무를 시작했다. 그리고는 옆에 있던 하인들이 갑자기 금화와 은화를 아래층으로 던지기 시작하는 것이 아닌가. 그러자 방금 전까지도 나라야가 한창 분위기에 젖어 즐기고 있던 설경이 삽시간에 돈을 주우려 몰려든 사람들로 인해 아수라장이 되고 말았다. 이때 던져진 금화와 은화가 3백 냥은 족히 되었다고 한다.

이 밖에도 기노쿠니야에 얽힌 재미있는 일화는 아주 많다. 그는 분

기노쿠니야 분자에몬이 요시와라에서 금과 은을 뿌리자 사람들이 앞 다투어 줍고 있다.

명 정경유착에 앞장선 악덕 상인이었고, 당시 에도 사람들은 물론 오
늘날의 몇몇 일본인들도 이 사실을 알고 있다. 하지만 사람들은 기노
쿠니야를 심하게 미워하지 않고, 오히려 그에게 어느 정도 호감을 느
끼고 있는데, 이것이 아마도 인생을 재미나게 즐기는 그의 이런 행동
이 '이키' 정신에 딱 들어맞았기 때문이 아닐까 싶다. 똑같이 천금을
써도 나라야는 혼자 즐겼지만, 기노쿠니야는 다른 사람들과 함께 즐
길 줄 알았으니, 아무래도 그를 천부적인 장난꾼으로 불러야 할 듯싶
다. 스미다 강에서 있었던 일화가 그의 이런 경향을 드러내는 가장 전
형적인 예다. 어느 해 여름날, 기노쿠니야가 스미다 강으로 바람을 쐬
러 갈 것이라는 소문이 돌았다. 그러자 사람들은 좋은 구경거리라도
만난 것처럼 너나할 것 없이 스미다 강으로 달려갔다. 아직 기노쿠니

바쿠후가 무사들의 요시와라 출입을 금지하자 요시와라의 수준이 점점 떨어져, 서민들도 그리 비싸지 않은 돈으로 요시와라를 드나들 수 있었다. 요시와라의 대문을 지나는 세 사람의 그림이다. 왼쪽에 있는 사람은 오른쪽 어깨에 문신까지 있다.

야가 도착하기도 전이었지만 스미다 강 양편에는 그를 보기 위해 몰려든 사람들이 진을 치고 있었고, 이미 배를 빌려 강으로 나가 있는 사람도 적지 않았다. 사람들이 웅성거리며 그가 오기를 기다리고 있는데, 강물 위로 옻칠을 한 술잔 몇 개가 둥둥 떠내려 오더니 삽시간에 강이 온통 술잔으로 가득차는 것이었다. 사람들이 술잔을 잡기 위해 너도나도 강으로 뛰어들어 한바탕 아수라장이 벌어졌다. 이 역시 기노쿠니야의 소행이었다. 그때 기노쿠니야는 강 상류의 나무 그늘 아래 자리를 잡고 앉아 술을 마시며 사람들이 술잔을 차지하기 위해 아웅다웅하는 모습을 시시덕거리며 구경하고 있었다.

요시와라에서 전해내려 오는 다이묘들의 이야기 중에서는 센다이 다테한의 3대 한슈인 다테 쓰나무네에 얽힌 이야기가 가장 유명하다. 다테 쓰나무네는 2대 다카오(高尾) 다유에게 한눈에 반해 무려 75킬로그램의 금괴를 내놓고 다유를 자기 첩으로 앉혔다. 75킬로그램이라는 금의 양은 다유의 체중을 근거로 한 것이었는데, 물론 진짜 체중은 아니었고 기원에서 몸값을 올리기 위해 다유에게 허리에 쇳덩이를 차고 체중을 재게 한 것이다. 그 정도 금이면 현재 가격으로 계산했을 때 약 5~7억 엔이나 된다. 그런데 요시와라에서 나온 다카오 다유가 배를 타고 다테 쓰나무네의 저택으로 향하던 중, 스미다 강에서 다유의 얼굴에 근심이 가득 찬 것을 본 다테 쓰나무네가 홧김에 칼을 휘둘러 다유를 죽였다. 이것이 세간에 전해지는 정설이다. 하지만 이 이야기는 진실이 아니다. 사실은 바쿠후가 요시와라에 출입했다는 이유로 다테 쓰나무네에게 은거하라는 명령을 내리자, 다유도 다테 쓰나무네를 따라 센다이에 정착해 77세가 될 때까지 호의호식하며 잘 살았다고 한다. 이는 다테 가문에서 주치의로 있던 의원의 딸이 훗날 『육오초지(陸奧草紙)』라는 수기에서 밝힌 내용이다. 다키자와 바킨(瀧澤馬琴)*도 『토원소설 (兎園小說)』**이라는 작품에서 이렇게 기록했다. 1대 한슈인 다테 마사무네(伊達政宗, 1567~1636)***가 세운 즈이호덴(瑞鳳殿)과 다테 쓰나무네가 세운 젠노덴(善應殿)에 다카오문(高尾門)이라는 것이 있는데, 이 문이 바로 다카오 다유가 에도에 살 때 기거하던 처소의 옆문이었다.

사족이지만, 때때로 역사적인 일화들을 찾다보면 종종 놀라운 사실을 발견하곤 한다. 나도 이 글을 쓰기 전까지만 해도 다테 쓰나무네가 스미다 강에서 다카오 다유를 죽인 것으로 굳게 믿고 있었다. 또 여러 편의 소설에서 이렇게 묘사하고 있고, 많은 사람들이 그렇게 알고 있다. 도쿄 스가모(西巢鴨) 사이호사(西方寺)에 다카오 다유의 무덤도 있지 않은가? 하지만 진실을 캐내기 위해 여러 관련 자료들을 조사하던 나는 350년 동안 비극으로 전해지던 이 이야기가 사실과 완전히 달랐다는 것을 알아내고 쓴웃음을 지을 수밖에 없었다. 그리고 쓴웃음 뒤로 에도 서민들의 신분과 계급 제도에 대한 원한이 얼마나 뿌

* 교쿠테이 바킨(1767~1848), 에도 후기의 유명한 작가.
** 당시의 문인들이 신변에서 들은 진담, 기담들을 한달에 한 번씩 모여 서로 이야기하는 '토원회(兎園會)'가 있었는데, 여기에서 나온 이야기들을 모아 책으로 만든 것이 토원소설이다.
*** 아즈치 · 모모야마 시대, 에도 초기의 무장.

리 깊었는지 새삼 이해할 수 있었다. 미담이 분명한 이야기지만, 그 미담의 주인공이 다이묘라는 이유 하나만으로, 멀쩡하게 살아 호강을 누렸던 다유를 다이묘의 손에 잔인하게 죽은 비극의 주인공으로 만들지 않았는가. 다이묘의 명예에 먹칠을 하고, 간접적으로는 신분이 비천해도 돈과 지위에 굴하지 않았던 다유를 부각시켜 또 다른 '미담'을 탄생시킨 것이었다. 종종 사람들이 만들어낸 거짓 '정설'이 다수의 힘을 등에 업고 여론이 되어 진실을 덮어버리기도 한다. 역사적 일화를 기술하는 사람들은 이 점을 반드시 경계해야 할 것이다. 이 말은 특히 나에게 해당되는 말이다.

다시 본론으로 돌아오자. 요시와라가 직설적으로 말하면 홍등가였지만, 유객들이 모두 여색을 탐하기 위해 요시와라를 드나드는 것은 아니었다. 유곽에는 달마다 이벤트가 있어서 꽃구경과 음악회, 연극 공연, 그림 전시회 등 갖가지 축제가 열려, 이것을 보기 위해 모여든 사람들도 많았다. 오늘날로 치면 예술문화센터였던 셈이다. 유객 중에는 물론 여자들도 있었다. 특히 고로모가에비(更衣日 : 계절이 바뀌어 옷을 새로이 갈아입는 날)에 요시와라를 걷다보면 첨단 유행의 옷차림과 화장법 등을 알 수 있었다. 요시와라는 또 당대 문인과 하이진*(俳人), 우키요에 화가들이 한 자리에 모이는 문예 살롱이기도 했다. 일본 최초로 원고료를 받는 직업 작가였던 산토 쿄덴(山東京傳, 1761~1816)의 첫 번째 부인 역시 요시와라의 유죠 출신이었고, 그녀와 사별한 후 새로 얻은 아내도 요시와라의 유죠였다.

메이지 시대로 들어선 후 1872년 6월 5일, 페루 국적의 한 선박이

* 하이쿠를 짓는 작가.

요코하마(橫濱)에 입항했을 때, 노예 신분의 중국인이 바다로 뛰어들어 도망을 쳤는데, 마침 부근을 지나던 영국 군함이 그를 구조했다. 영국 군대는 이 중국인의 처리를 메이지 신정부에 맡겼고, 메이지 신정부는 "노예 매매는 국제법에 어긋난다."고 판결하고 이 중국인을 노예 신분에서 풀어주었다. 그러자 이에 불만을 품은 페루는 '요시와라의 유죠는 일종의 인신매매'라는 이유로 신정부를 반격하기에 이르렀다. 당시 모든 일을 서양의 방식을 답습하던 신정부는 10월 2일에 '창기해방령'을 내려 요시와라 유곽에 있는 모든 유죠를 자유 신분으로 풀어주었다. 하지만 이것으로 요시와라 유곽이 완전히 사라진 것은 아니었다. 기원으로 하여금 영업허가증을 신청할 수 있도록 해서, 사정상 계속 손님을 받아야 하는 기녀들에게는 허가증을 발급해주었다. 본래 요시와라에 한번 발을 들여놓은 기녀는 28세가 되어야 일선에서 물러나 유곽을 떠날 수 있었지만, 해방령이 발표된 후에는 기녀들도 계약제로 일했고, 계약기간은 최장 1년이었으며, 매년 근무 조건을 바꿀 수도 있었다.

1872년 이후에는 요시와라도 일상화되었으며, 1958년이 되어서야 완전히 사라지게 되었다. 하지만 1872년 이전의 요시와라는 수많은 옛날 기록과 문학작품을 통해 지금까지도 면면히 이어지며 사람들의 향수를 자극하고 있다. 남자들은 정말 극도로 모순된 동물인가보다. 속전속결식의 연애와 원 나이트 스탠드를 추구하면서도, 한편으로는 엄격하게 격식을 차렸던 옛날 사람들의 색도철학을 동경하는 것을 보면 말이다. '말 타면 경마 잡히고 싶다'는 말처럼 남자들이 천성적으로 워낙 욕심이 많기 때문일까? 아니면 그들의 생리 구조가 그들로 하여금 한없는 욕망을 가지게 만드는 것일까?

5. 바쿠후 : 幕府

역대 쇼군들

일본의 사무라이단은 11세기 무렵에 생겼다. 본래는 영주가 외적의 침입을 막기 위해 사적으로 조직한 수호대였지만, 12세기 이후에는 귀족과 사무라이의 권세가 역전되어, 일본 역사는 7백 년이 넘는 사무라이 집권 사회로 접어들게 되었다. 그때부터 사무라이 계급은 '부케(武家)'로 불렸고, 교토에 있는 조정의 귀족들은 '구게(公家)'로 불렸다. 더욱이 도쿠가와 이에야스는 바쿠후를 설립한 후 '긴추나라비니 구게쇼핫토(禁中並公家諸法度)'를 제정했는데, 이 법률은 천황의 행동을 제한하고 행정 권력을 박탈해, 천황은 학문에만 매진하도록 하고, 조정 귀족들의 손발을 꽁꽁 묶는 내용이었다. 그 후 구게 사회는 모든 권력을 상실했고, 조정은 마치 목각 장식품과 같이 아무 쓸모도 없는 존재로 전락해버렸다. 간단히 말해 부케는 무인 귀족이고, 구게는 문인 귀족이었는데, 전자가 정권을 완전히 장악해버리자 후자는 어쩔 수 없이 학문과 예절을 연구하는 데만 몰두하게 된 것이다.

「궁중 및 귀족제법도」 천황과 귀족들의 행동 양식을 엄격하게 제한하고 규범화했다.

에도 시대는 265년간 이어지면서 총 15명의 쇼군에 의해 통치되었는데, 쇄국 정책과 태평성세로 대표되는 이 시기에 일본에서는 과연 어떤 일들이 벌어졌을까? 각 쇼군이 집권했던 시기에 일어났던 커다란 사건들을 시대 순으로 간략하게 더듬어 보자.

1대 도쿠가와 이에야스(德川家康, 1542~1616)

도쿠가와 이에야스는 바쿠후의 설립자다. 전국 시대 초기부터 중기까지만 해도 그는 강대국들 사이에서 근근이 명맥을 이어가는 약소국의 군주에 불과했고, 사람들에게 그다지 관심을 끌지도 못했다. 그런데 이런 무명의 인물이 '참을 인(忍)' 자 하나에 의지해 전란을 종결시키고, 마침내 온 나라를 통일하고 천하를 호령하게 된 것은 일본 역사를 뒤흔든 일대 사건이었다. 그가 3살 때, 어머니가 강요로 재가하면서 어머니와 이별하고, 6살 때는 정치적인 거래의 희생양으로 인질이 되었으며, 8살 때에는 아버지마저 세상을 떠나 고아가 되었다. 그 후 말년이 될 때까지 늘 다른 패권자의 그늘 밑에서 시중을 드는 미천한 신하였다. 그러던 그가 61살이 되던 해에 분연히 일어나, 일본 역사는 물론 세계사를 통 털어도 보기 드문 태평성세를 구가한 도쿠가와 바쿠후 시대를 열었던 것이다.

2003년은 에도 바쿠후 설립 400주년이 되는 해이자, 가부키극이 탄생한 지 200주년이 되는 해였다. 지금은 바쿠후도 역사 속으로 사라지고, '에도'의 지명도 '도쿄'로 바뀌었지만, 가부키만은 전통 예술의 하나로 강한 생명력을 유지하고 있다.

가부키의 창시자는 이즈모 오쿠니(出雲阿國)다. 오쿠니는 본래 시

마네현 이즈모타이샤(出雲大社)의 무용수였다. 어느 해 그녀는 신전 보수 경비를 조달하기 위해 무용 수들을 데리고 여러 곳을 돌며 공연을 하게 되었다. 아리따운 외모에다 가무에 특히 능했던 그녀는 사람들 앞에서 노래를 부르며 시마네현의 신악무(神樂舞)를 추고, 구경꾼들에게 돈을 받았다. 무용수들이 검은 승복을 입고 장단에 맞춰 아름다운 춤사위를 선보이는 모습은 사람들에게 신선한 충격을 안겨 주었다. 그렇게 입소문을 타고 그들의 공연은 연일 문전성시

가부키의 창시자 이즈모 오쿠니.

를 이루었고, 그들이 교토에 도착할 무렵에는 온 나라가 떠들썩해질 정도로 유명해졌다. 그러자 그들을 모방한 공연이 하나둘씩 생겨났다. 유곽의 기녀들이 가무단을 만들고 그들의 춤과 노래를 따라했던 것이다. 그러던 중 오쿠니는 교토 제일의 플레이보이였던 나고야산자와 운명적인 만남을 가졌다.

나고야산자는 오다 노부나가 조카의 아들로 본래 아이즈와카마스(會津若松)의 성주 가모 우지사토(蒲生氏鄕)의 시중을 드는 어린 하인이었는데, 주인이 갑자기 세상을 떠나는 바람에 유유자적하며 한량이 된 사람이었다. 그는 교토에서 삼척동자도 다 아는 유명한 미남이기도 했다. 산자가 음악에 천부적인 재능을 가지고 있다는 소문을 들

전국시대 최후의 패권자이자 에도 바쿠후의 창건자인 도쿠가와 이에야스. 〈오사카 텐슈카쿠(天守閣) 소장〉

은 오쿠니는 그를 찾아가 극단의 활로에 대한 조언을 구했고, 산자는 그녀에게 여러 가지 독창적인 아이디어를 제공해 주었는데, 이것이 오쿠니가 가부키라는 새로운 예술 장르를 창시하게 된 결정적인 계기였다. 가부키의 무용과 작곡, 반주자들의 추임새, 무대연출은 물론 중간에 삽입되는 사루와카교겐(猿若狂言)*에 이르기까지 모두 산자에게서 나온 아이디어였다. 바쿠후 정권이 설립되던 해인 1603년, 오쿠

* 짧은 희극을 말한다. '사루와카'는 가부키의 역할 중 하나로 오쿠니 가부키 시절 익살스러운 역할을 한 자의 이름에서 시작되었다.

니는 무대에서 남장을 한 채 공연을 했고, 이 공연이 대성황을 기록하며 그녀는 일약 스타덤에 올랐는데, 이것이 가부키의 시작이었다.

하지만 3대 쇼군에 이르러 여성 가부키극단 중 겉으로는 공연단을 표방하면서 실제로는 매춘을 행하는 단체들이 생겨나자, 바쿠후는 미풍양속을 해친다는 이유로 여자들이 무대에 오르는 것을 일절 금지하는 명령을 내리기에 이르렀다. 가부키는 그 후로 점차 변형되어 오늘날의 형태로 굳어졌다.

2대 도쿠가와 히데타다(德川秀忠, 1579~1632)

2대 쇼군인 도쿠가와 히데타다는 스물일곱 살의 나이로 쇼군의 자리에 올라 마흔다섯 살에 아들에게 자리를 내주고 물러났다. 도쿠가와 이에야스와 비교하면 그는 지극히 평범한 인물이었고, 무슨 일이든 아버지의 말에 완전히 순종하는 고분고분한 아들이었다. 하지만 아버지가 워낙 위대한 인물이었던지라 아버지 말에 그대로 따른 것을 크게 나무랄 수는 없을 듯하다.

히데타다의 재위 기간 중 가장 큰 일이라면 아마도 '우쓰노미야 쓰리텐죠(宇都宮吊天井, 우쓰노미야의 천장 사건)'가 아닐까 싶다. 이 사건은 이에야스가 사망한 지 7년째 되던 해에 일어났다. 그해 히데타다는 법사(法事)를 치르기 위해 닛코(日光)에 가게 되었는데, 5만 명의 하인을 대동하고 나흘 동안 이동해야 했다. 그런데 웬일인지 히데타다가 도중에 두세 명의 시종만을 데리고 에도로 서둘러 돌아왔다. 그 사연은 이렇다. 히데타다의 행렬은 도중에 우쓰노미야에 잠시 머물기로 했었다. 당시 우쓰노미야의 성주 혼다 마사즈미(本多正純)는 부친인 혼다 마사노부(本多正信)와 함께 2대에 걸쳐 이에야스에게 신임을 받는 측근 신하였다. 히데타다가 우쓰노미야에 온다는 소식을 들은 마사즈미는 귀빈을 영접하기 위해 성곽의 내부를 대대적으로 수리했는데, 뜻밖에도 그가 쇼군을 시해하려고 한다는 모함을 받게 된 것이다. 어디서 시작된 말인지는 모르겠지만 마사즈미가 귀빈실의 천장에 모종의 장치를 만들어, 쇼군이 잠자리에 든 후 천장을 무너뜨려 그를 압사시키려 한다는 소문이 파다했다.

도쿠가와 히데타다는 죽은 후 도쿄 미나토구(港區)의 조조사(增上寺)에 묻혔고, 조정에서는 이 절에 다이토쿠인도노(臺德院殿)라는 원호(院號)를 하사했다. 〈촬영 - 장밍이〉

그로부터 넉 달 후, 쇼군은 곧 마사즈미를 데와국(出羽國, 야마가타현山形縣과 아키타현秋田縣)으로 추방하고, 녹봉을 15만 석에서 5만 석으로 강등시켰다. 그런데 마사즈미가 이에 불복하자, 화가 머리끝까지 치민 히데타다는 혼다 가문을 완전히 몰락시켜버렸다. 2대에 걸친 충신이자 공신이었던 혼다 가문이 어쩌다가 하루아침에 이런 화를 입게 된 것일까? 물론 그 내막에는 여러 가지 원인이 있었겠지만, 무엇보다도 이에야스가 생전에 혼다 부자를 유독 총애했고, 또 마사즈미가 히데타다보다 열세 살밖에 많지 않았다는 것이 가장 큰 이유였을 것이다. 히데타다에게는 '위대한 부친이 생전에 총애하던 신하'라는 존재가 눈엣가시였을 수밖에 없다.

3대 도쿠가와 이에미쓰(德川家光, 1604~1651)

3대 쇼군인 이에미쓰는 바쿠후가 설립된 이듬해에 태어났다. 그는 어려서부터 말을 더듬고 체력이 약했으며, 잔병치레가 심해 자칫하면 아우들에게 쇼군의 보좌를 빼앗길 처지였다. 이런 이에미쓰가 적잖은 어려움을 극복하고 쇼군의 자리에 오르는 데 가장 큰 공을 세운 인물은 그의 유모인 가스가노쓰보네였다. 가스가가 이에야스에게 직접 간언을 올리지 않았더라면 이에미쓰는 분명 권력다툼에서 삼진아웃을 당해 퇴장당하는 신세가 되었을 것이다. 이에미쓰는 스무 살에 보좌에 오른 직후, "짐은 하늘이 정한 쇼군이다."라고 선언하고, 스물아홉 살이 되던 해에는 부친의 장례식에서 다이묘들을 앞에 놓고 "쇼군이 되기를 원하는 이가 있다면 사양하지 말고 짐에게 말하시오."라는 폭탄발언을 했다. 다이묘들이 그의 속내를 짐작하지 못해 꿀 먹은 벙어리마냥 서로 눈치만 보고 있을 때, 센다이의 한슈인 다테 마사무네가 침묵을 깨고 말했다.

"누군가 천하를 두고 다른 마음을 품고 있다면 소인이 가장 먼저 나서서 그를 토벌할 것이옵니다."

난세인 전국 시대에 전쟁터를 누비던 천하의 명장 다테 마사무네까지도 쇼군에게 이렇게 머리를 조아린 것을 보면, 당시 바쿠후의 권세가 이미 섣불리 도전할 수 없을 만큼 강력했다는 것을 미루어 짐작할 수 있다.

그런데 바쿠후의 권세가 강해질수록 천

3대 쇼군 도쿠가와 이에미쓰는 태평성세의 기반을 닦았다.

234

바쿠후의 정치 구조

3대 쇼군인 도쿠가와 이에미쓰는 에도 바쿠후의 기반을 탄탄히 다진 인물이다. 간략하게 당시의 정치 구조를 소개해 보면, 우선 쇼군 아래로 몇 명의 '다이로(大老)' 가 있었는데, 그들은 중대한 사건이 있을 때만 함께 모여 해결 방법을 논의했다. 다시 그 아래에 실질적인 정책 수행자인 '로주(老中)' 가 있어, 중요한 일이 없을 때는 다이묘는 뒤로 물러나 있고, 정책 수행과 각종 사무 처리는 물론 다이묘를 관리, 감시하는 일이 모두 로주의 차지였다. 로주를 보좌하는 직책으로 '와카도시요리(若年寄)' 가 있었는데, 그들의 주요 임무는 쇼군 직속의 무장인 '하타모토(旗本)' 와 가신인 고케닌(御家人)*을 관리하는 일이었다. 하타모토는 전쟁터에서 쇼군을 보호하는 근위병이자, 군기를 수호하는 무장이고, 고케닌은 문관이었다. 와카도시요리 아래에 또 '메쓰케(目付)' 라는 직책이 따로 있었는데, 그들 역시 하타모토와 고케닌을 감독하는 일을 담당했다.

'지샤부교(寺社奉行)' 와 '칸죠부교(勘定奉行)' , '마치부교(町奉行)' , '오오메쓰케(大目付)' 는 로주 아래의 직급이었는데, 지샤부교는 전국의 절과 신사를 관리했고, 칸죠부교는 바쿠후의 경비를 담당하는, 오늘날로 치면 경제부 장관과 비슷한 직책이었다. 또 마치부교는 서민들을 관리하는 관아로, 오늘날의 경찰국에 해당하며, 오오메쓰케는 각지의 다이묘들을 감독하고, 그들이 모반을 꾀하지 못하도록 감시했다. 지방 도시에도 다이묘를 감독하는 부교와 다이칸(代官)들이 배치되어 있었다.

도쿠가와 일족은 '신판(親藩 : 에도 시대 도쿠가와가의 가까운 친족에게 봉해진 한)' 이라고 불렸는데, 미카와(三河) 시대 이래로 가신이었던 다이묘만 '후다이(譜代)' 라고 불렀고, 다른 다이묘들은 모두 '도자마(外樣)' 라고 했다. 바쿠후는 오오메쓰케를 두어 다이묘들을 견제하는 것으로도 모자라, 그들의 경제력이 막강해지는 것을 막기 위해 시시때때로 에도성이나 나고야성에 대한 건축 사업을 수행하도록 하거나, 하천에 제방을 쌓는 등 대형 토목 사업을 일임하곤 했다. 또한 수시로 다이묘들의 영지를 바꾸었는데, 이는 다이묘와 현지 서민들 사이에 신뢰관계가 구축되거나 다이묘들끼리 결탁하는 것을 막기 위한 방책이었다. 산킨코타이 제도를 실시한 목적은 다이묘들로 하여금 거액을 사용하도록 해서, 경제력을 약화시키는 것이었지만, 그 외에 훗날 메이지 유신이 일어날 수 있는 조건을 배태시키는 반작용을 불러오기도 했다.

도쿠가와 바쿠후 가문의
문양인 도쿠가와 해바라기.

---

* 에도 시대 쇼군 직속의 가신으로 쇼군을 직접 알현할 수 있는 고급 무사.

황의 세력은 위축될 수밖에 없었다. 당시 천황의 한해 황실 경비가 2만 석에 불과했고, 태상황(太上皇)도 이에미쓰 대에 이르러서야 ○○○ 황실 경비가 7천 석에서 1만 석으로 늘어났다. 구게 가운데 가장 높은 계급의 녹봉이 겨우 2,800석이었으며, 절반 이상의 구게가 한해에 2~3백 석의 녹봉으로 만족해야 했다. 당시 1석이면 대략 1냥이었고, 1냥이면 오늘날의 시세로 약 12만 엔이니, 1백 석이면 2,400만 엔 정도 된다. 요즘 수준으로 따져 연봉이 2~3천만 엔이니 그래도 고소득층이라고 할 수 있겠다. 하지만 당시 녹봉이 2~3백 석이라 해도 그대로 쌀을 2~3백 석을 받는 것이 아니고, 대부분 실제 수령액은 녹봉의 40%밖에 되지 않았다. 녹봉이 3백 석이라도 실제 받는 쌀은 120석, 즉 지금의 1,500만 엔이었던 것이다. 뿐만 아니다. 그래도 명색이 조정의 귀족인지라 저택과 하인의 규모가 지금 사람들처럼 방 몇 개에 거실 몇 개로 해결되는 것이 아니었고, 또 귀족 사회 나름대로의 사교 방식이 있어서 품위 유지비도 수월찮게 들어야 했기 때문에, 실제 생활은 극히 곤궁했다. 대부분의 구게들이 딸을 다이묘에게 시집보내기 위해 애썼고, 그도 여의치 않으면 집안 대대로 내려오던 기예나 가도(花道)*, 와카(和歌), 서예 등을 가르쳐 생활비를 충당해야 했다.

4대 도쿠가와 이에쓰나(德川家綱, 1641~1680)

이에쓰나는 열한 살에 쇼군으로 즉위했기 때문에 실질적인 통치권은 바쿠후의 고위 관리들이 가지고 있었다. 이에쓰나가 열여섯 살 되

---

* 꽃꽂이.

기슈 도쿠가와가에서 전해 내려오고 있는 「메이레키 대화재」(일부). 소방대원들의 구조 활동을 묘사하고 있다. 큰불이 확산되는 것을 막기 위해 불이 옮겨 붙지 않은 가옥을 부수어 빈 공간을 만들고 있다.

던 해, 에도에 '메이레키 화재'가 발생했다. 이 화재는 '후리소데 화재'라고도 불리는데, 이 대화재로 다이묘의 저택 5백여 채와 하타모토의 저택과 사무라이 조직의 저택 7백여 채, 절 3백여 개와 시장 4백여 곳이 모두 재가 되고, 10만 명이 넘는 사망자가 발생했다. 당시 에도의 인구가 약 80만 명이었으니, 여덟 명 중 한 명이 화재로 목숨을 잃은 셈이었고 2,574헥타르의 면적이 불길에 휩싸였다.

에도성 안으로 불길이 번졌을 때, 마침 침소에서 자고 있던 이에쓰나는 가까스로 니노마루(二之丸 : 본성 바깥쪽을 둘러싸고 있는 성곽)로 피신할 수 있었다. 하지만 후궁의 상황은 말할 수 없이 혼란스러웠다. 여관(女官)들은 그래도 침착하게 대피했지만, 쇼군의 첩실들은 혼비

백산하여 1만 평에 달하는 성안에서 이리저리 뛰어다녔다. 이때 혼마루(本丸 : 본성, 주성)에 남아서 진화 작업을 지휘하던 로주는 마쓰다이라 노부쓰나(松平信綱)였다. 머리 회전이 빠르고 꾀가 많기로 유명했던 그는 순간적으로 기지를 발휘해, 성안의 모든 다타미를 가져다가 후궁에서 서쪽 성곽까지 죽 이어놓도록 했다. 다타미로 피신로를 표시했던 것이다. 방향 감각을 잃고 혼란에 빠져있던 여자들이 그 덕분에 겨우 밖으로 피신할 수 있었다. 화마가 휩쓸고 지나간 후, 바쿠후는 에도에 머물러있던 다이묘들을 반강제적으로 잠시 고향으로 돌려보낸 후 에도성 재건에 착수했다.

5대 도쿠가와 쓰나요시(德川綱吉, 1646~1709)

쓰나요시는 이에쓰나의 아우이자, 3대 쇼군 이에미쓰의 넷째 아들로, 서른 다섯 살에 쇼군의 보좌에 올랐다. 이에미쓰에게는 네 명의

아들이 있었는데, 모두 첩에게서 태어난 서자였다. 그중 차남과 삼남은 일찍 죽고, 장남인 이에쓰나에게 후사가 없어 그가 쇼군의 후계자가 된 것이었다. 쓰나요시는 역사적으로 매우 유명한 인물이다. 즉위 초기에는 탐관오리들을 과감하게 처벌하고, 낡은 구습을 대대적으로 개혁하는 한편, 잘못된 관행을 바로잡고, 비리를 저지른 다이묘들은 예외 없이 관직을 박탈했다. 그의 이런 개혁은 역대 쇼군 가운데 최고의 선정(善政)

도쿠가와 쓰나요시는 개를 매우 사랑해 서민들은 그를 몰래 '개 쇼군'이라고 불렀다.

238

으로 평가되고 있다. 그런데 외아들이 일찍 세상을 떠나고, 남아있던 무남독녀마저 병으로 사망하면서 불행이 시작되었다. 그후 적지 않은 첩실을 두었지만 아무도 회임을 하지 못하자, 쓰나요시는 생모의 제안을 받아들여 '생물린애령'이라는 법령을 공포했다. 생물린애령은 처음에는 병이 난 소나 말을 함부로 내다버리거나 개와 고양이를 학대하지 못하

도쿠가와 쓰나요시가 직접 쓴 글. "잘못이 있다면 고치기를 꺼려하지 말라"는 뜻이다. '동물린애령'을 내렸던 그의 실제 행적에 비추어 보면 '과유불급(過猶不及)', 즉 '지나침은 미치지 못함과 같다'는 것이 바로 이런 경우를 두고 하는 말인 듯하다.

도록 금지하는 법령일 뿐이었지만, 그 후 22년간 점차 확대되더니 결국에는 파리와 모기까지도 살생금지 대상에 포함시키는, 그야말로 웃지 못할 일이 일어나고 말았다. 이런 말도 안 되는 일의 발단은 바로 무지몽매한 쓰나요시의 생모였다. 왜 하필 쓰나요시의 효심은 그렇게도 극진했던 것일까. 결국 도를 넘어선 효심 때문에 그는 청사에 길이 남을 수 있는 성군(聖君)에서 악명이 자자한 폭군으로 변해버렸다. 이런 상황에서 유일하게 쇼군에게 과감히 직언했던 사람은 '고산케'이자 쇼군의 숙부였던 미토 코몬(도쿠가와 미쓰쿠니)이었다. 하지만 미토 코몬은 이 일로 결국 실각하고 은거하는 신세가 되었다.

쓰나요시는 말년에 요츠야(四谷)와 오쿠보(大久保), 나카노(中野)에 '어견(御犬) 사육장'을 설치했는데, 나카노에 있는 사육장의 면적만 해도 16만 평이고, 한해에 개를 사육하는 데 드는 사료비만 3,600냥에

정토종(淨土宗)의 대본산인 조조사. 경내에 도쿠가와 히데타다와 도쿠가와 이에노부, 도쿠가와 이에쓰구, 도쿠가와 이에시게, 도쿠가와 이에요시, 도쿠가와 이에모치 등 쇼군 6명이 안장되어 있는 도쿠가와가의 영묘가 있다. 〈촬영 - 장밍이〉

달했다고 한다. 쓰나요시의 재위 기간 동안에는 야오야 오히치의 방화 사건, 후지산(富士山)의 화산 폭발, 다카다노바바(高田馬場) 결투 사건 등 유독 많은 일들이 있었지만, 후대까지 널리 회자되며 일본인들의 낭만적 감성을 자극하는 이야기를 들자면 역시 '주신 구라'를 빼놓을 수 없다. 이 이야기는 뒤에서 따로 하도록 하겠다.

6대 도쿠가와 이에노부(德川家宣, 1662~1712)

6대 쇼군 이에노부는 5대 쇼군 쓰나요시의 조카다. 숙부가 "생물린애령을 1백 년 동안 유지시키라."는 유언을 남겼음에도 불구하고, 그는 쇼군으로 즉위하자마자 이를 폐지하고, 살생했다는 죄목으로 억

240

울하게 옥살이를 하던 서민과 사무라이를 모두 석방했으며, 이른바 '살생업종'에 종사하던 생선과 스시를 파는 상인들을 생업에 복귀시켰다. 그러나 그는 즉위한 지 단 4년 만에 세상을 떠났다.

7대 도쿠가와 이에쓰구(德川家繼, 1709~1716)

이에쓰구는 이에노부의 셋째 아들인데, 두 형이 차례로 요절하는 바람에 갓 네 살이 되던 해에 쇼군으로 즉위해 일곱 살에 병사했다. 그런데 이 짧은 재위 기간에 전국을 뒤흔든 '에지마(繪島)*와 이쿠시마(生島) 추문'이 발생했다. 이 사건은 1714년 1월 12일에 일어났다. 이날 '오오쿠(大奧)**'의 최고 궁녀인 에지마가 1백여 명의 궁녀들을 데리고 조죠사(增上寺)***에 가서 쇼군의 생모인 겟코인(月光院)을 대신해 6대 쇼군인 이에노부를 위한 법회를 거행했다.

금남의 구역인 후궁에는 약 1천 명의 여인들이 기거했는데, 겟코인은 이에노부의 첩실이었지만 쇼군의 생모라는 이유로 오오쿠의 실세를 쥐고 있었고, 겟코인을 바로 곁에서 시중드는 궁녀가 바로 에지마였다. 오오쿠의 최고의 여관이라면 권력이 대단해서, 쇼군 측근의 대신과도 어깨를 나란히 할 정도였다. 에지마의 당시 봉록은 6백 석이었고, 1천 명의 여관과 하녀들을 관리하고 있었다. 하급 궁녀들은 자기 마음대로 그만둘 수 있었지만, 최고 지위의 여관은 보통 종신직이기 때문에, 관직에서 물러나거나 혼인을 할 수 없었다. 그러므로 서른

* 겟코인을 곁에서 시중들던, 오오쿠에서 최고 지위의 궁녀.
** 쇼군의 부인인 미다이도코로와 측실의 주거. 남자는 들어가는 것이 금지되었다.
*** 도쿄 미나토구(港區) 시바(芝) 공원에 있는 정토종의 대본산.

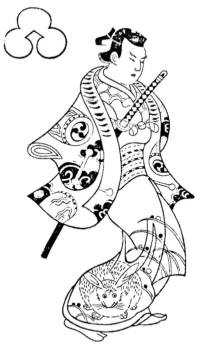

초대 도리이 기요노부가 그린 이쿠시마 신고로 「풍류사방병풍(風流四方屏風)」. 겐로쿠(元祿) 13년에 간행. 사건 이후 이쿠시마는 미야케지마(三宅島)로 유배되어 쓸쓸히 생을 마쳤다.

세 살이던 에지마에게 주인을 대신해 성밖에 나가는 일은 '자유의 공기를 호흡할 수 있는' 절호의 기회였다. 법사를 무사히 끝마친 후, 한 상인이 에지마를 가부키 공연에 초대했는데, 당시 가장 인기 있던 가부키 배우인 이쿠시마 신고로(生島新五郎)가 나오는 공연이었다. 귀빈이 공연을 관람하러 왔으니, 극단의 단장과 배우들도 긴장을 늦출 수 없었다. 그들은 순서대로 에지마에게 술잔을 올리고 공연을 선보이며, 그녀로 하여금 유쾌한 오후를 보낼 수 있도록 해주었다.

그러나 후궁의 문이 닫히는 시간이 여섯 시였으므로 에지마는 공연이 끝나기 전에 극장을 나왔다. 그런데 후궁 앞에 도착해 보니 궁궐 문이 이미 굳게 닫힌 것이 아닌가. 그녀를 수행하던 궁녀들이 수문장에게 그녀의 신분을 알렸지만, 수문장은 여전히 단호한 태도로 문을 열어주지 않았다. 지금까지 한 번도 이런 일이 없었기에 불길한 예감이 에지마의 뇌리를 스쳤다. 하지만 이제 와서 어쩔 도리도 없었다. 결국 그녀의 예감대로 사건은 일파만파로 커지고 말았다.

그해 3월 무려 1,500명이 바쿠후에 의해 처벌을 받았는데, 이들 모두가 에지마와 관련된 사람들이었다. 후궁의 어용상인과 의원, 에지마의 우키요에 화가 등이 모두 무인도로 유배를 가야했고, 가부키 극단의 관계자들 역시 처벌을 피해갈 수 없었다. 에지마도 이쿠시마 신고로와 정을 통하고 상인에게 뇌물을 받았다 하여 나가노현(長野縣)으로 귀양 보내졌는데, 불쌍한 에지마는 유배지에 갇혀 외롭고 적막한 생활을 하다가 61세의 나이로 쓸쓸히 생을 마감했다.

이 사건은 사실 이에노부의 정실인 텐에이인(天英院)과 도쿠가와 가문의 신하가 결탁해서 꾸민 일이었다. 텐에이인은 조정 간파쿠(關白 : 천황의 측근 대신)의 여식이었는데, 그의 조모가 108대 천황의 딸로, 역대 쇼군의 부인들 가운데 가장 고귀한 혈통을 가진 여자였다. 반면 겟코인은 서민 계급의 한 의원의 여식으로, 이에노부의 다섯 명의 처첩 가운데 출신이 가장 보잘 것 없었다. 비천한 출신의 여자가 아들을 낳고, 그 아들이 쇼군이 되었다는 이유만으로 오오쿠의 실세가 되었으니 텐에이인의 심사가 뒤틀렸던 것도 무리는 아닌 듯하다. 텐에이인에게 겟코인은 같은 하늘을 이고 살 수 없는 천하의 원수이자, 연적이었다. 하지만 겟코인이 엄연한 쇼군의 생모이니 아무리 밉다고 해도 직접적으로 겟코인을 모해할 수는 없었기 때문에, 에지마가 애꿎은 희생양이 된 것이다. 또 에지마의 직무태만만을 걸고넘어지자니 죄가 너무 가벼운 감이 있어, 뇌물죄까지 함께 뒤집어씌운 것이다. 결국 텐에이인은 이 일을 계기로 오오쿠의 실권을 다시 손에 넣고, 바쿠후를 쥐락펴락할 수 있게 되었다. 심지어 8대 쇼군인 요시무네도 그녀가 지목한 것이다. 훗날 요시무네는 이 사건에 연루돼 하옥되거나 유배 보내진 사람들에게 특별사면 조치를 내렸지만, 유독 에지마만은 석방되지 못했다.

8대 도쿠가와 요시무네(德川吉宗, 1684~1751)

요시무네는 바쿠후 중흥의 시조로 불린다. 그가 쇼군의 보좌에 오르기까지는 숱한 음모와 보이지 않는 다툼이 난무했다. 막강한 실세를 지닌 텐에이인이 그를 든든하게 지지해주기는 했지만, 쇼군 후계자 선출 방식이 그리 간단한 것은 아니었다. 3대 쇼군인 이에미쓰의 직계 혈통이 이에쓰구에서 끝나자, 방계 혈통인 고산케에서 후계자를 선발해야 했고, 고산케의 서열은 오와리(이에야스의 아홉 번째 아들), 기이(이에야스의 열 번째 아들), 미토(이에야스의 열한 번째 아들) 순이었다. 그런데 오와리 가문의 한슈가 1713년에 향년 스물다섯으로 갑자기 피를 토하며 병사하고, 석 달 후에는 한슈의 유일한 세 살배기 아들마저 돌연 병사했다. 도쿠가와 오와리 가문의 직계 혈통도 모두 끊겼으니, 누구를 후계자로 삼을 것인가를 둘러싸고 바쿠후에 한바탕 폭풍우가 몰아닥쳤다. 그런데 한 가지 주목할 만한 사실이 있다. 1713년 이에쓰구가 취임한 바로 이듬해에도 이 어린 쇼군이 오래 살 것이라고 예상하는 사람이 없었기에 이미 후계자 후보를 놓고 의론이 분분했었다.

그런데 우연인지 필연인지 몰라도, 요시무네의 맏형인 기이 가문의 한슈가 1705년에 세상을 떠나고 두 번째 후계자 역시 머지않아 사망해, 본래 녹봉 3만 석의 한슈였던 넷째 아들 요시무네가 일약 기이 가문의 한슈로 올라서게 되었다. 뒤이어 오와리 가문의 대가 끊기니, 요시무네는 어부지리로 쇼군의 보좌를 차지할 수 있었다. 후계자의 물망에 올랐던 주요 후보들이 잇따라 사망한 것이 정말 순전히 우연이었다면, 요시무네는 운이 억세게 좋은 인물이 아닌가.

대만에서도 인기리에 방영된 사극 「아바렌보쇼군(暴れん坊將軍)」. 도쿠가와 요시무네의 이야기를 담고 있다. 사진은 11회 중 한 장면(2001년).

요시무네는 매우 훌륭한 쇼군이었다. 지금도 TV 사극이나 영화로 제작되어 인기를 끌고 있는 역사극『아바렌보쇼군』이 바로 그를 주인 공으로 한 작품이다. 요시무네는 장남이 아니었기 때문에 어려서부터 상대적으로 덜 엄격한 교육을 받은 데다가 유년 시절의 오다 노부나가와 성격이 비슷한, 한마디로 자유분방한 인물이었다. 그때까지 역대 쇼군들은 모두 사서오경을 탐독하던 유약한 서생 타입이었지만, 요시무네는 유달리 자연과학에 깊은 흥미를 가지고 있었다. 그는 에도성 정원에 나무통을 가져다놓고 직접 강우량을 측정하기도 하고, 출타할 때는 항상 지도를 가지고 다니며 지도를 따라 이동했고, 또 동물을 매우 사랑했다. 너무 검소하다는 것이 유일한 단점이라면 단점이었지만, 그런 검소함 덕분에 바쿠후의 재정 상황이 크게 호전될 수 있었다.

요시무네가 선정을 베풀어 나라를 태평성세로 이끄는 데 가장 큰 공을 세운 사람은 오오카 다다스케다. TV 사극에 등장하는 에도의 명판관, 오오카 에치젠이 바로 그다. 이 명판관은 지금도 '미토 코몬'과 대적할 수 있을 정도로 높은 인기를 누리고 있으며, 『아바렌보쇼군』에서 없어서는 안 될 주요 인물이기도 하다. 하지만 TV 사극의 내용은 대부분 후대 사람들이 창작하거나 중국의 명판관 포청천의 일화를 각색해서 끼워 넣은 것이고, 오오카 에치젠의 실제 공적은 이로하 47조 소방대(이로하는 옛날 가나의 편제 방식이며, 여기에서는 소방대의 조 편성 순서를 의미한다)를 조직하고, 공공 의료기관인 고이시카와요양소(小石川養生所)를 설립한 것이다. 그가 했던 행동은 모두 일반 백성들을 위한 일이었기에, 사람은 이미 오래 전에 죽었지만 그 이름은 3백 년이 지난 지금까지도 이어져 내려와 칭송 받고 있다.

9대 도쿠가와 이에시게(德川家重, 1711~1761)

위대한 성군 요시무네는 슬하에 아들 셋을 두었는데, 셋째 아들은 돌도 되기 전에 죽었고, 문무를 겸비한 차남이 쇼군 후계자로 가장 유력한 인물이었다. 그런데 요시무네에게 후계자로 낙점된 이는 뜻밖에도 언어 장애를 가지고 있던 장남 이에시게였다. 당시 이에시게의 언어 장애가 너무 심해, 그의 말을 알아들을 수 있는 유일한 사람은 그보다 나이가 두 살 많고, 열네 살 때부터 곁에서 시중 들어온 오오카 다다미쓰였다. 오오카 다다미쓰는 쇼군의 통역자였던 셈이다. 이런 불안한 집정 방식에는 여러 가지 폐해가 따라올 수밖에 없었다. 그러자 자신이 죽은 후 혼란이 일어날 것을 염려한 다다미쓰가 임종을 앞두고 이에시게에게 쇼군의 자리를 스스로 내놓을 것을 간곡히 청했고, 이에시게도 심복의 충고를 받아들여, 다다미쓰가 세상을 떠난 이듬해에 쇼군의 자리에서 물러났다. 이 쇼군은 재위 기간 동안 별다른 공적이나 큰 사건이 없었기 때문에 길게 논하지 않겠다.

10대 도쿠가와 이에하루(德川家治, 1737~1786)

이에하루는 비운의 쇼군이었다. 그는 열두 살 되던 해에 생모를 여의고, 열네 살에 조부와 사별했으며, 스무 살에는 갓 돌 지난 장녀를 병으로 잃었다. 또 스물네 살에는 부친이 작고하고, 스물여섯 살에는 돌배기 차남이 죽었으며, 서른네 살에는 부인이 사망했다. 이것으로 끝이 아니었다. 서른여섯 살에는 열두 살 된 차녀가 병사하고, 마흔두 살이 되던 해에는 열아홉 살이던 장남이 갑자기 독살 당했다. 그리고 그로부터 7년 뒤, 끊이지 않는 불운에 시달리던 이에하루도 결국 고독한 생을 마감했다.

요시무네는 생전에 자신의 직계 혈통이 쇼군직을 계승할 수 있도록 하기 위해 '고산쿄'를 세웠다. 고산쿄는 다야스가(요시무네의 차남)와 히토스바시가(요시무네의 사남), 그리고 시미즈가(이에시게의 차남)였는데, 혈통으로 따지자면 모두 도쿠가와 이에야스의 증손과 현손이었다. 11대 쇼군이 바로 히토스바시가의 장남이었다.

11대 도쿠가와 이에나리(德川家齊, 1773~1841)

이에나리는 고산쿄 히토스바시가의 장남으로 열다섯 살에 쇼군으로 즉위했다. 이에나리는 처첩을 40명이나 거느려, 정력이 왕성하기

도쿠가와 이에나리는 처첩을 무려 40명이나 거느리고 있었으니, 도쿠가와 집안 제일의 '카사노바'였다고 할 만하다.

괴도 네즈미코조의 묘. 비석에 '속명 나카무라 지로키치(中村次郎吉)'라고 새겨져 있다.

로 치자면 역대 쇼군 가운데 최고였다. 천하의 도쿠가와 이에야스(처첩이 21명이었다)도 그보다는 한 수 아래다. 그는 슬하에 55명의 자식을 두었지만, 그의 슬하에서 성년을 맞이한 자식은 25명뿐이었다. 이 시기에 이르러 바쿠후는 이미 재정이 바닥나 이렇게 많은 쇼군의 식솔들을 부양하기 힘들어 다이묘들에게 양자나 첩으로 억지로 보낼 수밖에 없었기 때문이다. 다른 한슈들도 대부분 적자 상황에서 근근이 생계를 이어가고 있었던 것을 감안하면, 그들 역시 '신분 상승'을 위해 어쩔 수 없이 쇼군의 자제를 양자나 첩으로 맞이했을 것으로 짐작된다.

이에나리의 재위 기간 중에 발생한 가장 유명한 사건은 '괴도 네즈미코조(鼠小僧)*사건'이다. 이 괴도의 본명은 지로키치(次郎吉)였는데, 장장 10년 동안 다이묘의 저택 19곳을 털어, 총 3,200냥을 도둑질했다. 그가 자백한 것만도 122회에 달한다고 하니, 두세 번 연거푸 그의 방문을 받았던 다이묘들도 적지 않았던 것 같

* 쥐처럼 몰래 재빠르게 도둑질을 해서 붙여진 별명이다.

다. 하지만 서민들에게는 지로키치가 의적이자 영웅이었다. 그가 비록 간 큰 도둑이기는 했지만 단 한 번도 사람을 해친 적이 없고, 또 늘 다이묘들의 대저택만을 절도 대상으로 삼았기 때문이다. 한번은 한 다이묘의 저택에 몰래 들어갔는데, 때마침 다이묘가 노극(能劇)*을 관람하고 있었고, 그는 그 사이에 쥐도 새도 모르게 도둑질을 마친 후, 무대 위에 "네즈미코조도 노극을 보고 갑니다."라는 종이쪽지까지 남기는 대담성을 보였다고 한다. 또 어떤 다이묘는 아침에 일어나보니 창문에 누군가 손가락으로 여러 개의 구멍을 뚫어놓은 흔적이 있었는데, 그 구멍들을 모두 조합해 보니 쥐의 모습이 되었다는 이야기도 있다.

 네즈미코조가 체포된 후, 그의 감옥으로 매일 같이 수많은 선물이 전해졌고, 다키자와 바킨(瀧澤馬琴)**의 기록에 따르면, 그가 처형되던 날 수많은 사람들이 그가 수감된 고덴마쵸(小傳馬町)의 감옥(지금의 짓시+思 공원)으로 몰려왔다고 한다. 그 수가 감옥에서부터 교바시(京橋)까지 약 2킬로미터에 걸쳐 길 양편으로 발 디딜 틈 없는 인산인해를 이루었다고 한다. 도쿄 스미다구(墨田區) 에코인(回向院)에 네즈미코조의 무덤이 있는데, 요즘도 매년 대입 시험이 다가올 때면 그의 묘비를 조금 떼어다가 호신부로 삼으려는 수험생들의 발길이 이어진다. 네즈미코조처럼 순조롭게 '관문'을 통과할 수 있기를 기원하는 것이다.

* 일본의 대표적인 가면음악극.
** 에도의 유명한 작가.

12대 도쿠가와 이에요시(德川家慶, 1793~1853)

이에요시는 이에나리의 차남으로, 장남이 일찍 세상을 떠나자 그가 쇼군으로 즉위했다. 하지만 이에나리가 자리에서 물러난 후에도 실권을 놓지 않고 수렴청정을 했기 때문에, 이에요시는 사실 허울뿐인 쇼군이었다.

당시 에도에는 이른바 '도세닌(渡世人)'들이 나타나기 시작했다. 그들은 단도직입적으로 말하면 '노름꾼'이었고, 오늘날 일본 야쿠자의 전신이기도 하다. 도세닌은 대부분 천재지변으로 농토를 잃은 농민이나 품행이 좋지 않아 부모로부터 버림 받은 건달들이었다. 이들의 본거지는 대부분 고즈케국(上野國, 군마현)이었는데, 이곳은 방직과 양잠을 주로 했기 때문에 현금 유동량이 비교적 많고, 또 방직과 양잠의 특성상 여성들이 주로 일하고, 남자들은 할 일 없이 빈둥거리다가 도박장을 차리곤 했기 때문이다. 7백 명을 거느린 구니사다 쥬지(國定忠治 : 에도 후기의 협객)와 3천 명을 거느린 오마에다 에이고로(大前田英五郎) 등 대규모 조직의 우두머리도 모두 고즈케국 출신이었다.

바쿠후 말기의 협객 시미즈 지로쵸. 메이지유신 후 부하들과 함께 시즈오카현 개발을 위해 노력해 세인들로부터 존경을 받았다.

초기에는 도세닌들도 협객과 별 차이가 없었다. 구니사다 쥬지는 길에서 땀 흘려 일하는 서민을 만나면 삿갓이나 두건을 벗고 공손하게 인사를 했고, 자신은 성실한 사람이 아니기 때문에 양말을 신을 자격이 없다며 평생 양말을 신지 않고 맨발에 짚신을 신었다고 한다. 고

250

즈케국 도세닌의 우두머리격인 오마에다 에이고로도 자신의 세력 범위 내에서도 절대 가마를 타지 않았는데, 이 역시 스스로 가마를 탈 자격이 없다며 정한 계율이었다. 일반적으로 지위가 높은 우두머리일수록 성실히 일하는 농민들 앞에서 더욱 공손하게 행동하고, 무슨 일이 있어 그들과 상의할 때면 절대로 동등하게 앉지 않고, 문밖에서 꿇어앉아 이야기를 했다고 한다. 나중에 두각을 나타낸 스루가국(駿河國, 시즈오카현)의 우두머리 시미즈 지로쵸(淸水次郎長)도 이 점에 있어서는 예외가 아니었다. 그들이 당시 서민은 물론 지금까지도 칭송받는 데는 다 이유가 있는 것이다.

13대 도쿠가와 이에사다(德川家定, 1824~1858)

이에사다의 재위 기간은 단 5년에 불과했다. 그는 어려서부터 몸이 허약하고 행동거지나 말투가 여성스러운 데다가, 요리하는 것을 즐겼다고 한다. 특히 군것질거리를 잘 만들어, 자신이 만든 음식을 차려놓고 가신들을 불러 연회를 베풀곤 했다. 그에게는 세 명의 아내가 있었는데 모두 후사가 없어, 그가 성불능이었다는 설도 있다.

이에사다가 즉위하던 해에 바로 '구로후네' 사건이 일어나고, 그 이듬해에는 불평등조약인 '미 · 일수호조약'이 체결되었으며, 그 이듬해에는 4,700명의 사망자를 낳은 안세이 대지진이 일어났다. 그리고 그가 퇴위하던 해에는 토사곽란(구토와 설사를 하며 배가 몹시 아픈 증상)이 크게 유행해 사망자 수가 28,000명에 이르렀는데, 이 네 가지 모두 에도에서 발생한 사건이다.

14대 도쿠가와 이에모치(德川家茂, 1846~1866)

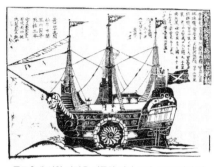

구로후네 입항 사건을 기록한 기와 조각. 〈요코하마 개항자료관 소장〉

이에모치는 고산케 기이 가문의 자제로 총명하고 지혜로운 쇼군이었다. 만약 그가 평화로운 시대에 태어났더라면 분명 위대한 성군으로 이름을 날렸을 것이다. 하지만 이미 때는 풍랑이 거세고 먹구름이 자욱한 바쿠후 말기였으니, 개인의 재주가 아무리 뛰어나도 시대의 조류를 거스르기에는 역부족이었다.

이에모치 재위 기간 중에 발생한 가장 유명한 사건은 '이케다야(池田屋)' 사건일 것이다. 신센구미(新選組)는 당시 교토의 수호직을 맡고 있던 아이즈(會津)의 한슈 마쓰다이라 가타모리(松平容保) 직속의 순찰대였다. 그들의 주요 업무는 교토에 몰래 숨어 있는 존왕양이파(尊王壤夷派)* 지사들을 색출해 내고 치안을 유지하는 것이었다. 이케다야 사건이 일어나기 전까지, 신센구미의 임무는 한해에 두 차례씩 쇼군이 교토로 갈 때 쇼군을 경호하는 것과 '불령낭인(不逞浪士 : 섬기는 주인 없이 떠도는 사무라이)'들을 색출해 내는 것밖에는 없고, 사람들의 입에 오르내릴 만한 공을 세운 적이 없어서 사람들은 그들을 '아이즈 한슈가 기르는 개'라고 조롱하곤 했다.

그러던 어느 날, 신센구미가 한 방랑 사무라이를 체포했는데, 그가

---

* 개항을 요구하던 세력.

바쿠후 전복을 꾀하는 급진 세력인 토막파(討幕派) 조슈한(야마구치현)의 지사 250명이 교토 시내에 잠복해 있다는 사실을 자백했다. 그 후 신센구미는 곧장 밤낮을 가리지 않고 순찰을 강화해, 얼마 후 장작과 석탄을 팔러 다니는 상인을 체포했다. 그를 고문해 토막파들이 황궁과 나카야마궁(中山宮)의 저택에 불을 지르고 천황을 조슈로 납치할 계획이라는 사실을 자백 받고, 그의 석탄 창고 안에서 봉인된 무기들을 발견했는데, 누군가가 이미 그중 일부를 가져간 흔적이 있었다. 하지만 토막파 지사들이 어디에 잠복해 있는지, 그리고 그들의 본거지가 어디인지는 석탄 장수도 모르고 있었다.

한편 1864년 6월 5일 저녁, 잠복해 있던 토막파 방랑 사무라이들에게 소집령이 전달되었고, 8시경 방랑 사무라이들이 작은 여관인 이케다야로 모여들었다. 그날 회의의 목적은 거사를 논의하기 위함이 아니라, 거사가 연기되었다는 사실을 알리려는 것이었다. 신센구미는 아이즈한과 교토의 쇼시다이(所司代 : 경위와 정무를 담당한 관직), 그리고 교토 부교소(奉行所)에 알려 지원군을 요청하는 한편, 독자적으로 탐문 수사에 착수했다. 곤도 이사미(近藤勇) 국장은 아홉 명의 대원들을 데리고 가모 강(加茂川) 서쪽을 수색하고, 히지카타 도시조(土方歲三) 부국장

교토 미부데라(壬生寺)에 봉헌되어 있는 신센구미 조장 곤도 이사미(近藤勇)의 흉상. 〈촬영 - 장밍이〉

은 다른 23명의 대원을 인솔해 가모 강 동쪽을 수색했다. 이윽고 10시가 조금 지났을 무렵, 곤도 이사미 국장 일행이 이케다야에 다다르게 되었다. 무장한 신센구미들이 찾아온 것을 본 여관 주인이 얼굴이 새파랗게 질려 안으로 뛰어 들어가자, 곤도 이사미가 즉시 대원들에게 소리쳤다.

"바로 여기다!"

이케다야는 현관을 들어가면 바로 삼합토(三合土)[*]로 만든 작은 계단이 나오고, 그 위로 다타미 세 개 크기의 객실들이 있었다. 정면의 안채는 다타미 여섯 개 크기의 주방이었는데, 왼쪽은 벽장이고, 오른쪽에는 2층으로 통하는 나무 계단이 있었다. 곤도 이사미와 오키타 소지(沖田總司), 나가쿠라 신파치(永倉新八), 도도 헤이스케(藤堂平助) 네 명이 쏜살같이 2층으로 올라가 보니, 좁은 나무 계단 위에는 바로 다타미 열네 개 크기의 방이 있고, 방안에 20명가량의 토막파 지사들이 모여 있었다. 그 자리에서 바로 격투가 벌어졌다. 2층 천장이 너무 낮아 검객들 모두 검을 높이 쳐들지 못하고 옆으로 휘두르거나 앞으로 찔렀다. 얼마쯤 지났을까, 뒤따라온 히지카타 도시조까지 싸움에 합세했고, 피 비린내 나는 혈투가 두 시간 가량 이어졌다. 격투가 끝난 후 지사들은 16명이 죽었지만, 신센구미 측의 피해는 사망자 2명과 중상자 1명뿐, 그 밖에는 폐결핵을 앓고 있던 오키타 소지가 방안이 너무 더워 잠시 혼절한 것이 전부였다.

'이케다야' 사건으로 토막파의 주도적인 인물들이 대부분 목숨을 잃었다. 후대의 역사학자들은 이 사건으로 인해 메이지유신이 1년 미

---

[*] 석회, 모래, 자갈을 섞어 만든 재료.

뤄졌다고 평가하고 있다. 그런데 이상한 것은 20여 명의 토막파 지사들이 어떻게 10명도 안 되는 신센구미 검객들에게 전멸당할 수 있었느냐 하는 것이다. 아마도 너무 뜻밖에 급습을 당한 데다가, 신센구미 대원들이 여러 차례 선발 과정을 거쳐 엄선된 정예부대였기 때문에 검술의 고수였던 탓인 듯하다.

15대 도쿠가와 요시노부(德川慶喜, 1837~1913)

요시노부는 본래 고산케 미토 한슈의 일곱째 아들이었다가 히토스바시에 양자로 보내졌다. 그는 쇼군에 즉위한 그해에 '대정봉환'을 선포하고 265년 동안이나 계속된 도쿠가와 바쿠후 시대에 종지부를 찍었다.

그런데 요시노부가 1867년 10월 14일에 정권을 조정에 반환하기로 선포한 지 한 달 후인 11월 15일 밤, 대정

도쿠가와 요시노부가 1864년부터 1866년까지 금리수위총독(禁吏守衛總督)으로 있을 때 촬영한 사진. 훗날 마지막 바쿠후 쇼군이 되었다.

봉환의 초안을 작성하고 신정부의 조직 편제를 맡은 사카모토 료마(坂本龍馬)가 뜻밖에도 암살을 당했다. 어떻게 이런 일이 생긴 것일까? 암살 계획의 배후 조종자는 도대체 누구였을까?

현장에서 발견된 증거를 토대로 그가 신센구미에 의해 암살된 것으로 추측되기도 했지만, 지금은 신센구미가 연루되었을 가능성이 매우 희박한 것으로 증명되었고, 또 신센구미가 겉으로는 순찰 조직이지만 실제로는 자객 조직이었기 때문에 범죄 현장에 증거를 남기

는 그런 허술한 짓을 했을 리도 없을 것 같다. 어쨌든 직접 사카모토 료마를 죽인 것이 누구이든 간에, 배후 조종자가 있었던 것은 틀림없는 사실인 듯하다. 1백여 년이 지난 오늘날까지도 이 사건이 풀리지 않는 수수께끼로 남아있다는 사실이 아쉬울 따름이다.

당시의 정치 세력은 무력을 주장했던 '토막파'와 무혈 투쟁을 주장했던 '도막파(倒幕派)'로 크게 구분할 수 있다. 전자의 대표적인 인물은 사쓰마한(薩摩藩, 가고시마)의 오쿠보 도시미치(大久保利通)와 구게(公卿)*인 이와쿠라 도모미(岩倉具視), 조슈한이었고, 후자는 사카모토 료마와 도사한(土佐藩, 고치현)이 주도했다. 도쿠가와 요시노부도 역시 후자에 속했다. 여기에서 또 한 가지 주목해야 할 사실이 있다. 10월 13일과 14일은 바로 사쓰마한과 조슈한이 각각 토막 비밀조서를 받은 날이었다. 그들이 막 군대를 일으켜 진격하기 위한 만반의 채비를 하고 있을 때, 뜻밖에도 요시노부가 14일에 갑자기 대정봉환을 선포한 것이다. 요시노부의 대정봉환은 토막파의 계획에 찬물을 끼얹는 것이었다. 대정봉환 계획대로 정국이 흘러간다면 내전을 피하고, 파죽지세로 신정권을 수립할 수는 있겠지만, 역시 문제가 있었다. 그렇게 되면 신정권의 주도권은 요시노부와 도사한에게 자연스럽게 넘어가게 될 것이 아닌가. 게다가 사카모토 료마는 새로운 시대의 방향을 잡아주는 '키잡이'의 역할을 하고 있었다.

사카모토 료마는 이런 정치 투쟁의 소용돌이에서 비참한 최후를 맞이한 것이다. 당시 사회가 극도로 혼란하고 음모와 계략이 난무했기 때문에 증거들이 모두 사라져 사카모토 료마를 죽인 자가 누구인

* 3품 이상의 최고위 문신.

지 알 길이 없고, 결국 이 사건은 일본 역사의 3대 수수께끼 중 하나로 남게 됐다(다른 두 개의 수수께끼는 오다 노부나가의 '혼노지(本能寺)의 정변'*과 '히미코(卑彌乎)의 야마타이국(邪馬台國)'**이다).

---

* 1582년 6월 2일 아케치 미쓰히데(明智光秀)가 오다 노부나가를 교토 혼노지에 유인하여 자살하게 한 사건.
** 중국의 『위지왜인전(魏志倭人傳)』에 3세기 일본에 동란이 일어났는데, 야마타이국의 히미코라는 여왕이 동란을 종식시키고 전국을 통일한 후, 위나라에 사신을 파견하여 '친위왜왕(親威倭王)'이라는 칭호를 얻었다고 기록되어 있다. 하지만 이 야마타이국이 어디에 존재했었는지는 아직까지 밝혀지지 않고 있다.

산킨코타이(參勤交代)

3대 쇼군인 도쿠가와 이에미쓰가 1635년에 '산킨코타이'라는 법령을 반포하면서, 해마다 4월에서 6월이 되면 전국 각지의 다이묘들이 교대로 에도성에 부임하게 되었다. 하지만 다이묘가 부임 기간을 마치고 돌아가도 다이묘의 정실부인은 함께 돌아가지 못하고 평생 동안 에도에 머물러야만 했다. 산킨코타이는 일종의 변형된 인질 제도였던 셈이다. 교토와 오사카 동쪽 도코쿠의 다이묘들이 에도에서 1년 간 근무하고 돌아가면, 이듬해에는 교토와 오사카 서쪽 사이코쿠의 다이묘들이 에도로 부임했다. 간토 지역의 다이묘들은 거리상의 제약으로 인해 부임 기간이 반년이었으나, 쓰시마(對馬, 대마도)와 같은 변방 지역의 다이묘들은 3년에 한 차례, 도호쿠(東北) 지방 다이묘들은 6년에 한 차례씩 에도로 부임했다. 사실 그 전에도 이런 관습은 있었다. 단지 에도성 부임 일정이 제각각이었다는 점만 달랐고, 이에미쓰는 이를 통합한 것뿐이다.

전국적으로 총 260여 명의 다이묘가 있었는데, 에도와 간토, 변방 지역에 상주하는 다이묘들을 제외한 170여 명의 다이묘들이 2년에 한 번꼴로 에도를 오가는 긴 여정을 떠나야 했던 것이다. 다이묘 행렬의 규모도 천차만별이어서, 봉록이 1만 석인 말단 한슈가 있는가 하면,

에도에 부임한 다이묘는 각 절기마다 에도성으로 가서 쇼군을 배알해야 했다. 봉록이 높은 다이묘는 단독
으로 배알했지만, 관직이 5품 이하인 일반 다이묘들은 오히로마(大廣間)에서 배알해야 했다.

봉록이 1백만 석에 달하는 고위급 한슈도 있었다. 오늘날로 치면 한슈
는 현지사(縣知事), 바쿠후는 중앙정부에 해당하지만, 당시는 완전한
지방자치제였기 때문에 각 한슈들도 역시 어엿한 나라의 군주였다.
그러니 여정은 같아도 그 이동방식이 일반 서민들과 같을 수 없었다.

　지금은 소위 '다이묘 여행' 이라는 말이 호화롭고 사치스러운 여
행, 혹은 공무원 시찰단의 여행을 암시적으로 나타내는 말로 사용되
고 있고, 또 대형 병원의 부장급 의사들이 매주 두 차례씩 회진을 돌
때, 각 환자의 주치의가 옆에서 환자의 병세를 설명하고 뒤에 인턴과
레지던트들이 줄줄이 따라다니는 모습을 '다이묘 행렬' 이라고 부르
곤 한다. 다이묘는 이미 역사 속으로 사라졌지만, '다이묘 여행' 과

'다이묘 행렬'이라는 두 단어는 여전히 자주 사용되고 있다.

당시에는 한 나라 군주의 공개적인 이 '여행'이 일종의 퍼레이드의 성격을 지녔기 때문에, 다이묘들 사이에서 자연히 경쟁이 나타났다. 다이묘들은 행렬의 규모를 자신의 권세와 체면을 상징하는 것으로 생각하고, 실제보다 더 부풀려 권세를 과시하기 위해 안간힘을 쓰곤 했다. 그래서 일반적인 여행용 도구 외에 침구와 목욕통, 변기, 찬기, 바둑판과 장기판은 물론 집에서 기르던 개와 고양이, 새까지 없는 것 없이 다 가지고 길을 떠났다. 심지어 가가(加賀 : 지금의 이시카와현)의 1백만 석 다이묘인 마에다가(前田家)는 목욕물까지도 가나자와(金澤)에서 에도로 운반해 왔다고 한다. 또 이동 중에 누군가에 의해 독살을 당하지 않을까 두려운 마음에, 쌀과 양념, 간장 등 갖가지 부식품도 모두 바리바리 싸들고 다녔고, 모든 음식은 전속 요리사가 직접 만들었다. 하지만 이런 것들이야 모두 짐을 실은 행렬이었으니 특별히 볼거리가 없었고, 정작 사람들의 시선을 끌었던 것은 기병대와 보병대, 창기대, 소총대 등이었다. 그중에서도 특히 창기대의 행렬이 가장 그럴 듯했다. 큰 키와 우람한 체구, 기백이 넘치는 표정, 심혈을 기울여 제작된 옷, 기다란 창에 이르기까지 창기병들의 모습은 위풍당당함 그 자체였다. 구경하러 모인 사람들은 창기대의 창과 제복만 보아도 어느 다이묘의 행렬인지 대번에 알아맞힐 수 있었다. 하지만 이런 '퍼레이드 쇼'는 마을을 지날 때나 숙소에 도착했을 때 사람들에게 보여주기 위한 것이었고, 구경꾼이 없을 때는 비교적 편하게 행동할 수 있었다.

바쿠후가 1721년에 각 다이묘들의 수행원 수를 제한하는 수행원수 기준법을 발표했지만, 강제성이 없는 지침성 법령이었기 때문에 다이묘들이 매번 얼마나 많은 수행원을 대동하고 다녔는지는 추측하기

「가가한 다이묘 행렬 병풍도」(일부). 소총대, 창병대, 궁수대 등이 뒤를 따라 위세등등한 모습이다.

어렵다. 지금 알려진 것은 당시 최고 권세를 자랑하던 가가한 마에다
의 수행원이 최대 규모였을 때에는 4천 명에 달했고, 바쿠후 말기 규
모가 가장 작았을 때는 223명이었다는 것이다. 바쿠후가 규정한 법정
수행원의 기준은 다음과 같았다.

요즘 단체 여행단의 정원은 몇 명인가. 아마 정원이 40~50명만 되
어도 가이드는 몸이 열 개라도 모자랄 것이다. 그런데 인원이 1천 명
이 넘었다면 과연 어떤 광경이었을지 상상조차 하기 힘들다. 게다가
당시에는 비행기나 기차는 말할 것도 없고, 여행객들을 목적지까지
실어다주는 버스도 없어, 아무리 먼 거리라도 오로지 걸을 수밖에 없
지 않았던가. 고산케 중 하나인 기이 도쿠가와가를 예로 들어 보자.
그들의 행렬은 와카야마에서 출발해 오사카와 교토를 거쳐, 나카센
도를 따라 나고야에 다다른 뒤, 다시 도카이도를 따라 에도로 들어가
야 했다. 총 630킬로미터로, 하루 평균 35킬로미터씩 17박 18일을 꼬
박 걸어야 하는 여정이었다. 여기에 도중에 산을 넘고 물을 건너야 했
던 것까지 따지면, 평지에서는 하루에 50킬로미터는 이동해야 했다

구 분	기병대	보병대	일 꾼
1만 석 번국(藩國)	3~4기	20명	30명
5만 석 번국	7기	60명	100명
10만 석 번국	10기	80명	140~150명
20만 석 번국	15~20기	120~130명	250~300명

는 계산이 나온다. 기이 도쿠가와가는 고산케 중 하나인 만큼 행렬의
규모도 대단했다. 기록에 의하면 매번 에도로 이동하는 데 들어가는
경비가 대략 1만 5천 냥은 족히 되었다고 한다. 에도 서민들 가운데
가장 안정적인 직업인 목수의 1년 수입이 25냥이었으므로, 1만 5천
냥이면 목수 한 명이 6백 년 동안 일해야 벌 수 있는 금액이었다.

한편, 규모가 작은 제후국의 다이묘들은 어땠을까? 수행원이 적었
을 테니 경비도 적게 들었을 것이라고 생각한다면 오산이다. 사실 하
급 다이묘들은 고충이 더욱 심했다. 야마토국(大和國, 나라현) 야나기
모토한(柳本藩)의 1만 석 오다(織田)가를 예로 들어 보자. 당시 이곳의
한슈는 오다 노부나가의 아우인 오다 유라쿠사이(織田有樂齋)의 다섯
번째 아들이었는데, 한 번 이동할 때마다 330냥씩 들었다고 한다. 기
이 도쿠가와가와 비교하면 그야말로 새 발의 피겠지만, 그래도 야마
토국 한해 전체 예산의 7분의 1에 해당하는 액수였다. 보아하니 규모
가 작으면 작은대로 말 못할 고민이 심했던 것 같다. 또한 이동할 때
에는 어쩔 수 없이 다른 한의 영토를 지나야 하는데, 그럴 때마다 그
곳의 한슈에게 자기 한에서 나는 특산물 따위를 선물해야 했다. 뿐만
아니라 에도성에 도착하면 쇼군이나 로주를 배알하는 것은 물론이거
니와 '이웃들'(에도 전체에 있는 다이묘 저택들이 모두 포함되었을 것이

규슈의 다이묘는 대부분 해로로 오사카까지 와서, 다리 육로를 이용해 에도로 왔다. 이 그림은 구마모토(能本) 호소카와(細川)가의 신킨코타이 선대다. 분고(豊後)의 쓰루사키(鶴崎)에서 세토나이카이(賴戶內海)를 거쳐 오사카로 향하는 노선.

다)을 찾아가 인사치레를 하는 것도 빼놓을 수 없었다. 오늘날처럼 지인들에게 줄 선물을 공항의 기념품점에서 한꺼번에 해결할 수 있는 것도 아니니, 선물을 고르고 구입하는 데에도 적잖은 인력과 자금이 소모되었을 듯하다. 이 정도면 당시 행렬의 이동을 주관하던 사람이 얼마나 힘들었을지 상상이 가지 않는가? 게다가 만일 이동 중에 무슨 문제라도 발생하면 지금처럼 여행상품권 몇 장 선사하는 것으로 해결될 수 있는 것이 아니라, 심하면 할복을 해야 한다는 위험부담까지 안고 있었다.

이동 중에 다이묘가 묵었던 숙소는 혼진(本陣)이었는데, 말 그대로 '대장의 진지'였다. 혼진은 영리를 목적으로 하는 일반 여관이 아니라, 현지의 재산가이자 권력가인 토호(土豪)의 저택에 마련되었다. 다이묘가 혼진에 도착하면 주인은 직접 음식을 준비하는 것이 아니라 현지의 특산물을 바쳤고, 다이묘의 전속 요리사들이 그것으로 만찬을 준비했다. 혼진의 주인은 숙박비를 받지 않았지만, 다이묘들이 선물을 하사하는 것이 일반적인 관행이었다. 혼진의 주인도 부와 권력이 아쉽지 않은 토호였으므로 선물이나 물질적인 이득을 위해 이런 일을 했을 리는 없고, 그들이 바라는 것은 명예와 지위, 즉 성씨를 사용하고 칼을 찰 수 있는 특권이었다. 당시에는 귀족과 사무라이 계급만이 성을 사용하고 서민들은 이름밖에 없었기 때문에, 지방의 토호가 성씨를 사용하고 칼을 찬다는 것은 곧 신분 상승을 의미하는 것이었다.

수행원들은 여기저기에 있는 여관에 흩어져 묵었는데, 인원이 너무 많아 여관도 모자라면 서민들의 인가를 빌렸다. 이럴 경우에는 숙박비를 내야하는 것은 물론, 사전 예약도 필수였다.

에도 말기에는 각 다이묘들이 적자에 허덕이느라, 허장성세를 부릴만한 최소한의 재력도 없었으니 불가피하게 행렬을 간소화해야 했다. 필수적인 도구는 지나는 길에 그때그때 빌리고, 수행원들도 임시로 고용했다. 하급 다이묘인 경우에는 하인 네댓만 대동하고, 야영을 해가며 밤낮없이 길을 달려 에도성에 도착한 다음, 즉석에서 일꾼들을 고용해 행렬을 급조한 후, 그럴듯하게 입장하는 일도 종종 있었다. 한번은 센다이 이토 가문의 제7대 한슈가 귀향길에 올랐는데, 에도를 나서자마자 노잣돈이 바닥난 것이었다. 그래서 어쩔 수 없이 매일 밤 한뎃잠을 자고 자급자족을 위해 직접 사냥을 해서 끼니를 해결했는데, 바쿠후가 이 소식을 듣고 측은히 여겨 사람을 보내 여비를 보태주었다고 한다.

오늘날 TV 사극에서는 다이묘의 행렬이 이동하는 장면에서 길 양쪽으로 백성들이 온통 머리를 조아리고 엎드려 있는 광경이 연출되지만, 사실은 그렇게 엄격하지 않아서 쇼군과 고산케를 제외한 다이묘의 행렬이 마을을 지날 때면 농민들은 초립을 벗어들고 경의를 표

다이묘 행렬이 에도로 행진할 때에는 위풍당당한 입장을 위해 장식용 총을 휘두르는 사람들이 제일 앞에 섰다. 「구제후강호입행렬지도(舊諸侯江戸入行列之圖)」(1889년).

하는 정도였다. 또 다이묘의 행렬이 행진할 때 서민들은 그 행렬을 뚫고 지나갈 수 없었고, 이를 어기면 목이 달아났다. 하지만 유독 한 가지 직업에 대해서는 예외가 적용되었다. 이런 특권을 가진 사람들은 바로 산파였다. 예나 지금이나 생명의 탄생은 그 어떤 것도 능가할 만큼 중요한 듯하다.

산킨코타이의 효과는 당초 바쿠후의 예상을 뛰어넘을 정도로 실로 대단한 것이었다. 첫 번째는 문화 교류의 촉진이었고, 두 번째는 교통망, 여관업의 발달이었으며, 가장 중요한 세 번째 효과는 간접적으로 서민들 사이에서 여행이 일상화될 수 있도록 만든 것이다. 오늘날 일본의 고급 호텔이 접대 방식이나 시설 등에 있어서 외국인들에게 크게 호평 받고 있는 것이 하루 이틀에 만들어진 결과가 아니다.

6. 의협 : 義俠

주신 구라(忠臣藏)
- 아코(赤穂)의 47인의 방랑 사무라이

춘풍이 불어오니 벚꽃 잎이 나부끼고,

님과 이별하는 마음 못내 아쉬워

나의 이 애석함과 나의 이 사랑을

누구에게 털어놓을꼬.

- 아사노 나가노리(淺野長矩), 34세, 사세시(辭世詩)

겐로쿠(元祿) 14년(1701) 음력 3월 14일 아침, 하늘은 약간 흐린 듯했으나 비는 내리지 않았고, 따스한 바람이 두 볼을 스칠 때마다 나른함이 밀려왔다.

이날은 바쿠후가 천황의 칙사를 대접하는 마지막 날이라 에도 안의 모든 다이묘들이 성으로 들어와 의식에 참석해야 했다. 다이묘들은 수행원 행렬을 대동하고 성으로 들어왔는데, 행렬 중에는 맨 앞에서 총을 받쳐 들고 위용을 과시하는 소총대와 긴 우산을 받쳐 든 시위대, 가마를 운반하는 가마꾼, 그리고 똑같은 제복을 맞추어 입은 호위대 등이 있었다. 각 다이묘들의 행렬은 저택에서 출발해 위풍당당하게 에도성으로 향했다. 다이묘의 행렬은 에도성의 정문인 오테몬(大手門 : 성의 정문을 부르는 말)을 들어서면 반드시 하마교(下馬橋)

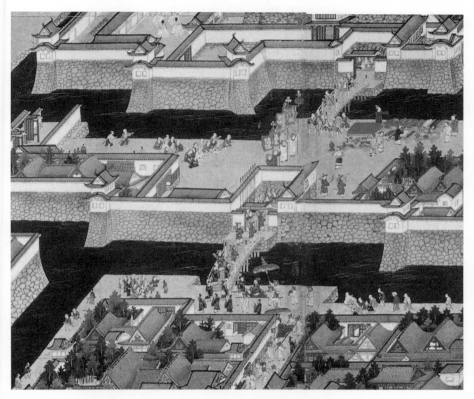

다이묘들은 오테몬(성의 정문)을 들어서면 모두 수레에서 내려 에도성으로 걸어서 들어가야 했다.

앞에서 멈춰 서고, 다이묘들은 가마에서 내려 몇 명의 시종만을 데리고 걸어서 다리를 건너 산고몬(三御門 : 성의 서쪽, 남쪽, 북쪽의 정문)으로 들어가야 했다. 산고몬 안은 고가닌자(甲賀忍者) 100인조가 지키고 있었다.

다이묘들이 산고몬으로 들어가고 나자 오테몬에서 하마교에 이르는 길이 예복을 입은 수천 명의 사무라이들로 가득 찼다. 그들은 겉으로는 두런두런 한담을 나누거나 말을 돌보는 등 한가롭게 시간을 때

기라 고즈케노스케의 목각상. 〈아이치
현(愛知縣) 하즈군(幡豆郡) 게조사(華藏
寺) 소장〉 게조사는 고케 기라가의 보
리사(菩提寺)이다.

우는 듯 보였지만, 사실은 질서정연하게 주군이
성에서 나오기를 기다리고 있는 것이었다.

그런데 10시가 조금 지났을 때, 하마교 부근의
사무라이단에서 작은 소동이 벌어졌다. 그 소동
은 누군가 잔잔한 호수에 돌을 던져 파문을 일으
킨 듯, 일파만파로 번져 오테몬까지 퍼져나갔다.

"무슨 일이오?"

"무슨 일이 난 거요?"

"성 안에서 칼부림이 있었다는군! 성 안에 있
는 마쓰노로(松之廊 : 소나무 복도)에서 칼부림이
났다오!"

"뭐라고? 어떤 한이오? 어떤 나리요?"

"마쓰노로에서 칼부림이 있었다네! 하리마(播磨 : 현 고베현의 남서
부, 한슈라고도 함) 아코한의 아사노 다쿠미노카미(淺野 內匠頭)*가 고
케(高家) 기라 고즈케노스케(吉良上野介)에게 칼을 휘둘렀대! 하리마
아코한이……고케 기라 고즈케노스케를……찔렀대……."

"……"

소식이 전해지자 수천 명의 사무라이들이 소리를 질러대고 놀란
말들이 울어 제치면서, 잔잔하게 시작됐던 파문이 폭풍우로 변해 천
지를 진동시켰다.

---

*다쿠미노카미(內匠頭) : 다쿠미료(內匠療, 궁중의 기물 제작이나 건물 장식을 맡은 관청)의 장관.

1. 에도성에서의 칼부림

에도 시대에는 해마다 연초가 되면 바쿠후가 '고케'를 교토로 보내 천황과 상황(上皇)에게 새해 인사를 올리고, 천황과 상황도 답례로 칙사와 원사(院使)를 에도성으로 보내는 풍습이 있었다. 고케는 신분상으로는 하타모토였지만 관직은 다이묘와 같고, 바쿠후의 의식 거행과 칙사와 구게를 접대, 쇼군의 신사참배 등을 책임지는 세습관직이었다. 고케는 총 26개 가문이 있고, 봉록은 평균 1천5백 석이었다. 겐로쿠 14년은 5대 쇼군 도쿠가와 쓰나요시가 재위하던 때이며, 당시 고케 가운데 수석은 기라 고즈케노스케 요시나카(義央)*로 봉록이 2천석이었다.

기라 고즈케노스케는 1월 11일 바쿠후를 대표해 교토로 출발해, 28일 황궁으로 들어가 천황을 배알했다. 예순여섯 살의 연로한 노인에게 에도에서 교토까지의 여정은 결코 녹록치 않은 것이어서 기라는 2월 29일이 되어서야 겨우 에도로 돌아올 수 있었다. 그런데 2월 4일 바쿠후가 이미 접대 인원을 결정해버린 것이었다. 관례에 따르면 접대 임무는 3만~10만 석 규모의 방계 다이묘가 맡는 것이 보통이었다. 그해 칙사 접대 임무를 맡은 다이묘는 하리마 아코한(효고현 아코시)의 한슈 아사노 다쿠미노카미 나가노리(長矩)이고, 원사 접대 임무를 맡은 다이묘는 이요(伊予) 요시다한(吉田藩, 에히메현愛媛縣 기타우와군北宇和郡)의 한슈 다테 사쿄노스케*(左京亮宗春)였으며, 의식을 지휘하는

---

* '고즈케노스케'는 관직명이다. 고즈케국은 군마현이고, '스케(介)'는 부현장이며, '가미(守)'는 현장이다.
** 사쿄노스케(左京亮)는 교토의 행정을 담당하는 관직명으로, 좌우로 배치되었다. 스케(亮)는 차관, 다이후(大夫)는 장관에 해당한다.

아사노 다쿠미노카미의 초상.〈효고현(兵庫縣) 아코시 (赤穗市) 가가쿠사(花岳寺) 소장〉가가쿠사는 아코한 아 사노가의 보리사이다.

임무는 기라 고즈케노스케가 맡게 되었다.

　접대 의식이 복잡하기 이를 데 없는 데다가, 모든 비용을 다이묘 가 자비로 충당해야 했기 때문에 영예로운 임무임에도 불구하고 누 구도 그리 달가워하지 않는 임무 였다. 당시 서른 세 살이었던 아사 노 다쿠미노카미는 열일곱 살 때 칙사 접대 임무를 한 차례 수행한 경험이 있었지만 의식의 세부적인 절차와 법도가 계속 변해 낯설게 느껴지는 데다가 의식을 지휘하는

기라의 에도 귀환이 늦어져 어쩔 수 없이 일부는 기억에 의존하고, 또 경험이 있는 다이묘들에게 물어 가면서 의식을 준비할 수밖에 없었 다. 그리고 기라가 에도로 돌아왔을 때는 칙사가 당도하기로 한 날까 지 열흘 밖에 남지 않은 때였다.

　3월 11일, 칙사와 원사 일행이 드디어 에도에 도착했다. 접대 장소 는 건축 면적이 390평에 이르는 '덴소(傳奏)야시키'*였다. 접대를 맡 은 다이묘의 가신이 시나가와(品川) 다카나와(高輪)에 가서 귀빈을 영 접해 덴소야시키까지 호송하고, 다이묘도 직접 나와 귀빈들을 맞이 해야 했다.

* 지금의 지요다구(千代田區) 마루노우치(丸之內) 1번가이다. 덴소야시키는 에도에 무가(武家) 의 주청을 천황, 상황에게 전달하는 관직인 부케덴소의 숙소로 세운 저택이었다.

12일, 칙사와 원사가 성으로 들어가 쇼군을 배알하고, 천황과 상황의 어지를 전하고 조정의 선물을 전달한 후, 조죠사에 가서 참배했다. 13일에는 쇼군이 에도성 안에서 노극을 곁들인 연회를 베풀어 칙사들의 노고를 치하했다. 이 이틀 동안의 접대는 순풍에 돛을 단 듯 순조로웠다.

14일, 예정된 일정에 따라 칙사가 쇼군의 답례품을 받고 연회에 참석할 차례였다. 이날만 잘 넘기면 정식 의식은 일단락되고, 그 뒤로 열흘 남짓한 관광 접대만 남아있었다.

마지막 날의 의식은 아주 성대하고 화려했으며, 모든 다이묘들이 관모와 예복을 갖춰 입고 성으로 들어와야 했다. 의식은 10시에 시작될 예정이었다.

9시 반경, 후궁의 행정관인 가지가와(梶川)는 기라 고즈케노스케에게 칙사가 공관으로 돌아가는 시간을 확인하려고 마쓰노로로 갔다. 쇼군의 부인이 가지가와에게 그날 선물을 전달하도록 명령했기 때문에 그는 다시 한 번 정확한 시간을 확인해야 했던 것이다. 마쓰노로는 총 길이가 50미터에 달하는 'ㄴ' 자로 꺾인 복도로 중정(中庭 : 안뜰)을 빙 돌아 쇼군이 정식으로 귀빈을 접대하는 오히로마(大廣間)와 의식이 거행되는 시로쇼인(白書院)까지 연결되어 있었다. 남쪽은 3.5미터 너비이고 서쪽은 4.5미터 너비였으며, 3미터 높이의 천장에 복도에는 다타미가 깔려있었다. '마쓰노로'는 복도의 종이 문에 소나무와 바다 풍경이 그려져 있는 데서 유래한 명칭이었다.

가지가와가 마쓰노로의 모서리 부분에 다다르니 접대를 맡은 다이묘가 우측 오히로마의 종이 문 옆에 앉아있는 것이 보였고, 우측 시로쇼인에는 고케와 수행원들이 옹기종기 모여 있었다. 가지가와가 성

안에서 잡일을 하는 승려들에게 기라를 모셔오라고 분부했지만 마침 기라는 시로쇼인에 없었다. 그래서 승려에게 다쿠미노카미를 모셔오라고 시켰다. 얼마 후 다쿠미노카미가 와서 칙사가 공관으로 돌아갈 시간을 확인한 후 다시 몇 마디 나누고 오히로마로 돌아갔다. 이때 고즈케노스케가 돌아와 가지가와와 다쿠미노카미가 이야기를 나누는 모습을 보고 큰 소리로 외쳤다.

"무슨 이야기를 하는 건가? 무슨 문제가 있으면 나한테 직접 물어야지. 요즘 젊은 것들은 왜 이리도 철이 없는지 골치 아파 죽겠군. 어찌 이렇게 세상 물정을 모르는 거야……."

그러면서 가지가와와 고즈케노스케는 마쓰노로의 모서리에서 10미터쯤 떨어진 곳에서 몇 마디를 나누고 있었다. 그때, 고즈케노스케의 등 뒤에서 누군가 천둥 같이 고함을 쳤다.

"내가 요즘 불만이 많다는 것을 알고 있느냐!"

깜짝 놀란 고즈케노스케가 뒤돌아 상황을 설명하기도 전에 그의 이마에 검이 내리꽂혔다. 그가 황망히 몸을 돌려 가지가와의 뒤로 숨으려는데 이번엔 등 뒤에서 검이 내리꽂혔다.

다쿠미노카미의 손에 호신검이 들려있는 것을 본 가지가와가 급히 그를 붙들고 소리쳤다.

"다쿠미노카미 나리, 여긴 궁궐 안입니다. 제 정신이십니까?"

"이거 놓아라! 사무라이의 정신을 알고 있다면 놓아라!"

하지만 다른 고케와 수행원들이 이미 소동을 눈치 채고 서둘러 달려왔다. 사건은 이렇게 끝이 났다. 불과 10분 만에 이루어진 일이었다.

가지가와의 일기인 『가지가와씨 필기(梶川氏筆記)』에 따르면, 다쿠미노카미는 체포된 후에도 창백한 얼굴로 "고즈케노스케를 증오하고

「가나데혼 주신 구라(假名手本忠臣藏) 산단메(三段目)」 아사노 나가노리가 마쓰노로(松之廊)에서 기라 요시나카에게 칼을 휘두르고 있다.

있었다. 궁궐 안이라는 것도 알고, 내 행동이 대역무도한 짓이라는 걸 알았지만, 도저히 참을 수가 없었다. 도저히 참을 수가 없었다!"라고 소리쳤다고 한다.

마쓰노로 사건이 일어났을 때, 5대 쇼군 도쿠가와 쓰나요시는 마침 칙사를 맞이하기 위해 목욕재계를 하고 있던 참이었다. 내각 관리인 '로주' 가운데 그 누구도 감히 이 일을 쇼군에게 보고하지 못하고 있다가, 결국 쇼군이 신임하는 야나기사와 요시야스(柳澤吉保)가 총대

5대 쇼군 도쿠가와 쓰나요시의 심복이었던 야나기
사와 요시야스.

를 메기로 했다. 쇼군이 목욕을 마치고 예복으로 갈아입은 후, 야나기사와가 이 사건을 간단히 보고했다.

보고를 들은 쓰나요시는 노발대발화를 내며 당장 의식 장소를 '구로쇼인(黑書院)'으로 바꾸도록 하고, 다른 다이묘들에게 다쿠미노카미의 직책을 대신 수행하도록 명령했다. 그리고 다쿠미노카미는 잠시 다무라(田村) 우경대부(右京大夫)의 저택 안에 연금되었다. 의식은 시작 시간이 잠시 지체되었다는 것을 제외하고는 모든 것이 예정대로 진행되었다. 쇼군이 의식을 진행하고 있는 동안, 3명의 감찰관이 사건에 연루된 사람들을 심문했다.

"고즈케노스케는 검을 뽑지 않았고, 아사노가 일방적으로 검을 휘둘렀습니다." 이것이 유일한 목격자인 가지가와의 결정적인 증언이었다.

"소인은 이 나이까지 살면서 누구에게 원한을 산 적이 없습니다. 다쿠미노카미가 왜 그랬는지 도저히 알 수가 없습니다. 일시적인 정신착란인 것으로 판단되어 소인은 칼을 뽑지 않았습니다." 고즈케노스케의 증언이었다.

"아무 할 말도 없고, 전하께 도전할 생각은 더욱 없습니다. 순전히 사적인 원한 때문에 저지른 일이며 그 어떤 처벌도 달게 받겠습니다. 다만 마음에 걸리는 한 가지는 고즈케노스케의 상처가 어떠한가 하는 것입니다. 가벼운 상처에 불과한 것 같던데……." 다쿠미노카미는 이렇게 말했다.

감찰관이 이때 사실대로 말했다면 사건의 흐름이 완전히 달라졌을 수도 있다. 감찰관도 정말 부득이한 상황이 아니었다면, 엄연히 일개 제후국의 군주인 다쿠미노카미가 결코 이런 어리석은 짓을 하지 않았으리라는 것을 잘 알고 있었다. 그래서 그는 사무라이 정신에 입각해 이렇게 말했다.

"중상이 아닌 것은 사실이나, 고즈케노스케가 이미 연로한 데다가 머리에 상처를 입었으니 단언하기는 어렵소……."

이 말을 들은 다쿠미노카미가 통쾌하다는 듯 웃으며 말했다.

"그렇다면 나도 더 이상 할 말이 없습니다. 모든 처벌을 달게 받겠습니다."

그런데 정말 그랬을까? 사실 고즈케노스케는 이마를 여섯 바늘 꿰매고 등을 세 바늘 꿰맸을 뿐 큰 상처는 입지 않았었다. 다쿠미노카미가 이 사실을 알았더라면 자신의 원한이 무엇인지 모두 털어놓지 않았을까? 아니, 최소한 무언가 납득할 만한 이유를 들어 자신을 변호했을 것이다. 하지만 원수의 상황을 확인한 다쿠미노카미는 마치 오랫동안 목에 걸렸던 생선가시를 빼내기라도 한 것처럼 더 이상은 그 어떤 말도 하지 않았다.

오후 2시경, 다무라가에서 보낸 가마가 도착했다. 다쿠미노카미가 가마에 오르자 자물쇠를 채우고 겉에서 또다시 그물을 덮은 후, 히라카와몬(平川門) 옆의 '부정문(不淨門)'을 통해 성을 나왔다. 가마를 호송하는 사무라이들이 1백 명에 이르렀는데 이 정도면 완전한 죄인 취급이었다. 부정문은 후궁의 비녀(婢女)들이 출입하는 문이자, 성 안의 범죄자나 시체를 실어 낼 때 사용하는 문이었다. 265년에 달하는 바쿠후 시대를 통틀어, 이 문을 통해 성을 나온 사람은 아사노 다쿠미노카미와 '에지마(繪島)와 이쿠시마(生島) 추문' 사건에 연루된 수석여관 에지마 단 둘이었다.

오후 4시경, 쇼군이 내각 관리들을 소집해 다쿠미노카미에 대한 처리 방법을 논의했다. 쓰나요시는 무조건 그에게 할복을 명해야 한다고 주장했지만, 관리들이 우선 심문을 한 후에 죄명을 확정해도 늦지 않다며 완곡하게 설득하자, 불만이 가득한 표정으로 자리를 떴다. 그리고 얼마 후 쇼군이 행정 관리를 불러 재차 할복 명령을 내리자 더 이상은 그 어떤 관리도 감히 간언하지 못했다. 5대 쇼군인 쓰나요시가 즉위 초기에는 성군으로 칭송받았지만, 너무 능력이 뛰어난 탓에 그의 뜻이 곧 범접하기 어려운 신성한 국법이 되는 독재 체제가 출현했던 것이다.

다무라의 저택에 연금되어 있던 다쿠미노카미도 쇼군이 이렇게 빨리 처분 명령을 내릴 줄은 아마 꿈에도 상상하지 못했을 것이다. 쓰나요시의 평소 일처리 습관을 알고 있었기 때문이다. 내각 관리들이 사형 판결을 내리는 조서에 옥새를 찍어달라고 하면 쓰나요시는 언제나 사나흘 정도 심사숙고한 후에야 겨우 옥새를 찍어주었다. 5대 쇼군은 사람 목숨을 파리 목숨처럼 하찮게 여기는 군주가 결코 아니었다. 혹시 다쿠미노카미가 일체 증언을 하지 않은 것도 쇼군이 직접 이 사건을 심판할 것이라고 기대했기 때문은 아니었을까?

다쿠미노카미는 연금되어 있는 중에 술과 담배를 요청했지만, 그 역시 거절당하고 단지 차만 마실 수 있도록 허용했다. 가신들에게 편지를 써서 후사를 부탁할 자유마저 허용되지 않았고, 결국 구두로

아사노 다쿠미노카미는 유서를 남겨 뒷일을 부탁할 겨를도 없이 스스로 할복해 목숨을 끊었다.

"이 일에 대해 사전에 자초지종을 알렸어야 마땅하나, 오늘의 행동은 부득이한 일이었다. 아마도 그 연유를 아는 이가 없을 줄로 안다."라는 간단한 말을 남기는 것으로 만족할 수밖에 없었다.

5시경 감찰관 일행이 다무라의 저택에 당도했다. 다무라가 이미 할복을 행할 방을 준비해놓고 있었지만, 쇼다(庄田) 시모사노카미(下總守, 관직명)는 할복 장소를 정원의 벚꽃나무 아래로 옮기도록 결정했다. 부사(副使)인 다몬(多門)과 오쿠보(大久)가 여러 차례 항의했지만 소용이 없었다. 벚꽃나무 아래에 다타미를 두 장 깔고 다타미 위에 다시 솜으로 된 깔개를 깔고, 또 3면과 위에 천막을 쳐 나름대로 가리기는 했지만 봉록 53,500석에 종5품 관직인 다이묘의 할복 장소라고 하

한슈(播州) 아코에서는 바닷소금이 많이 생산된다. 조수 간만의 차를 이용한 대규모 염전이 있다.

기에는 너무 누추한 것이 사실이었다. 그 후 다쿠미노카미의 직계 친족들이 정식으로 항의하자 19일 쇼다가 파직되었다. 쇼다는 '다쿠미노카미 사건'의 첫 번째 피해자였다.

당시의 할복 방식은 전국 시대와 달라서 그저 겉으로 시늉만 하는 것에 불과했다. 할복하는 사람이 앞에 놓인 단검이나 부채로 된 대용품을 들어 올리면 참수를 행하는 가이샤쿠닌(介錯人)이 동시에 그를 향해 긴 검을 내리쳤다. 한 나라의 군주였던 다쿠미노카미는 그의 가신과 후대인들에게 큰 물음표 하나만 덩그러니 남겨두고 그렇게 세상과 긴 이별을 고했다.

역시 5시경, 다쿠미노카미의 근위병 두 명도 가마에 몸을 싣고 서둘러 에도를 출발했다. 에도에서 아코한까지는 총 거리가 약 620킬로미터로 일반인들은 약 16~17일 걸려야 도착할 수 있는 거리였다. 하지만 그들은 최대한 빨리 가기 위해 네 명의 가마꾼이 가마를 메고 역참마다 가마꾼이 교대해가며 밤낮없이 달렸다. 그런 경우 사실 가마 안에 탄 사람이 가마를 든 가마꾼들보다도 더 피곤했다. 거의 목숨을 내걸었다고 해도 과언이 아니었다. 그날 저녁, 주군이 할복했다는 소식이 전해지자 가마 두 대가 에도의 저택을 출발해, 도카이도를 따라 서쪽에 있는 아코한으로 내달렸다.

2. 가신 구라노스케의 결심

아코한은 3면이 산으로 둘러싸여 있고, 나머지 한 면은 바다를 향한 배산임수의 지형이었다. 천연 바다소금이 특산품이었고, 기껏해야 소금장수들만 외부와 접촉할 수 있는 극도로 폐쇄된 지방 도시였

오이시 요시오(大石良雄)의 동상. 센카쿠사 입구에
있다. 〈촬영-모로 미야〉

다. 명목상의 봉록은 53,500석이었지만 염전세로 들어오는 수입에 교외에서 나는 특산물까지 합치면 실제 생산량은 7만 석에 달했다.

아사노가의 적통은 도요토미 히데요시의 5대 부교(행정관) 가운데 하나인 아사노 나가마사(淺野長政)의 후손으로, 봉록이 42만 6천 석에 달하는 히로시마의 다이묘였다. 50만 석 이상의 다이묘는 일곱 개 가문밖에 없었기 때문에 히로시마의 아사노가는 다이묘들 중에서도 권세가 가장 막강한 축에 속한다고 할 수 있었다. 아코 아사노가의 시조는 아사노 나가마사의 삼남이자 아사노 다쿠미노카미의 증조부였다. 아코의 한슈로 봉해져 아코성을 지은 아사노 다쿠미노카미의 조부는 아사노 나가나오(淺野長大直石)였다. 제1대 성주인 아사노 나가나오는 현명하고 능력 있는 군주였고, 제2대 성주가 요절한 후, 제3대 성주인 다쿠미노카미가 아홉 살의 나이로 성주의 자리에 올랐다. 아사노가는 다쿠미노카미가 할복하던 해까지 3대에 걸쳐 총 57년간 아코한을 다스렸다.

음력 3월 19일이자 양력 4월 26일, 아코를 둘러싼 산마다 벚꽃이 눈송이처럼 흩날리고 나무마다 신록이 푸릇푸릇 돋아나고 있었다.

새벽 6시쯤 두 대의 가마가 나는 듯 빠른 속도로 달려 아코성 안으로 들어갔다. 이마에 흰색 두건을 묶은 가마꾼들이 무거운 발을 억지로 끌며 가로(家老 : 가신 중 최고 직급)의 집에 다다랐을 때는 거의 탈

진에 가까운 상태였다.

아코한의 가로는 마흔세 살의 오이시(大石) 구라노스케(內藏助) 요시오(良雄)였다. 그는 사자가 건넨 전갈을 펼치자마자 사색이 되어 한참 동안 아무 말도 하지 못했다. 전갈의 내용은 아주 간단했다. 다쿠미노카미가 성내에서 고케 고즈케노스케에게 검을 휘둘러 상처를 입혔지만, 이제는 아무 일 없으니 가신들 모두 당황하여 동요하지 말라는 것이었다. 맨 마지막에는 아사노 다쿠미노카미의 동생인 아사노 다이가쿠의 서명이 있고, 수신인은 구라노스케와 또 다른 가로인 오노였다. 전갈에는 서둘러 한폐(藩幣)를 처분하라는 당부가 포함되어 있었다. 한폐란 각 한에서 발행하는 지폐로 해당 한 내에서만 유통되는 화폐였다.

구라노스케는 한동안 침묵에 잠겼다. 전갈에서 한폐를 언급했다는 것은 사태가 생각보다 심각하다는 것을 의미했기 때문이다. 그는 곧 북을 울려 모든 가신들을 성안으로 긴급 소집했다.

아코한에는 한시(장교급 가신)가 3백 명쯤 되고, 여기에 하급 사무라이와 잡역부들까지 합치면 1천 명이 넘는 장정들이 있었다. 바쿠후는 5만 석 다이묘들에게 70~100명의 장교만 거느릴 수 있도록 규정해 놓았지만, 아코한은 1대 성주 이래로 줄곧 이렇게 많은 장정들을 거느렸고, 바쿠후도 못 본 척 넘길 수밖에 없었다. 그래서 실제 생산량은 7만 석에 달했지만, 경제력은 매우 약했다. 관리와 백성의 비율이 6 : 4로, 관리와 백성의 비율이 4 : 6인 여타 한들과 비교할 때 백성들의 생활이 궁핍한 편이었다. 다쿠미노카미가 에도에서 일하는 동안 검소하게 생활했던 원인도 바로 여기에 있었다. 그리고 또 이것은 '다쿠미노카미 사건'의 근본적인 원인 가운데 하나이기도 했다.

3백 명의 가신들이 성 안의 대청에 모여들었고, 구라노스케가 전갈의 내용을 알리자 모두들 그 자리에서 멍하니 얼음처럼 얼어붙었다. 얼마 후, 정신을 차린 가신들이 너도나도 그 이유를 물었지만 구라노스케도 자세한 정황을 알지 못하니 뭐라고 대답할 수 없었다. 가신들이 돌아간 후 구라노스케는 곧장 한폐의 발행량과 비축량을 조사하도록 명령했다.

조사 결과, 한폐 발행량은 1만 5천 냥(약 18억 엔)이지만, 비축량은 1만 2천 냥밖에 되지 않았다. 구라노스케와 오노는 상의를 거쳐 한폐와 현금의 환전비율을 10 : 6으로 결정했다. 이는 에도 시대 전체 한폐 처리 사례 가운데 가장 높은 환전비율이었다. 일반적으로 한폐와 현금의 환전비율은 10 : 4가 보통이었고, 높아봐야 10 : 5가 고작이었다. 게다가 곧장 이튿날부터 한폐 환전을 시작했다. 이런 신속하고도 과감한 행동은 혹시 발생할지도 모를 소동을 최대한 억제하기 위한 것이었으며, 다이묘가 지금까지 드러내지 않고 있던 추진력이 표출된 것이었다.

저녁 9시경 두 번째 가마가 도착했다. 이번 사자(使者)들은 모두 세 통의 전갈을 가지고 왔는데, 그중 하나는 다무라가에서 보낸 서신으로 에도에 있는 아코한 저택의 가신들에게 한슈의 시신을 수습해 가라고 요청하는 통지였다. 이 전갈 한 통으로 아코한의 운명이 결정됐다. 한슈가 처형됐다는 것은 머지않아 아사노 가문이 아코한에서 영지를 몰수당하고 몰락의 길을 걷게 될 것임을 의미했다.

이튿날 아침 구라노스케가 다시 한슈들을 소집해 전갈의 내용을 알리자 대청 안이 온통 아수라장이 되었다.

"고즈케노스케는 어떻게 됐습니까? 처벌은 받았답니까? 상처가 얼마나 깊은 겁니까?"

"영지를 몰수당한다면 다른 건
다 차치하고라도, 성은 지켜야 합
니다. 성을 고스란히 내어주었다
가는 우리도 죽은 목숨이나 다름
없습니다! 목숨 바쳐 성을 지켜야
합니다!"

격앙된 목소리로 소리치는 사람
도 있고, 얼굴색이 흙빛이 되어 고
개만 푹 숙이고 있는 사람도 있었
다. 한슈들의 갖가지 반응에 수석
가신인 구라노스케는 아무런 말도
할 수가 없었다. 도쿠가와 이에야
스가 바쿠후를 세운 지 거의 100년

주신 구라 아코 사건은 드라마틱한 줄거리 때문에 여러
차례나 극으로 공연되거나 영화화되었다. 그림은 도에
이영화(東映映畵)가 1956년에 제작한 「아코의 낭사(赤
穗浪士)」라는 영화의 포스터이다.

이 다 되어가고 있었다. 역사적으로 전무후무한 태평성세를 구가하
고 있었지만 사무라이들에게 한슈 가문의 몰락이란 여전히 자신의
목숨이 떨어져나가는 것을 의미했다. 다른 한에 가서 일자리를 찾을
수도 없고, 또 다른 직업으로 바꿀 수도 없었다.

구라노스케와 오노는 며칠 동안 머리를 맞대고 재정 문제를 의논
했고, 그동안에도 에도에서 전갈이 연이어 도착했다. 에도에 있는 아
사노가의 저택 세 곳이 모두 몰수되고, 아코성도 남에게 넘어가야 했
으며, 다쿠미노카미의 아우인 아사노 다이가쿠는 집안에 연금되었
다. 다쿠미노카미의 부인인 오쿠리와 친정 식구들도 모두 화를 면할
수 없었다. 그런데 무엇보다도 놀라운 소식은 고즈케노스케가 여전

히 살아있으며 아무런 처벌도 받지 않았다는 것이었다. 이는 '싸움을 벌이면 시비를 막론하고 모두 사형에 처한다'는 바쿠후의 일관된 정책에 위반되는 것이 아닌가?

3월 27일과 28일, 29일, 연이어 사흘 동안 가신들이 성 안의 대청에 모여 회의를 열었다. 대부분이 성을 인수받으러 온 사람들 앞에서 할복하자며 목소리를 높였지만, 오노만은 다른 가신들의 강한 반대에도 불구하고 영지를 순순히 내어주어야 한다고 주장했다. 오노는 재능이 비범한 경제 관리로 아코한의 경제는 그에 의해 지탱되고 있다고 해도 과언이 아니었다. 그는 조상 대대로 이어온 아사노가의 가신이 아니라 중간에 중용된 관리였기 때문에 가장 냉정하고, 현실에 부합하는 의견을 내놓곤 했고, 다쿠미노카미도 생전에 오노를 신임하고 구라노스케를 등한시하는 경향이 있었다.

결국 바쿠후에 고즈케노스케를 처벌하고 아사노 가문을 다시 세워줄 것을 요청하고, 간청이 받아들여지지 않을 경우 성 안에서 모두 자결하겠다는 전갈을 보냈다.

상소문을 지닌 사자가 29일 낮 아코한을 출발해, 4월 4일 한밤중에 에도에 당도했다. 하지만 영지 인수를 책임진 감찰관은 이미 이틀 전에 아코한으로 떠난 후였고, 사자는 어쩔 수 없이 에도에 있는 아사노가의 가로에게 도움을 청할 수밖에 없었다. 결국 이 일이 폭로되자, 심지어 아사노 다이가쿠까지 크게 진노해, 절대로 명령에 불복종해서는 안 된다며 무조건 성문을 열 것을 명령했다. 결국 사자는 11일에 풀이 죽은 채 아코한으로 돌아왔다.

사실 바쿠후도 아코 가신들의 동요를 우려하지 않은 것은 아니었다. 아코한이 겐로쿠 시대에는 흔하지 않은 '무를 중시하는 한'이었고, 또 군수 물자를 보유하고 있었기 때문에 만약 가신들이 죽기 살기로 성을 지키려고 한다면 유혈 사태를 막기 힘들 것이었다. 바쿠후는 만일에 대비하기 위해 아코한에 대한 경비를 강화하도록 명령했다. 뿐만 아니다. 아코한을 인수할 오카야마한(岡山藩, 지금의 오카야마현 오카야마시)은 수십 명의 닌자를 보내 정보를 수집하고 6백 명의 사병을 출동시켜 국경을 지켰고, 보좌격인 다카마쓰한(高松藩, 가가와현香川縣 다카마쓰시高松市)도 아코한 앞바다에 8백 척의 배를 보내 순시했다.

성문을 열고 성을 내어주는 것만이 유일한 살 길이었지만, 구라노스케는 사후 처리를 위해 해야 할 일이 너무도 많았다. 한폐 문제를 해결하느라 국고가 이미 바닥난 지 오래인 데다가 히로시마의 아사노 가문도 재정 지원을 해주지 않았기 때문에 아코 아사노가의 무기와 소총, 배 열일곱 척을 모두 팔 수밖에 없었다. 오노는 봉록의 양에 따라 가신들에게 퇴직금을 지급해야 한다고 주장했지만, 구라노스케는 봉록이 적은 사람일수록 더 많은 퇴직금을 주어야 한다고 했다. 봉록이 많은 사람들은 가산이라도 팔면 최소한 2~3년은 버틸 수 있지만, 봉록이 적은 사람들은 당장 이튿날 끼니 걱정을 해야 할 판이었기 때문이다. 구라노스케의 봉록은 1천5백 석으로 모든 가신들 가운데 가장 많았고, 그 다음은 8백 석의 가신이었으며 오노의 봉록은 6백5십 석이었다. 하지만 구라노스케는 결국 단 한 푼의 퇴직금도 받지 않고 스스로 자리에서 물러났다.

12일, 드디어 가신들이 하나둘 씩 성을 빠져나가기 시작했다. 처음 긴급 소집 때 대청에 모였던 가신들 중 절반만이 남았다. 구라노스케가 드디어 특단의 결정을 내렸다. 어떤 상황에서든 다쿠미노카미의 아우인 아사노 다이가쿠가 아사노 가문을 계승하도록 해야 한다는

이마이가 야토 에몬시치의 초상. 나가야스 요
시노부(長安義信) 그림. 나가야스 요시노부는
후에 아코 모리가(森家)에서 어용화가로 있었
다. 〈가가쿠사 소장〉

것이었다. 가문을 부흥시키고 일자리를
잃은 사무라이들을 다시 불러 모은다면
사무라이들의 가족 전체가 거리로 내몰
리는 상황은 막을 수 있을 것이라고 판
단했다. 이날 약 120여 명의 가신들이
구라노스케의 결정에 따르겠다고 나섰
고, 모두들 순서대로 결의서에 피로 서
명했다. 이제 갓 열여섯 살인 야토 에몬
시치(矢頭右衛門七)의 차례가 되었을 때,
구라노스케가 갑자기 소리쳤다.

"잠깐! 에몬시치, 네 아비가 이미 서
명했고, 넌 성년도 되지 않았으니 서명할 필요가 없다."

"가로 나리, 소인 따위는 필요치 않다고 생각하시는 겁니까? 소인
이 비록 어리기는 하나 엄연히 가신의 일원입니다. 서명을 허락지 않
으신다면 이 자리에서 할복해 제 마음을 보여드릴 것이옵니다!" 말을
마친 에몬시치가 검을 빼어들었다.

에몬시치의 부친은 봉록 20석으로 다섯 명을 부양하고 있는(부양
가족 1인당 하루 벼 5홉) 회계직 관리이자, 구라노스케의 재정 문제 처
리에 큰 도움이 되고 있는 가신이었다. 에몬시치가 이렇게 강하게 나
오니 구라노스케도 서명을 허락하는 수밖에 없었다.

마지막 날인자는 서른다섯 살의 미무라 지로(三村次郎)였다. 미무
라는 연회에서 찻물을 준비하는 일을 맡은 하급 사무라이였는데, 봉
록 7석으로 두 명을 부양하고 있었다. 평소 가신들이 회의를 소집할
때면 그는 늘 뒷전으로 밀려나 의견을 말할 기회조차 갖지 못했지만,

의거 당일에는 큰 공을 세운 후문조의 선
봉대장을 맡았다.

이날 120여 명이 피로써 맹세했지만, 사
실 언제까지 계속 될 지 모르는 시간과의
사투를 버텨낼 사람이 몇 명이나 될지는
누구도 예측할 수 없었다.

바로 그날 밤, 한슈로부터 신임을 받던
오노 가로가 식솔들을 모두 데리고 야반도
주했다.

16일, 바쿠후의 감찰관이 아코한에 도착
해 성 안의 모든 물품을 조사했다. 심지어

미무라 지로(三村次郎)의 초상.
나가야스 요시노부 그림. 〈가가쿠샤 소장〉

누렁이 열 마리, 백구 다섯 마리, 누런 바둑이 한 마리, 검은 바둑이 한
마리, 그리고 갓 태어난 작은 강아지 여덟 마리와 성 밖에서 들어온 떠
돌이 개 몇 마리 등, 성 안에 있는 개의 수까지 샅샅이 조사했다. 18일
밤, 아코성을 인수하러 온 두 명의 관리가 각각 4천5백 명과 1천5백 명
의 군대를 이끌고 아코한으로 들이닥쳤다. 19일 아침, 이미 낭사(浪士)
로 전락한 구라노스케가 성의 옆문으로 나갔다가 성을 돌아 다시 정
문으로 들어오며 자신의 반평생에 작별을 고했다.

3. 주군에 대한 복수

오이시가는 본래 오미국(近江國, 시가현) 출신으로 몇 대 선조가 도
요토미 히데요시의 양자인 도요토미 히데쓰구(豊臣秀次)의 가신이었
다. 이 가신의 아들이 바로 아코한 제1대 성주의 가신이었는데, '오사

아코를 치기 위해 진격하는 바쿠후파 다쓰노한 하리마(播磨龍野藩)의 군대이다. 총 4천5백 명이 동원되었으며, 앞머리의 '마(馬)' 자는 한슈가 위치한 지역을 의미한다.

카 전투'에서 큰 공을 세워 아코한의 가로가 된 것이었다. 오이시 구라노스케 요시오는 제4대 가로로 열아홉 살에 부친으로부터 직위를 물려받았다. 당시 3대 성주인 아사노 다쿠미노카미의 나이가 갓 열한 살이었다. 다쿠미노카미의 급한 성격과 비교하면 구라노스케는 느긋한 성격의 소유자로서 '대낮의 등잔'이라는 별명을 가지고 있었다. 분명히 있기는 하나 마치 대낮의 등잔처럼 있는 듯 없는 듯하여 순전히 기름만 낭비한다는 뜻이었다. 그는 중간 체격에 피부가 거무스름한데, 얼굴에 천연두 자국이 있고, 평소에는 과묵하여 말수가 매우 적었다.

술을 매우 좋아해 사서에 2~3일 간격으로 반드시 1리터의 술을 샀다는 기록이 있기도 하다. 스물여덟 살 때 열여덟 살인 오쿠리(阿久利) 부인과 혼인해 슬하에 2남 2녀를 두고 있었다.

성문을 열어 성을 내어준 후에도 구라노스케와 20명의 한시들은 직무실을 온린사(遠林寺)로 옮겨 사후 처리를 계속했다. 아코한의 재

오이시(大石)가 남긴 장부. 의거 자금의 수입과 지출 내역이 자세하게 기록되어 있다. 〈하코네 신사 소장〉

정이 이미 바닥났으니 가문을 새로 일으키려면 경비를 모아야 했다. 그때 구라노스케에게 떠오른 것이 바로 오쿠리 부인이 시집올 때 가져왔던 지참금이었다. 지참금이 지금 돈으로 6억 5천만 엔이었는데, 이 돈을 염전 주인에게 빌려주고 그 이자는 오쿠리 부인이 받아 용돈으로 사용하고 있었다.

구라노스케는 이리저리 융통을 한 끝에 570냥을 모았고, 여기에 얼마 되지 않은 남아있는 예산을 합치니 690냥(8,200만 엔)이 조금 넘었다. 이것이 바로 훗날 낭사들의 의거 자금으로 사용됐다. 이 자금의 상세한 지출 내역은 구라노스케가 모두 장부에 기록했다.

5월 하순, 구라노스케의 왼쪽 손목에 종기가 났다. 하지만 공무가 너무 바빠 제대로 치료를 못했더니 6월 초에는 증상이 악화돼 몸져눕게 되었다. 하지만 그는 병상에서도 손에서 일을 놓을 수가 없었다. 에도로 사람을 보내 암암리에 가문 부흥 운동을 펼치는 한편, 에도의 급진파가 경거망동을 하지 않도록 다독여야 했다.

호리베 야스베(堀部安兵衛)의 초상.
나가야스 요시노부 그림. 〈가가쿠사 소장〉

오쿠다 시게모리(奧田孫太夫)의 초상.
나가야스 요시노부 그림. 〈가가쿠사 소장〉

당시 에도 급진파의 주도자는 서른 두 살의 호리베 야스베(堀部安兵衛)와 쉰다섯 살의 오쿠다 시게모리(奧田重盛), 그리고 훗날 중요한 시기에 도망친 다카다 군베(高田郡兵衛)였다. 호리베와 오쿠다(奧田)는 천하에 이름을 날린 검객 호리우치 겐자에몬(堀內源左衛門)의 문하생이었고, 다카다는 호조인류파(寶藏院流派)의 창술의 명수였다. 세 사람은 초창기 이후에 등용되어 에도에 머물고 있던 가신과 무술의 고수라는 공통점이 있었다. 세 명 모두 무공에 있어서는 둘째가라면 서러운 고수들이었기 때문에 그들에 대한 이야기가 매일 에도 사람들의 입에 오르내렸고, 그들은 이 때문에라도 하루 빨리 고즈케노스케의 목을 쳐 원한을 풀고 싶었다.

호리베 야스베는 다카다노바바 결투(高田馬場決鬪)의 주역으로 에도에서는 어느 정도 명성을 가지고 있었다. 다카다노바바 결투가 벌어지기 7년 전, 낭사의 신분이었던 야스베는 스물다섯 살이었다. 어느 날, 한 도장에서 무술을 연마하고 있는 숙부가 그에게 편지를 보냈다. 자신과 오랫동안 반목해온 동료와 다카다노바바에서 결투를 벌일 것임을 알리는 편지였다. 편지를 읽은 야스베가 곧장 다카다노바바로 달려가니 결투는 이미 시작돼 있었다. 상대는 7~8명인데, 숙부 편은 3명뿐이었다. 여기에 야스베가 합세해 4대 8 진영이 되었다. 야스베가 4명을 죽이고 결투에서 승리했지만, 숙부가 중상을 입어 돌아오는 길에 세상을 떠났다. 이 소식이 전해지자 아코한의 3대 가

호리베 야헤(堀部彌兵衛)의 초상. 나가야스 요시노부 그림. 〈가가쿠사 소장〉

신인 호리베 야헤(堀部彌兵衛)가 야스베의 공을 크게 치하하며, 직접 야스베의 거처로 찾아와 정의감 넘치는 이 젊은 낭사에게 호리베 가문을 계승해줄 것을 요청했다. 야스베도 처음에는 나카야마(中山)가의 유일한 아들이기 때문에 성을 바꿀 수 없다며 거절했지만, 여기서 포기할 야헤가 아니었다. 그는 군주에게 호리베 가문을 없애고 성을 나카야마로 바꾸어달라고 요청했고, 군주의 윤허를 받은 후 다시 야스베를 설득했다. 그러자 이번에는 야스베도 그의 뜻에 감복해 호리베 가문에 데릴사위로 들어가겠다고 응낙했다. 야스베가 에도 급진파의 주도자가 된 가장 큰 이유는 사실 그의 장인에게 있었다. '다쿠미노카미 사건'이 발생했을 때, 야헤는 이미 일흔여섯의 고령으로 퇴직한 상태였고, 의거 당시에도 일흔일곱 살로 모든 의사 가운데 최고령자였다. 아마도 그가 눈을 감기 전에 죽은 주군의 원한을 풀어주기 위해 배후에서 사위를 다그쳤던 것은 아닐까 싶다.

에도에 있는 아코한의 저택이 몰수된 후, 야스베는 료고쿠바시 서쪽의 요네자와쵸(米澤町)로 이주해, 아홉 평 남짓한 방을 빌려 장인어

른과 장모, 아내, 그리고 잡일을 하는 하인까지 데리고 살았다. 경제적으로 몹시 어려워진 것은 물론이었다. 비록 다른 한슈들이 야스베를 받아들이겠다는 뜻을 밝히기는 했지만, 호리베 부자는 모두 일언지하에 거절했다.

6월 24일, 에도에 거주하는 옛 한시들이 일제히 센가쿠사(泉岳寺)에서 열린 다쿠미노카미의 백일법사에 참석했다. 이 시각 구라노스케도 아코의 가가쿠지(花岳寺)에서 주군을 위한 법사를 거행하고 있었다. 이튿날 구라노스케는 교토 외곽에 있는 야마시나(山科)로 갔다. 그곳에 사는 먼 친척이 그가 머무를 수 있는 집을 마련해 주었다. 집은 면적이 1천8백 평에 달하고, 강당과 독립된 방은 물론, 화단과 텃밭까지 꾸며져 있는 저택이었다.

8월 상순 고즈케노스케는 바쿠후에 이주를 신청하고 허가를 받은 후, 거처를 고후쿠바시(吳服橋)에서 이곳으로 옮겼다. 고즈케노스케는 '다쿠미노카미 사건' 직후 자동적으로 사직되었었는데 이번 이사에는 말 못할 이유가 있었다. 이웃의 하치스카(蜂須賀) 히라(飛驒)가 아코한의 낭사들이 자신을 습격할 것이라는 세간의 떠도는 풍문을 믿고, 밤낮으로 습격에 대비하느라 전전긍긍했던 것이다. 심지어 아코한의 낭사들이 정말로 습격해 온다면 도대체 어떻게 대응해야 하는지 바쿠후의 관리들에게 물었지만 그들도 "자기 저택만 잘 지키면 되오. 다른 것은 관여하지 마시오."라고 대답했다. 그래서 결국 하치스카가 고즈케노스케에게 이주를 건의했던 것이다. 여기에서도 온 나라에 '아코한의 낭사들이 분명히 습격할 것'이라는 여론이 팽배해 있었다는 것을 알 수 있다. 하지만 낭사가 자기 집이나 잘 지키라고 분부했다는 것은 그 행간에 습격하려거든 어디 습격해보라는 의미가 숨어있는 것이었다. 다시 말해 쇼군이 당초 너무 급하게 불공평한 판결을 내린 것을 후회하고 있음을 의미했다.

사실 고후쿠바시의 고즈케노스케 저택은 본래 마루노우치에 있었는데, 내호성(內護城) 안이라 쇼군의 수비 범위에 속해 있었다. 이 경우 아코한이 정말로 습격을 감행한다면 에도성 전체에 대한 모반이 되는 셈이기 때문에 이 일대에 거주하는 다이묘들 모두 수수방관하고 있을 리 없었다. 하지만 쇼군이 고즈케노스케에게 새로 하사한 저택은 외호성(外護城)에 위치해 있어 당시로서는 다소 외진 곳이었다. 그러니 아코한의 낭사들이 습격을 해도 이웃에 있는 다이묘들이 모른 척, 안면 몰수할 수 있었다. 더욱 공교로운 것은 료고쿠바시를 사이에 두고 호리베 야스베의 집이 있다는 사실이었다. 고즈케노스케의 집은 료고쿠바시의 동쪽에 있고, 호리베 야스베의 집은 서쪽에 있었다. 이것은 결코 쇼군이 의도적으로 한 것이 아니었으니 하늘의 뜻이었다고 밖에는 설명할 길이 없다. 이때부터는 드디어 '다쿠미노카미 사건'이 '아코 낭사의 사건'으로 확대되기에 이르렀다.

고즈케노스케 가문은 가마쿠라 시대 이래로 명망 높은 가문이었다. 선조가 제56대 세이와천황(淸和天皇)의 여섯 번째 황자인 요시미쓰 야스요리(足利義康)였으므로 명문 중의 명문이라고 할 수 있었다. 미카와국(三河國)의 아이치현 하즈군(幡豆郡) 기라초(吉良町)에 4천2백 석의 영지가 있고 관직은 종5품으로 다이묘에 상당하는 신분이었다. 고즈케노스케의 아내는 우에스기 사다카쓰(上杉定勝)의 여식으로 전국 시대 '에치고의 용(越後之龍)'으로 불린 우에스기 켄신(上杉謙信)의 후예였다. 이 시기에는 우에스기 가문이 이미 120만 석의 고위 다이묘에서 요네자와한(米澤藩, 야마가타현山形縣 요네자와시)의 30만 석의 다이묘로 몰락한 후였지만 가신의 수는 예전과 마찬가지여서 경제적으로 아코한과 비슷한 어려움을 겪고 있었다. 4대 성주가 스물일곱 살에 급사하고 슬하에 후사가 없어 가문의 대가 끊기게 되자, 고즈케노스케가 서둘러 결정을 내려 자신의 외아들을 우에스기 가문에 양자로 보내 우에스기가가 기사회생할 수 있었다. 단지 그 때문에 바쿠후로부터 징벌을 받아 봉록이 30만 석에서 15만석으로 강등됐을 뿐이었다. 훗날 고즈케노스케는 다시 아들이 첩에게서 낳은 손자를 양자로 들였다. 그리고 바로 이런 이유 때문에 아코 낭사들은 의거를 준비하면서 우에스기가의 동정을 예의 주시해야 했다.

9월 중순과 10월 초, 구라노스케가 에도로 두 명의 사자를 보냈다. 급진파에게 경솔하게 행동하지 말 것을 당부하기 위함이었다. 그런데 그 두 명의 사자가 모두 급진파의 설득에 넘어가 그들에게 가담해버리는 뜻밖의 상황이 발생하고 말았다. 10월 20일 구라노스케와 네 명의 온건파 낭사들이 직접 교토를 떠났다. 직접 급진파들을 설득해보려는 심산이었다. 일행이 11월 3일에 에도를 향해 출발했다. 아코한 전임 가로의 신분인 구라노스케는 에도에 도착한 후에도 숨 돌릴 틈이 없었다. 출가해 비구니가 된 오쿠리 부인이 기거하는 요제인(瑤泉院)을 찾아가고 당초 아코성의 인수 임무를 맡은 감찰관을 배알한 후, 11월 10일이 되어서야 '에도 회의'를 소집할 수 있었다.

에도 회의에 참석한 사람은 모두 15명이었다. 하지만 이 중 6명은 그 후 거사를 치르기 전에 도망쳤다. 이날 낭사들은 이듬해 3월 다쿠미노카미의 기일에 거사를 치르고, 그 전까지는 모든 일에서 신중을 기하기로 결정했다. 정확한 날짜가 결정되자 곧장 원수의 처단을 주장하던 급진파 낭사들도 잠시 격앙된 마음을 누그러뜨리고 계획에 동의했다.

구라노스케에게 있어 이 에도행의 최대 수확이라면 아마도 서른세 살의 후와 마사타네(不破數右衛門)를 아코 사무라이단으로 복귀시킨 일일 것이다. 후와는 4년 전 새로 만든 검을 시험해 보기 위해 함부로 무덤 속에 있던 시신을 파냈다가 한슈인 다쿠미노카미에게 발각되어 사무라이단에서 제명된 인물이었다. 낭사가 된 후와가 때마침 에도에서 날품을 팔며 근근이 살아가고 있었는데, 구라노스케가 에도로 왔다는 소문을 듣고 찾아가, 갖은 노력을 다 기울여 구라노스케를 설득해 결국 사무라이 신분을 되찾았던 것이다. 그리고 중간에 가담한 이 사무라이가 의거 당일 가장 큰 공을 세우게 된다.

후와 마사타네(不破數右衛門)의 초상.
나가야스 요시노부 그림. 〈가가쿠사 소장〉

12월 5일, 구라노스케가 야마시나로 돌아왔고, 15일에는 열네 살인 그의 맏아들 오이시 지카라(大石主税)의 성인식이 있었다. 오이시 지카라는 의거에 가담한 낭사들 가운데 나이는 가장 어렸지만 체격이 매우 건장해, 당

오이시 지카라(大石主税)의 초상.
나가야스 요시노부 그림. 〈가가쿠사 소장〉

시 키가 173센티미터였다는 기록이 있다. 그는 의거 당일 후문조의 대장을 맡았다.

겐로쿠 15년, 1702년……

겐로쿠라는 연호가 실제 사용된 기간은 16년에 불과하지만 일본 역사에서는 5대 쇼군이 재위하던 약 30년의 문치 시대를 통칭하는 말로 사용된다. 쓰나요시가 쇼군으로 즉위한 1680년부터 30년 동안은 바로 전국 시대에서 에도 시대로 넘어가는 실질적인 과도기였다. 비록 세간에는 전국 시대의 기풍이 아직 남아있기는 했지만 전반적인 환경을 놓고 보면 이미 '문'을 중시하고 '무'를 경시하는 새로운 조류가 나타나고 있었다. 사회적인 분위기가 유학 위주로 변하면서 주자학파와 양명학파, 그리고 공자와 맹자의 학설을 위주로 하는 고학파(古學派)라는 주요 학파가 나타나기 시작하고, 고전 연구(훗날 국학으로 발전했다)나 역사학, 본초약학, 천문학, 수학, 의학, 서양학 등도 발전하기 시작했다. 한마디로 백화제방(百花齊放), 백가쟁명(百家爭鳴)의 시대가 도래했다고 할 수 있었다. 예술과 문화의 주도권도 서민들에게 넘겨졌다. 겐로쿠의 3대 문학자가 바로 그 유명한 이하라 사이카쿠와 마쓰오 바쇼, 지카마쓰 몬자에몬이었고, 『호색일대남』, 『호색일대녀』, 『세켄무네산요』, 『오쿠노호소미치(奧の細道)』, 『소네자키 신쥬(曾根崎心中)』, 『신쥬텐노아미지마(心中天網島)』 등 유명한 작품들도 모두 이 시대에 창작되었다. 서민들은 가부키와 조루리를 구경하는 데 온통 정신이 빼앗겨 있었고, 남자들은 요시와라 유곽에 가서 천금 같은 향락을 누릴 수 있었으며, 여자들도 삼삼오오로 모여 교외에서 유유자적 노닐며 경치를 감상하곤 했다.

사회적인 분위기가 날로 화려하고 사치스러워지자, 아코한의 낭사들도 시시각각 힘든 선택의 기로에 놓이곤 했다. 인생은 늘 선택의 연속인 법, 선택의 자유가 보장되지 않는다면 과연 여유롭게 살 수 있을까?

에도 급진파의 일원인 다카다 군베에게도 결단을 내려야 하는 상황이 닥쳤다. 다카다의 백부가 바쿠후의 하타모토였는데 슬하에 자식이 없어 그를 양자로 삼고 싶어 했던 것이다. 다카다는 백부의 뜻을 전하는 친형에게 거절의 뜻을 분명히 밝혔지만 친형과 백부가 그 이유를 꼬치꼬치 캐물었고, 다카다는 어쩔 수 없이 사실대로

가타시마 다케노리(片島武矩)가 교호(享保) 4년(1719년)에 엮어낸 『태평의신전(太平義臣傳)』. 『적수의신전(赤穗義臣傳)』이라고도 불린다. 의사들을 가명이 아닌 실명으로 기록하고 있어 이듬해에 출간금지 처분을 받았다. 하지만 출판자는 이미 이런 처분이 내려질 것을 예상하고, 미리 대량으로 책을 발행해 상당한 돈을 벌 수 있었다. 아코 사건이 당시 사회적으로 큰 반향을 일으켰음을 짐작할 수 있다.

털어놓고 말았다. 비밀이 완전히 발각된 셈이었다. 백부는 바쿠후의 하타모토였으니, 자신의 친족이 그런 음모에 가담하는 것을 좌시할 수 없었다. 과연 백부는 노발대발 화를 내며 다카다에게 동맹에서 탈퇴할 것을 종용하고, 만약 탈퇴하지 않으면 사실대로 바쿠후에 보고할 것이라고 위협했다. 결국 다카다는 첫 번째로 동맹을 어긴 인물이 되고 말았다.

하지만 그의 백부와 친형이 사전에 아코한 낭사들의 계획을 알고

있었음에도 바쿠후에 이 사실을 밀고하지 않았다는 점은 당시 사람들은 낭사들이 어떤 행동을 해주기를 기대하고 있었음을 반증하는 것이 아닐까? 사실 의거 당일까지도 낭사들이 한두 명씩 동맹을 탈퇴하기는 했지만, 단 한 명의 밀고자도 나타나지 않았다.

이와 비슷한 예가 또 있다. 바로 스물여덟 살인 가야노 산페이(萱野三平)였다. 아코성이 인수당한 후, 산페이는 부친과 맏형이 살고 있는 고향 셋쓰국(攝津國, 현재 일부는 오사카부, 일부는 효고현이다)의 가야노(萱野)로 돌아갔다. 그러자 가야노의 영주가 그의 부친을 불러 그를 가신으로 맞아들이겠다는 뜻을 밝혔다. 그러자 산페이는 "충성하려하면 불효를 저지르게 되고, 효도하자니 불충을 저지르게 된다."는 생각으로 구라노스케에게 전갈을 보내, 다쿠미노카미의 월기일(月忌日)*인 1월 14일에 자기 나름대로의 길을 선택하겠다는 뜻을 밝혔다. 그의 길이란 바로 비밀을 안고 스스로 목숨을 끊는 것이었다. 의거가 성공한 후, 구라노스케는 산페이가 48번째 의사(義士)라고 확실히 밝힌 바 있다. 도쿄도 미나토구 다카나와(高輪)의 센가쿠사에 산페이의 무덤이 있고, 그의 비석에 '인도희검신사(刃道喜劍信士)' 라는 계명(戒名)**이 새겨져 있다.

1월 11일 교토와 오사카에 흩어져 살던 몇몇 낭사들이 구라노스케의 집에서 '제1차 야마시나 회의'를 열었다. 세 차례에 걸친 회의의 결론은 의거를 가을로 연기한다는 것이었다. 하지만 이 결정은 사실 간사이 낭사들만이 동의한 것으로, 에도 낭사들의 생각은 전혀 달랐다.

* 매사에 방해를 놓는 흉신이 작용하는 날이다. 음력으로 매월 5일, 14일, 23일에 해당된다.
** 승려가 죽은 이에게 지어주는 법명.

3월 14일, 구라노스케가 아코로 돌아와 주군을 위해 주기(周忌)*를 치렀다. 아코성의 위용은 여전했지만, 사람들은 이미 예전 사람들이 아니어서 실로 격세지감을 느끼게 했다.

4월 중순, 구라노스케가 맏아들 지카라를 남기고 오쿠리 부인과 이혼했다. 당시 오쿠리 부인은 임신 중이었는데, 의거 후 가족들이 연루되어 화를 입을 것을 막기 위한 방비책이었다. 이것만 보아도 구라노스케는 비굴하고 배알도 없다며 그를 욕하던 에도의 급진파들보다 훨씬 더 장기적인 안목과 미래를 준비하는 신중함을 지니고 있었다. 이혼 후 구라노스케는 연일 유곽을 드나들며 방탕한 생활을 했고, 보다 못한 주변 사람들이 그에게 첩을 얻을 것을 간곡하게 권유했다. 이렇게 해서 구라노스케는 열여덟 살의 가루(可留)를 첩으로 얻게 되었다. 이 여인도 훗날 회임을 하게 된다.

바로 이때, 에도의 급진파들이 약 15명의 낭사들을 소집해 7월에 단독으로 의거를 단행하기로 결정하기에 이른다.

4. 47인 사무라이의 최후

오늘 밤 하늘에 먹구름이 자욱하네.
비가 지나가고 날이 개였는데, 달은 언제나 나오려나.

- 기라 고즈케노스케, 62세, 사세시

사람이 아무리 뛰어봤자 하늘 아래라고 했던가. 아코한의 낭사들

---

* 고인이 죽은 날. 기일.

이 하나둘씩 각자의 의견을 내세우며 서로 분열되자, 하늘은 또 다른 상황을 전개시켰다. 7월 18일, 바쿠후가 드디어 아사노 다이가쿠에 대한 연금령을 해제하고, 그의 거처를 히로시마 아사노가로 옮기도록 했다. 이 명령은 아우가 형의 가문을 계승하는 것을 막기 위함이었다. 이로써 구라노스케의 막후 활동은 완전히 물거품이 되고, 이제 남은 길은 단 하나뿐이었다.

7월 28일, 구라노스케가 교토의 마루야마(圓山)에서 '마루야마 회의'를 소집했다. 이 회의에 참석한 사람은 총 19명이었는데, 에도 급진파의 주도자인 호리베 야스베도 끼어있었다. 회의에서 야스베는 또 구라노스케와 의견 충돌을 빚었다. 야스베는 "우선 거사를 치른 후에 생각해 보자"라고 고집을 부렸지만, 구라노스케는 "거사를 치른다면 절대 실패해서는 안 된다."는 단호한 입장을 고수했다. 야스베는 거사를 단행하면 세상 사람들에게 아코한 낭사들이 목숨을 부지하는 데만 급급한 소인배가 아님을 알리게 되므로 설령 실패한다고 해도 큰 문제가 아니라고 주장했다. 하지만 구라노스케는 만일 실패할 경우 그 치욕을 씻을 길이 없으며, 아코한은 역사에 오명을 길이 남길 것이라고 했다. 이 둘의 대립은 서로 다른 입장과 관점을 극명하게 나타낸 좋은 예였다. 한 명은 중간에 중용된 낭사였고, 다른 한 명은 대대손손 가신이었던 가로였다. 그리고 야스베가 가장 먼저 생각한 것은 '개인적인 체면'인 반면, 구라노스케는 시종일관 '아코한의 명예'를 가장 염두에 두었다.

8월 초, 구라노스케가 두 명의 사자를 보내 1년 반 전 서약서에 피로 서명했던 옛 한시들을 일일이 찾아가도록 했다. 여전히 서약에 따를 것인지의 여부를 확인하기 위한 것이었다. 20일 간 사람들을 찾아다니며 서약을 지키겠다는 사람들을 추려내보니 당초 120명 남짓 하던 동지들이 55명밖에 남지 않았다. 8월 하순부터 9월 하순까지 간사이의 낭사들이 하나둘씩 길을 떠나 에도로 향했다.

열일곱 살의 에몬시치도 동지들이 하나둘씩 동요하자 내심 초조해지기 시작했다. 그의 부친은 봉록이 매우 낮은 회계직 관리였기 때문에 가산이 전혀 없었다. 아코성이 인수된 후 가족들이 모두 오사카로 이주해, 부친이 친구가 경영하는 데라코야에서 아이들에게 주판을 가르치며 그럭저럭 입에 풀칠을 하고 있었다. 하지만 부친이 8월 15일 장티푸스로 세상을 떠나면서 노모와 세 명의 누이만 남게 되었다. 부친은 세상을 떠나기 전에 조상 대대로 전해 내려오던 복부 갑옷을 에몬시치에게 물려주며 이렇게 당부했다.

"의거날 반드시 이 갑옷을 입어야 한다. 이 갑옷은 나의 분신이다. 나도 네 곁에서 너와 함께 싸울 것이다."

에몬시치의 부친이 몸져누웠다는 소식을 듣고 구라노스케도 석 냥을 보냈지만 이 돈도 이미 바닥난 지 오래였다. 에몬시치는 어쩔 수 없이 부친이 물려준 갑옷을 집주인에게 맡기고 얼마 정도의 돈을 융통할 수 있었다. 부친의 장례를 끝내고나니 에몬시치는 더욱 몸이 달아 견딜 수가 없었다. 의거에 가담하지 않는다면 부친의 유언을 저버리는 셈이 아닌가? 만약 그렇게 된다면 셈을 가르치는 선생의 아들이니 역시 철저하게 계산적이라는 세간의 손가락질을 피하기 힘들 것이었다.

그러던 어느 날, 그의 어머니가 그를 불러 말했다.

"오슈(奥州)에 이 어미의 먼 친척이 살고 있단다. 우리 걱정은 하지 말고 어서 떠나거라!"

에몬시치는 곧장 집주인에게 손 볼 곳이 있으니 잠시 갑옷을 빌려 달라고 둘러대어 갑옷을 되찾은 후 곧장 에도로 길을 떠났다.

다른 낭사들이라고 해서 가정환경이 특별히 좋을 리 없었다. 대부분 슬하에 어린 자식을 두고 있거나, 연로한 부모를 부양하거나, 그것도 아니면 부친이 병으로 사망하고 아들이 부친의 유지를 받들어 대신 의거에 가담한 경우였다.

구라노스케는 의거일을 차일피일 미루다가 비로소 10월 7일에야 결정했다. 뱃속의 아이는 아코한에서 한슈의 주치의로 있다가, 이제는 교토에서 의원을 경영하고 있는 데라이 겐케이(寺井玄溪)에게 잘 돌보아달라고 부탁했다. 데라이 겐케이는 본래 직접 의원을 경영했었는데, 그의 의술을 높이 산 다쿠미노카미가 그를 자신의 주치의로 삼은 것이었다. 그래서 그는 낭사들이 의거를 감행할 계획이라는 말을 듣고 구라노스케에게 자신도 참여하게 해달라고 조르기도 했었다. 하지만 구라노스케는 '의원은 사람을 구하는 것이 천직'이라며 그의 간청을 거절했다. 그러자 데라이 겐케이는 하는 수 없이 자신의 아들을 에도로 보내 낭사들의 건강을 보살펴주도록 했다.

10월 26일, 구라노스케는 무사시국(武藏國) 히라마무라(平間村, 가나가와현 가와사키시川崎市)로 들어가 작은 집을 한 채 얻고, 이곳에서 '10훈령(訓令)'을 발표했다. 그리고 구라노스케는 거리가 너무 멀었던 탓에 11월 5일이 되어서야 에도에 도착할 수 있었다. 에도로 들어간 구라노스케는 가명으로 니혼바시 혼고쿠쵸(本石町)에 있는 한 '공사숙(公事宿)'*에 거처를 정했다. 다른 낭사들도 모두 이름을 바꾸고

---

* 송사 등 공적인 일로 지방도시에서 에도로 온 사람들이 장기 체류하는 곳.

에도 각지에 흩어져 거처를 마련해서는, 상인으로 변장하거나 고즈케노스케 가문과 왕래하는 상점에 하인으로 들어가 각자 모을 수 있는 정보를 최대한 수집했다.

11월 29일, 구라노스케는 아코성을 넘긴 후 남은 예산의 지출 내역이 적힌 장부를 인편으로 요제인에 전했고, 이 장부는 지금까지 남아 있다. 이 장부에는 아주 소소한 지출까지도 시시콜콜 기록되어 있으며, 각 지출 내역마다 날짜와 용도가 상세하게 적혀있다. 또 7냥 남짓한 돈이 초과 지출된 것으로 되어있는데 이 돈은 구라노스케가 자기 주머니를 털어 충당했다. 11월 지출 내역을 살펴보면, '식비'가 매우 많은데, 이것만으로도 절반 이상의 동지들이 이 시기에 이미 끼니를 해결하는 것도 어려울 정도로 어려운 생활을 했었다는 것을 알 수 있다. 구라노스케도 이제 가진 돈이 완전히 바닥난 상태였다. 멀리 있는 친척이 에도로 돈을 보내자 그의 아들 지카라가 친필로 쓴 감사 서신을 보냈다는 기록이 있는데, 이것으로 당시 사람들이 제각각 자신이 할 수 있는 방법을 모두 동원해 자금을 모금했다는 것을 알 수 있다.

12월 2일, 구라노스케가 마지막으로 '후카가와(深川) 회의'를 소집했다. 이 회의의 참석자는 47명뿐이었다. 그렇다. 구라노스케가 에도로 옮겨와 직접 지휘를 맡은 후에도 사람들의 탈퇴가 여전히 계속되었던 것이다. 그중에서도 가장 씁쓸한 것은 오야마다(小山田)라는 낭사의 일이었다. 그는 도망치기 전에 동지의 집에 몰래 들어가 돈 3냥과 옷가지들을 훔쳐 달아났던 것이다. 시간이 흐르면서 당초 120명이 넘던 사무라이들 가운데 3분의 2가 현실에 굴복했지만, 이렇게 비열하게 배신했던 사람은 오야마다가 유일했다. 가장 가련한 것은 오야마다의 부친이었다. 여든한 살의 고령이었던 그는 당시 바쿠후 하타모토의 가신인 사위의 집에 기거하고 있었는데, 그 역시 젊은 시절 아코한의 한시였기에, 한시들이 행동한다는 것을 알고 자신도 참가하겠다고 나섰지만, 너무 연로하다는 이유로 거절을 당한 사람이었다. 그러니 그가 아들에게 거는 기대가 각별할 수밖에 없었다. 15일 아침, 의거가 성공했다는 소식이 전해지자, 그는 어느 누구보다도 기뻐했다. 하지만 얼마 후 호외에 실린 의사들의 명단에 아들의 이름이 빠져 있는 것을 보고, 사람을 보내 자초지종을 들은 후에야 아들이 그런 짓을 저질렀다는 사실을 알게 되었다. 그러자 그는 동지들에게 속죄하는 뜻으로 단도로 자기 가슴을 찔러 목숨을 끊었다.

오야마다와 너무도 대조적인 인물이 한 명 있었다. 바로 마에하라 이스케(前原伊助)다. 당시 서른아홉 살이었던 그는 에도에 머무르고

마에하라 이스케(前原伊助)의 초상.
나가야스 요시노부 그림. 〈가가쿠사 소장〉

있던 가신이었는데 봉록이 기껏해야 10석밖에 되지 않았다. 아코성이 인수되고 주군을 잃은 그는 도미자와쵸(富澤町)에서 한 중고 옷 상점을 열었다. 당시에는 일부 돈 있는 사람들만 새 옷을 지어입고, 일반 서민들은 대부분 이런 중고 옷 상점을 이용했다. 이스케는 열심히 장사를 하면서 한편으로는 고즈케노스케의 동정을 면밀히 살폈다. 그리고 구라노스케가 처음 에도로 왔을 때 정식으로 동맹에 가담한 그는 얼마 지나지 않아 고즈케노스케 저택 후문 부근으로 이주해 쌀가게를 개업했다. 당시 서른일곱 살의

간자키 요고로(神崎與五郎)가 그와 함께 살았는데, 요고로는 보병대장 출신이었다. 신분으로 따지자면 오늘날 군대의 하사보다도 낮아, 봉록도 5석밖에 되지 않았다. 그때부터 이스케와 요고로는 고즈케노스케의 저택 내부를 탐색하는 임무를 맡았다. 더욱이 요고로는 고즈케노스케의 생김새를 직접 목격한 유일한 인물이기도 했다. 그런데 의거를 일으

간자키 요고로(神崎與五郎)의 초상. 나가야스 요시노부 그림. 〈가가쿠사 소장〉

키기도 전에 이스케가 병에 걸려 몸져눕고 말았다. 구라노스케가 그를 위해 보낸 비싼 조선인삼을 다려먹었지만, 그의 병은 전혀 차도를 보이지 않았고, 결국 의거 당일에도 병이 심해 의거에 직접 참여하지 못했다.

한 가지 짚고 넘어갈 것은 이스케와 요고로 두 사람 모두 신분이 미천한 낭사였음에도 불구하고 다재다능해 장사에도 능하고, 한시와 와카, 하이쿠에도 뛰어난 재능을 보였었다는 점이다. 아사노 가문이 멸문지화를 당한 후부터 의거를 감행하기 한 달 전까지 이 두 사람은 각자 낭사들이 와신상담한 과정을 한문으로 상세하게 기록해 놓았다. 물론 여기에는 동지들을 배반한 사람들의 행적까지 포함되어 있다. 이스케의 기록은 『국난시말(國難始末)』이고, 요고로의 기록은 『절영자해(絶纓自解)』인데, 훗날 이 두 권이 합본되어 『적성맹전(赤城盟傳)』이라는 책으로 출간되었으며, '주신 구라' 연구에 있어 중요한 사료로 이용되고 있다.

다케바야시(武林)의 초상. 나가야스 요시노부 그림.
〈가가쿠사 소장〉

47명의 의사들 가운데 서른두 살의 다케바야시 타다시치(武林 唯七)는 신분이 가장 특수한 사람이다. 그는 자칭 고대 중국의 대유학자 맹자의 먼 후손이며, 중국 이름은 '맹융중(孟融重)'이었다. 타다시치의 조부인 모니칸(孟二寬)은 명나라 사람으로 절강성(浙江省) 항주부(杭州府) 무림(武林) 출신이었다. 모니칸은 도요토미 히데요시가 조선을 침략했을 때 붙잡힌 포로인데, 의학 지식을 가지고 있어 일본에 귀화한 후 의원으로 일하며 성을 다케바야시(武林)라고 바꾸었다. 다다시치는 에도 급진파 중에서도 가장 급진적인 인물로 의거 당일 전문조(前門組)에 투입되었다. 그는 생전에 이런 7언 절구의 한시를 남기기도 했다.

삼십 년 동안 한 가지 꿈만 꾸었네
이 한 몸 버려 의를 행하는 것은 꿈과 같으나
양친이 와병 중으로 고향에 계시도다
의를 위해 은혜를 저버리는 것은 꿈과 다르네

거사일은 본래 12월 5일이었지만 나중에 다시 11일로 연기되었다. 그런데 공교롭게도 두 날 모두 쇼군이 성을 나와 공경대신의 저택을 방문하는 날이라 에도의 경비가 평소보다 훨씬 삼엄했다. 결국 차 따르는 하인으로 잠복해 있던 오타카 겐고(大高源五)가 14일에 고즈케노스케의 저택에서 다회가 열린다는 것을 알아냈고, 다른 두 명의 의사도 각각 다회의 날짜를 입수했다. 그들은 14일 밤에 거사를 단행하기로 결정했다. 정확히 말하면 15일 새벽(양력 1월 30일)이었다. 14일은 바로 다쿠미노카미의 기일이기도 했다.

오타카 겐고(大高源五)의 초상.
나가야스 요시노부 그림. 〈가가쿠사 소장〉

며칠 동안 큰 눈이 내려 에도는 온통 은색으로 뒤덮였다. 14일 아침에는 하늘이 맑게 개였는데, 하얗게 쌓인 눈에 햇볕이 반사돼 실눈을 떠야 앞에서 다가오고 있는 사람의 얼굴을 분간할 수 있을 정도로 맑은 날씨였다.

오후 4시경부터 의사들이 속속 집결 장소로 모여들기 시작했고, 마지막으로 각자 야스베의 집에 숨겨두었던 무기들을 골라 가졌다. 복장을 특별히 규정하지는 않았지만, 검은색의 소매통이 좁은 겉옷, 철모가 달린 두건, 갑옷내의와 자물쇠가 달린 허리띠, 다리 싸개, 짚신 등 몇 가지 갖춰야 하는 기본 조건은 있었다. 겉옷의 소매에 흰 색 천을 꿰매어 달고, 오른쪽 소매 위에 자신의 이름을 써넣었다. 허리띠 안에 자물쇠를 단 것은 야스베의 생각이었다. 그 자신이 다카다노바바 결투에서 허리띠가 풀려 행동이 불편했던 경험이 있었기 때문이다. 다른 것은 모두 손과 발을 보호하기 위한 것이었다. 전체적으로 볼 때 에도 소방대원들의 제복과 매우 비슷했다. 아무리 비장한 뜻을 담은 거사라고 해도 화려함을 가장 큰 특징으로 하는 겐로쿠 시대였기 때문에 각자 복장의 배색에 각별히 신경썼음을 엿볼 수 있었다. 예를 들어 찻물을 담당한 오타카는 넓은 소매의 기모노와 겉옷을 입었는데(소매통과 길이가 같으면서 함께 누비지 않은 것) 안에 입은 옷 소매의 안팎은 모두 붉은 색이고, 겉옷 소매의 안팎은 모두 검은색이었다. 이 때문에 결투를 벌일 때 소매가 펄럭거리면서 붉은 색과 검은색이 서로 교차해, 마치 핏빛 목단 꽃잎이 광풍(狂風)에 흩날리는 것 같은 장관이 연출되었다. 이것은 또 다른 사무라이가 사후에 가족들에게 보내는 편지에서 사건 현장을 묘사하면서 표현했던 비유다. 구라노스케의 복장이 가장 정통이었는데, 가문의 독특한 문양이 수놓아진

아사노 나가노리 가문의 문양.
매의 날개를 상징함.

오이시 요시오 가문의 문양.

겉옷에 모직으로 된 검은색 외투를 걸치고, 검은색 투구가 달린 두건의 가장자리에는 흰색 가죽이 덧대어 있었으며, 다리 싸개는 붉은 가죽이었다. 허리띠에는 장도와 단도를 함께 찼는데, 단도의 칼자루에 '그 어떤 산도 군주의 은혜보다는 가볍고, 한 가닥 머리카락도 신하의 목숨보다는 무겁다.' 라는 한문 대구가 새겨져 있었다.

사무라이들은 모두 앞가슴에 호루라기를 달았다. 누구든 가장 먼저 고즈케노스케를 발견하면 즉시 호루라기를 불어 동료들에게 알리기 위함이었다.

새벽 4시 40분경, 마흔일곱 명의 의사들이 눈

길을 밟으며 1킬로미터쯤 떨어진 목적지를 향해 비장한 걸음을 옮기고 있었다. 그들 중 어느 누구도 그 어떤 말도 하지 않았다. 하늘에는 보름달만 휘영청 걸려있을 뿐, 구름 한 점 없었고 밤기운은 매섭도록 차가웠다.

고즈케노스케의 저택은 총 2,550평으로, 안채만 해도 388평에 달했다. 장방형의 택지를 둘러싼 담장 안의 동, 남, 서 삼면에는 모두 나가야(기다랗게 지어진 집)가 있어 하급 가신과 하인들이 거주했다. 나가야의 넓이는 약 42평이었다.

사무라이들은 크게 두 조로 나뉘었다. 구라노스케가 지휘하는 전문조는 23명이었고, 열다섯 살의 지카라가 후문조 24명의 지휘를 맡았다. 나이 대를 보면, 스무 살도 안 된 의사가 2명이었고, 스무 살부터 스물아홉 살까지가 13명, 서른부터 서른아홉 살까지가 18명, 마흔부터 마흔아홉 살까지가 4명, 쉰부터 쉰아홉 살까지가 4명, 그리고 예순부터 예순아홉 살까지가 6명이었다. 이 가운데 부자 관계가 9쌍, 형제 관계가 2쌍이었다. 구라노스케는 조를 편성하면서 개인의 무공 실력이 아니라 연령과 혈연 관계를 고려해 각 조의 연령층을 고루 배치하고 혈연 관계에 있는 사람들은 모두 갈라놓았다. 스물다섯 살부터 마흔 살까지의 장정들이 절반을 차지했다는 것이 다행이라면 다행이었다.

결투 방식은 3인 1조였다. 전문조는 구름다리를 이용해 순서대로 담장으로 기어 올라가 정원으로 뛰어내리고, 의사 한 명이 대문 앞에 대나무 기둥을 세웠다. 이 기둥에는 상자가 걸려있었는데, 상자 안에는 '의거선언문'이 들어있었다. 저택으로 잠입한 후에는 몇 명의 사무라이가 큰소리로 이웃들을 불러 자신들의 행동이 결코 폭동이 아

우타가와 히로시게의 「주신 구라의 야습(忠臣藏夜討)」. 보름달 아래의 광경을 묘사하고 있다.

니며, 주군의 원한을 갚기 위한 것이므로 간섭하지 말아줄 것을 당부했다. 북쪽 담장을 사이에 두고 있는 이웃은 바쿠후의 하타모토인 스치야 지카라(土屋主税)의 저택이었는데, 스치야는 아코한의 사무라이들이 드디어 의거를 일으켰다는 소식을 듣고 담장 옆에 등불을 높이 매달아 고즈케노스케 저택의 정원을 환하게 밝히고, 하인들에게 고즈케노스케의 가신들이 담을 넘어 도망치지 못하도록 담장 옆을 잘 지키라는 지시를 했다고 한다.

나가야 안에 약 120명의 하급 사무라이와 하인들이 있었지만, 출입구가 모두 봉쇄되어 안에서는 밖에 큰 혼란이 일어났다는 것만 알 수 있었을 뿐이다. 그리고 "30명이 현관을 뚫고 들어갔다!", "5명이 나가야를 봉쇄했다!", "30명이 후원에 불을 질렀다!" 등 밖에서 간간히 들리는 외침 소리로 3~4백 명의 사무라이가 습격했을 것으로 어림짐작하고 있었다. 칠흑 같은 어둠 속에서 사람들은 함부로 크게 숨도 쉬지

312

못하고 그저 상황이 빨리 끝나기만을
기다릴 뿐이었다. 사실 이것도 적들
의 동요와 소란을 막기 위한 구라노
스케의 사전 전략 중 하나였다. 의사
들 가운데 나이가 많은 사람들은 실
제 결투에 참여하지 않고 정원에서
순시를 돌며 누가 도망치려고 할 때
마다 이를 제압하고, 그렇게 큰 소리
로 외쳤던 것이다.

하자마 주지로(間十次郎)의 초상. 나가야스 요시노
부 그림. 〈가가쿠사 소장〉 주지로(十次郎)를 주지로
(重次郎)라고도 했다. 하지만 그 자신은 바쿠후의 고
문서에 주지로(重治郎)라고 서명했다.

한 시간 후 전문조와 후문조가 서
로 합류했지만 고즈케노스케는 찾지 못했다. 그러나 결국 스물다섯
살의 하자마 주지로(間十次郎)가 부엌 옆 장작을 쌓아두는 창고 안에
서 원수를 발견했다. 호루라기 소리가 들리자 모두 번개처럼 모여들
었다. 구라노스케는 고즈케노스케의 이마와 등에 있는 흉터를 확인
한 후 하자마 주지로에게 그의 목을 치라고 지시했다. 이때 아마도 의
사들 가운데 누군가가 기쁨에 겨워 큰소리로 울었던 모양이다. 이웃
저택에 있었던 스치야의 사후 증언에 따르면 큰소리로 울부짖는 소
리가 자신의 저택까지도 들렸다고 한다.

의사들은 고즈케노스케의 주검을 침실로 옮기고 이불을 덮은 후
모든 등불을 꺼주었다. 고즈케노스케를 죽인 후 사후 처리를 이렇게
하지 않았다면 아마 바쿠후는 결코 그들의 행동을 '의거'로 규정하지
않았을 것이고, 또 그들을 도적으로 간주해 죄명이 완전히 달라졌을
것이다. 이 역시 에도 시대와 전국 시대 무사도의 가장 큰 차이였다.

적의 머리를 얻은 후, 의사들은 모두 후문에 모여 인원을 확인했다.

총소리가 하늘에 진동하고, 기라 고즈케노스케가 체포되는 장면을 묘사했다. 「가나데혼 주신 구라」, 11단락.

네 명이 가벼운 상처를 입은 것 외에는 모두 무사했다. 고즈케노스케의 가신들 중에는 사망자 16명, 부상자 20여 명이 나왔다. 사무라이들은 다시 이웃들에게 의거가 끝났음을 알리고 6시경 다시 돌아갔다. 돌아오는 길에 구라노스케는 바쿠후 감찰관인 센고쿠(仙石)의 저택으로 사람을 보내 자수의 뜻을 밝혔고, 9시경 센가쿠사에 도착해 주군의 무덤에 고즈케노스케의 머리를 바친 후 바쿠후의 처분을 기다렸다.

한편 고즈케노스케의 저택에서 거사가 벌어지고 있던 5시 40분경, 저택 부근의 한 두부 파는 노점상이 고즈케노스케 저택 안에서 이상한 낌새가 있는 것을 눈치 채고 재빨리 우에스기가에 이 사실을 알렸다. 두 번째로 이 사실을 알린 사람은 고즈케노스케 저택의 후문 근위병 중 하나였다. 하지만 고즈케노스케의 친아들인 우에스기 쓰나노리(上杉綱憲)는 마침 와병 중이었고, 가로인 이로베(色部) 역시 상 중이어서 우에스기의 집에 있지 않았다. 이 때문에 여러 가신들이 모여 대

314

응 방법을 논의하며 의론이 분분했는
데, 이때 바쿠후가 사자를 보내 아코한
의 한시들을 추격하지 말 것을 경고했
다. 그로 인해 우에스기에 대한 처벌은
50일간 연금되는 것에 그칠 수 있었다.

오후 5시경, 사무라이들이 감찰관 센
고쿠의 저택에 도착했다. 센고쿠는 이
미 가신들에게 50인분의 음식을 준비해
둘 것을 당부해 놓은 상태였다. 그 후
47명의 사무라이들은 네 무리로 나뉘어

요시다 쥬자에몬(吉田忠左衛門)의 초상. 나
가야스 요시노부 그림. 〈가가쿠사 소장〉

각각 구마모토한(熊本藩) 호소카와가(細川家)와 죠후한(長府藩)의 모리
가(毛利家), 마쓰야바한(松山藩)의 마쓰다이라가(松平家), 오카자키한
(岡崎藩)의 미즈노가(水野家)의 관리를 받았다.

정확히 말하면 당시 사무라이들은 46명이었다. 47명 가운데 유일
하게 아코한 한시가 아니었던 인물이 있었는데, 바로 데라사카 기치
에몬(寺坂吉右衛門)이었다. 그는 의거에 성공하고 돌아가는 도중 구라
노스케의 명을 받고 도망쳤다. 바로 '산증인'이 되어 의사의 유족들
에게 사건의 정황을 상세히 알리기 위함이었다. 데라사카는 아코한
의 가신인 요시다 쥬자에몬(吉田忠左衛門)의 포졸이었다. 예순한 살의
요시다는 의거의 부수령이자 구라노스케의 오른팔이었다. 데라사카
는 당시 서른일곱 살이었는데, 아홉 살 때 요시다의 집에 하인으로 들
어가 스물일곱 살에 포졸이 된 사람이었다. 포졸은 사무라이 계급이
아니고, 포졸대장이 되어야 최하급 사무라이가 될 수 있었다. 데라사

의사들이 기라의 목을 들고 기세등등하게 센가쿠사(泉岳寺)로 향하고 있다. 사람들이 몰려와 구경하는 모습도 보인다.

카가 의거에 가담한 것이 '충정(忠情)'의 발로였던 것은 사실이지만, 그 대상은 다쿠미노카미가 아니라 어릴 적부터 모셔온 요시다였다. 다른 의사들도 사후에 가족들에게 보내는 편지에서 자신이 의거에 가담한 이유를 밝혔는데, 구라노스케를 위해서였다는 사람도 있었고, 또 도중에 도망친 친척을 위해서였다는 사람도 있었다. 모든 의사들이 다쿠미노카미를 위해 의거에 참여한 것은 아니었던 셈이다.

요시다는 유서에서 사위에게 이렇게 당부했다.

"바쿠후에는 데라사카가 도중에 도망쳤다고 보고했지만, 사실 밝히지 못할 사정이 있었다. 그러니 누가 물어도 데라사카의 일을 입밖에 꺼내서는 안 된다."

유서에서는 또 사위에게 데라사카 부부의 생활을 잘 보살펴주라고 당부하기도 했다. 훗날 요시다의 사위는 장인의 유지를 받들어 12년 동안이나 데라사카 부부를 돌보았고, 데라사카의 증언을 기록하기도

316

했다. 데라사카의 증언에 따르면, 그는 후문조에 속해 있었는데, 의거를 마치고 돌아오는 길에 구라노스케의 명으로 우선 요제인에 가서 보고한 후 한달음에 달려 아코까지 왔고, 마지막으로 히로시마에 있는 아사노가에 이 일을 보고했다. 구라노스케는 또 그가 훗날 억울한 일을 당하지 않도록 그를 위해 직접 서약서를 써주기도 했다. 데라사카는 말년에 에도의 한 절에서 하인으로 일하다가 여든세 살의 나이로 세상을 떠났다. 도쿄 센가쿠사에 있는 47명의 의사 묘비에 새겨진 계명

데라사카 기치에몬(寺坂吉右衛門)의 묘비. 유일하게 순사하지 않고 살아남은 사람이기 때문에 계명(戒名)에 '인(刃)' 이나 '검(劍) 이라는 글자가 포함되어 있지 않다. 〈촬영 - 모로 미야〉

을 보면 모두 '인(刃)', 혹은 '검(劍)' 이라는 글자가 끼어있는데, 유일하게 데라사카의 계명만 '수도퇴신신사(隧道退身信士)' 인 것도 바로 이런 이유 때문이다. 구라노스케가 데라사카를 '산중인' 으로 지목한 것은 아마도 그의 신분 때문이었던 것 같다. 그의 신분이 사무라이가 아니니 바쿠후도 굳이 그를 찾으려고 애쓰지 않을 것이고, 또 사람들도 그를 의거의 유일한 생존자라고 손가락질 하지 않을 것이기 때문이었다.

46명의 의사들은 네 무리로 나뉘어 그렇게 세상과 영원히 이별했다.

그날 밤, 호소카와가는 열일곱 개의 가마와 875명의 호위병을 보내 실로 거창하게 구라노스케 등 의사 일행을 맞이했고, 마쓰다이라가와 모리가, 미즈노가도 각각 304명과 200여 명, 150여 명의 호위병을 보

냈다. 호소카와가의 호위병이 가장 많았던 것은 호소카와 가문의 권세가 가장 막강했기 때문이기도 하지만, 관리하게 된 사무라이들의 신분과도 관계가 있었다. 호소카와가는 봉록 54만 석의 고급 다이묘였기에 봉록이 높은 17명의 사무라이들을 맡게 되었다. 봉록 15만 석의 마쓰다이라가는 10명의 사무라이를 맡았고, 봉록이 5만 석인 모리가와 미즈노가는 각각 신분이 가장 낮은 사무라이 10명과 9명을 보호했다.

구마모토한의 한슈인 호소카와 쓰나토시(細川綱利)는 아코한 사무라이들의 의거에 크게 탄복했다. 그는 바쿠후가 자비를 베풀어 구라노스케 등을 사면하면 그들을 모두 가신으로 받아들이기 위한 물밑작업을 음양으로 벌였다. 공교롭게도 사무라이들 가운데 나이가 많은 사람들이 모두 호소카와가로 배정되었는데, 그들에게 매 끼니마다 국 두 가지에 다섯 가지 요리를 곁들인 식사를 제공했고, 오후에는 간식, 밤에는 밤참까지 제공했다. 술과 안주가 후하게 제공되었음은 말할 나위도 없다. 심지어 사면된 후에 그들에게 줄 의복과 무기까지 모두 완벽하게 준비해 놓았다. 마쓰다이라가의 대우도 호소카와가에 못지않은 극진한 대접이었다. 사무라이들은 자신들에게 유배령이 내려질 수 있다는 생각에 무인도로 가져갈 물건들을 준비하기도 했다. 모리가와 미즈노가의 물질적인 대우도 다른 두 가문과 다를 바 없었던 것을 보면, 아마 이들 네 가문이 사전에 약속을 했었던 것 같다. 하지만 정신적인 배려는 물질적인 것에 비해 다소 부족했던 것 같다.

이 사건의 처리 방법을 두고 가장 골머리를 앓았던 것은 역시 5대 쇼군인 쓰나요시였다. '다쿠미노카미 사건'이 일어났을 때, 쓰나요시는 사건 당일 처벌을 결정했었다. 하지만 이 '아코한의 사무라이 사건'은 사건의 전 과정이 꼬박 일년 하고도 열 달이 걸렸고(8월에 윤달이 있었다), 사무라이들이 스스로 자수했으며, 의거의 이유가 너무도 사리에 들어맞았기에 반박의 여지가 전혀 없었다. 쓰나요시는 구라노스케가 왜 주군의 무덤 앞에서 자결하지 않았는지 이해할 수 있었다. 구라노스케가 의거를 주도한 진정한 목적이 '원수에 대한 복수'가 아니라, 시간을 1년 10개월 전으로 되돌려 다시 재판을 열어 아코한에 '공정한 심판'을 내려줄 것을 쓰나요시에게 요구하는 것이었기 때문이다. 쓰나요시도 상황이 허락한다면 그들의 용감한 행동에 박수를 보내고 싶었다. 하지만 그는 쇼군이었기 때문에 서민들과는 입장이 판이하게 달랐다. 그가 내리는 모든 결정은 만고에 길이 남아 칭송을 받을 수도 있고, 또 오랜 기간 비난의 대상이 될 수도 있었다.

　이듬해 2월 1일, 닛코(日光) 린노사(輪王寺)에서 공무를 담당하고 있는 법친왕(法親王)*이 에도성에 와서 쇼군을 알현했다. 쇼군은 이 자리에서 법친왕에게 은근슬쩍 사무라이들을 구명해줄 것을 요청해 달라는 뜻을 전했지만, 법친왕은 일부러 알아듣지 못한 척 했다. 사실 쇼군도 이미 에도의 저명한 유학자인 오규 소라이(荻生徂徠)의 의견을 받아들여 사무라이들에게 할복을 명하기로 결정했으나, 내심 주저하며 결정을 발표하지 못하고 있었다. 그 후 법친왕은 측근에게 이렇게 말했다고 한다.

　"나도 쇼군의 의중을 눈치 채지 못한 바는 아니나, 40명이 넘는 의사들 가운데 혈기왕성한 젊은이들도 적지 않으니 지금 그들의 목숨을 살려주었다가 훗날 혹시 잘못된 일이라도 저지르게 되면 그 비난이 온통 나에게로 돌아올 것 아니냐? 그들로 하여금 역사에 길이 이

* 제111대 고사이천황(後西天皇)의 여섯 번째 황자.

름을 남기도록 하는 것이 진정한 자비일 것이다."

2월 4일, 바쿠후는 의사들이 머무르고 있는 네 가문의 저택으로 판결문을 보냈다. 그리고 오후 4시경, 같은 시간, 각기 다른 네 곳에서 46명의 사무라이들이 미소를 머금은 얼굴로 마지막 길을 떠났다.

> 아, 한 없이 기쁘도다
> 이 한 몸 버려 의를 얻고 소원을 이루었네
> 두둥실 뜬 달에 구름 한 점 걸려있지 않구나
> - 오이시 구라노스케, 계명 '충성원인공정검신사(忠誠院刃空淨劍信士)', 45세, 사세시

5. '다쿠미노카미 사건'의 진실

고즈케노스케의 양자(손자)는 사건 당시 나이가 열여섯이었는데, 이 일로 바쿠후로부터 멸문의 화를 당했고 3년 후 병사했다.

의사의 자식들 가운데 열다섯 살 이상의 소년들은 모두 오시마(大島)로 유배되었다가 1706년에 사면되었다. 1709년 1월 10일, 쓰나요시가 세상을 떠나고 쇼군으로 즉위한 6대 쇼군 도쿠가와 이에노부는 대사면령을 내려 아코한 의사의 모든 자식들을 사면시키고 신분을 회복시켰다. 하지만 대부분이 이미 연좌제를 피하기 위해 불교에 귀의한 후였다. 1710년, 바쿠후는 아사노 다이가쿠에게 다시 500석의 봉록을 하사하고 하타모토의 신분을 회복시켜 주었다. 구라노스케의 차남은 요절했고, 유복자인 다이사부로(大三郞)는 훗날 히로시마한 아사노가의 가신이 되었다. 봉록은 부친과 똑같은 1,500석이었다.

그 후 3백 년 동안 『주신 구라』는 일본을 대표하는 낭만 서사시로 칭송받으며 일본인들에게 마르고 닳도록 읽혀지고, 또 극으로 공연되었다. 이 47인 사무라이들의 행동은 전국 시대의 사무라이 기질과 에도 시대 무사도의 형식미를 대표하는 것이었다. 전국 시대에는 소위 무사도라는 것이 없었고, 기껏해야 사무라이 기질이라고 할 정도였다. 현대식으로 말하면 전국 시대 사무라이는 직업 군인이고, 그들의 행동 기준은 '자신', 즉 '사(私)'였다. 그들이 전쟁터에서 목숨 바쳐 싸우는 것은 주군을 위함이 아니라 생계를 위해서이거나, 혹은 순간적인 객기 때문이었다. 만약 주군이 폭군이나 무능한 군주라면 신하들은 무모하게 주군을 위해 사지로 뛰어드는 것이 아니라 스스로 살 길을 찾았다. 따라서 전국 시

「의사출립도(義士出立圖)」(두 폭의 그림 중 앞쪽에 있는 그림이다). 승려 케이린(惠林) 그림. 〈가가쿠사 소장〉

대에는 주군을 배신하는 일이 아주 흔했다. 하지만 태평했던 에도 시대의 사무라이들은 관료였고, 단도직입적으로 말하면 비생산 계급이었다. 그들은 생산 계급인 서민들이 자신들을 위해 기꺼이 땀 흘려 일하도록 하기 위해, 스스로를 엄격하게 단속해야 했다. 그래서 수많은 도덕과 규범으로 스스로에게 자물쇠를 채웠다. 또한 태평성세에는

무엇보다도 질서가 유지되고, 탄탄한 상하관계가 형성되어야 했으므로, 모든 행동이 '공(公)'을 기준으로 결정되었다. 구라노스케가 이끄는 47인의 사무라이들은 바로 이런 전국 시대의 사무라이 기질과 에도 시대 무사도의 형식미를 함께 지니고 있었다. 한 예로 호리베 야스베가 전국 시대 사무라이 기질을 대표하는 인물이라면, 구라노스케는 에도 시대 무사도를 직접 실천한 인물이었다. 간단히 말해, 47인의 사무라이 모두가 전국 시대 사무라이의 기질을 표방하고 있었다면 의거가 그렇게 완벽하게 이루어지지 못하고, 대부분 불한당 정도로 전락해 버렸을 수도 있다. 반대로 모두 형식미만을 추구하는 관료 사무라이들이었다면 아마 용두사미 격으로 결과도 없이 흐지부지해졌을 것이다. 의거를 치르자면 고려해야 할 부차적인 문제들이 너무도 많았기 때문이다.

『주신 구라』가 단순한 복수극이 아니라, 배신과 인생의 기로에 선 사람들의 갈등, 세간의 여론, 바쿠후의 지지 세력, 쇼군과 지방 행정 관리들의 대립 등 인간사의 다양한 모습을 담고 있다는 점이 바로 오늘날 일본인들이 이 작품을 '대장부들의 미학의 극치가 담긴 로맨스'로 서슴지 않고 평가하는 이유일 것이다.

다쿠미노카미가 왜 중요한 의식이 있는 자리에서 칼을 휘둘렀는지, 그 진짜 이유는 여전히 수수께끼로 남아있다. 많은 희곡에서 고즈케노스케를 재물만 탐하는 악한으로 묘사하고 있기는 하지만, 사실 그는 매우 유능하고 현명한 관리로 미카와국 기라쵸 백성들에게 존경받는 인물이었다. 다이쇼 시대까지도 이 일대 백성들은 그를 악당으로 묘사했다는 이유로 『주신 구라』 공연을 거부해 왔는데, 이는 고즈케노스케가 통치하는 영지의 백성들이 이 일로 인해 오랫동안 수

322

모를 겪어왔음을 반증하는 것이기도 하다. 반대로 아이러니하게도 다쿠미노카미는 그다지 재주가 비상하지도 않고, 성격이 급한 데다가(아사노 다이가쿠의 증언), 또 재정적인 문제로 생활이 너무 검소하다 못해 인색한 수준에 다다랐던 인물이었다.

한 명은 어려서부터 조정과 바쿠후의 화려하고 풍족한 분위기에서 살아온 외교 사절이었고, 다른 한 명은 늘 아끼고 검약하게 살아야 겨우 생계를 이을 수 있는 지방의 하급 다이묘였다. 또 전자는 예순이 넘은 노인이었지만, 후자는 이제 갓 서른을 넘긴 젊은이였다. 또 한 가지, 에도에 머물며 소소한 일의 연락을 담당하던 가로의 무능함도 한 몫 거들었다. 아마도 이런 갖가지 요인들이 공교롭게도 같은 시기, 같은 장소에서 뒤얽히면서 '다쿠미노카미 사건'을 초래했던 것 같다.

오이시 지카라의 매화나무. 마쓰다이라가(松平家)가 관리하고 있던 오이시 지카라 등 10명이 이 나무 아래에서 할복해 스스로 목숨을 끊었다고 전해지고 있다. 〈촬영 - 모로 미야〉

오이시 요시오(大石良雄)의 묘. 도쿄 미나토구 다카나와(高輪) 센가쿠사에 위치해 있다. 이곳에는 아코의사기념비도 있다. 〈촬영 - 모로 미야〉

「주신 구라」의 사무라이 명단(47인)

※ (   ) 안은 관직명임.
오이시 (구라노스케) 요시오 〔大石(內藏助)良雄〕
호리베 아키자네 〔堀部(安兵衞)金丸〕
오카지마 쓰네키 〔岡嶋(八十右衞門)常樹〕
다케바야시 다카시게 〔武林(唯七)隆重〕
가쓰타 다케타카 〔勝田(新左衞門)武堯〕
오노데라 히데토미 〔小野寺(幸右衞門)秀富〕
간자키 노리야스 〔神崎(與五郎)則休〕
무라마쓰 히데나오 〔村松(喜兵衞)秀直〕
야토 (에몬시치) 노리카네 〔矢頭(右衞門七)敎兼〕
야다 스케타케 〔矢田(五郎右衞門)助武〕
요코가와 무네토시 〔橫川(勘平)宗利〕
요시다 가네사다 〔吉田(澤右衞門)兼定〕
지카마쓰 유키시게 〔近松(勘六)行重〕
하야미즈 (도자에몬) 미쓰타카루 〔水(藤左衞門)滿堯〕
마세 마사아키 〔間瀨(久太夫)正明〕
도미노모리 마사요리 〔富森(助右衞門)正因〕
하라 모토토키 〔原(惣左衞門)元辰〕
가이가 토모노부 〔貝賀(彌左衞門)友信〕
오쿠다 시게모리 〔奧田(孫太夫)重盛〕
가타오카 다카후사 〔片岡(源五右衞門)高房〕
하자마 미쓰오키 〔間(十次郎)光興〕
오카노 가네히데 〔岡野(金右衞門)包秀〕
오오타카 다다오 〔大高(源五)忠雄〕
오이시 (지카라) 요시카네 大石(主稅)良金〕
후와 마사타네 不 〔破(數右衞門)正種〕
오노데라 히데카즈 〔小野寺(十內)秀和〕
스가야 (한노죠) 마사토시 〔菅谷(半之丞)政利〕
기무라 사다유키 〔木村(岡右衞門)貞行〕
오이시 노부키요 〔大石(瀨左衞門)信淸〕

324

마에하라 무네후사〔前原(伊助)宗房〕
호리베 다케쓰네〔堀部(安兵衛)武庸〕
아카바네 (겐조) 시게카타〔赤埴(源藏)重賢〕
요시다 가네스케〔吉田(忠左衛門)兼亮〕
미노무라 가네쓰네〔三村(次郎左衛門)包常〕
우시오다 (마타노죠) 다카노리〔潮田(又之丞)高教〕
무라마쓰 다카나오〔村松(三太夫)高直〕
마세 마사토키〔間瀨(孫九郎)正辰〕
이소가이 마사히사〔礒貝(十郎左衛門)正久〕
나카무라 마사토키〔中村(勘助)正辰〕
가야노 쓰네나리〔茅野(和助)常成〕
구라하시 다케유키〔倉橋(傳助)武幸〕
스기노 쓰구후사〔杉野(十平次)次房〕
하자마 미쓰카제〔間(新六)光風〕
하자마 미쓰노부〔間(喜兵衛)光延〕
오쿠다 유키타카〔奧田(貞右衛門)行高〕
치바 미쓰타다〔千馬(三郎兵衛)光忠〕
데라사카 노부유키〔寺坂(吉右衛門)信行〕

7. 괴담 : 怪談

『한시치토리모노쵸(半七捕物帳)』
「간페이(堪平)의 죽음」

- 오카모토 기도(岡本綺堂) 저, 모로 미야 역

1. 의문의 죽음과 어머니의 원한

아카사카(赤阪)에 사는 역사 소설가 T선생님*을 찾아가 에도 시대의 옛날이야기를 해달라고 부탁을 드렸다. 한참 이야기를 듣다가 문득 한시치(半七) 노인이 생각났다. 오후 3시경 T선생님 댁을 나와 아카사카대로를 걷는데 집집마다 문 앞에 가도마쓰(門松 : 설을 쉴 때 문 앞에 세우는 장식품)가 세워져 있는 것이 눈에 띄었다. 가게 앞에는 남녀 7~8명이 복작거리며 너도나도 모찌(떡)를 사고 있었다. 연말 할인 판매를 알리는 전단과 입식 간판, 홍등과 보랏빛 깃발, 그리고 희미하게 들리는 악단의 합주 소리, 유성기에서 흘러나오는 가느다란 음악 소리……. 이런 색채와 음악이 한데 어우러져 섣달 경성(京城)의 거리는 분주하고 숨 가쁜 분위기가 흐르고 있었다.

"며칠만 지나면 또 해가 바뀌는군."

문득 나처럼 이렇게 한가한 사람이 명절 음식을 사기 위해 분주한

---

* 당시의 역사 소설가인 스카하라 쥬시엔(塚原澀柿園)을 가리킴. 1848년 출생하여 요코하마 마이니치신문 주편집장과 도쿄 니치니치신문 편집장을 역임했다. 오카모토 기도와는 선후배 사이다.

사람들 틈에 섞여 있는 것이 아무래도 생각 없는 사람인 것처럼 느껴졌다. 그래서 그냥 집으로 돌아가기로 마음을 고쳐먹고 전차 역으로 발길을 돌리는데, 갑자기 앞에서 한시치 노인이 나타났다.

"무슨 일이라도 있나? 왜 요즘은 통 찾아오질 않아?"

노인장은 여느 때와 마찬가지로 의기양양한 웃음을 지어보였다.

"안 그래도 찾아뵈려고 했는데, 세밑이라 방해가 될 것 같아 망설이고 있었어요."

"그게 무슨 상관인가? 나야 어차피 집에서 빈둥거리는 위인인데 청명이든, 세밑이든, 설이든 뭐 다를 바 있겠는가? 별일 없으면 우리 집에 잠깐 들렀다 가게나."

손 안 대고 코 푼다는 말이 딱 이런 걸 두고 하는 말이리라. 나는 사양하지 않고 한시치 노인의 뒤를 따라 노인의 집으로 갔다. 노인이 격자문을 열어 제치며 말했다.

"마누라, 손님이 오셨어!"

늘 그랬듯이 노인은 나를 다타미 여섯 개짜리 방으로 들게 했다. 방에 들어가니 역시나 상등품의 차 한 잔이 준비되어 있었다. 물론 고급 과자도 곁들여 있었다. 노인과 청년은 마치 시계가 없는 나라에 살고 있는 양, 분주하게 돌아가는 섣달의 바깥세상과는 완전히 동떨어져 날이 까맣게 저물도록 유유자적하며 담소를 나누었다.

"아마 바로 이맘때였을 거야. 교바시(京橋)*의 이즈미야(和泉屋)에서 아마추어 가부키를 공연할 때……."

"아마추어 가부키라니요? 무슨 일이 있었나요?"

* 도쿄 쥬오구 긴자의 북쪽에 위치해 있다. 옛날 니혼바시에서 출발해 교토로 상경할 때 가장 먼저 건너야하는 다리여서 '교바시'로 불리게 되었다.

"정말 대단한 소동이 일어났었지. 솔직히 그 일 때문에 나도 골머리 꽤나 썩었다네. 안세이(安政) 오년(午年, 1858년) 12월의 어느 따뜻한 밤이었을 거야. 이즈미야라는 상호를 가진 철물점이 있었네. 구소구쵸(具足町)에 있었는데, 점포가 꽤 넓었지. 그 철물점 주인집 식구들은 가부키를 아주 좋아했는데, 결국 그 가부키 때문에 세상을 놀라게 한 풍파가 일어났지 뭔가. 어떻게 된 일인지 들어보겠나? 좋아, 그럼 또 내 무용담을 하나 들려주지. 잘 들어보게나."

안세이 5년 12월, 사나흘 동안 푸근한 날씨가 계속되고 있었다. 하루는 한시치가 아침을 먹고 핫쵸보리(八丁堀)*에 있는 관아의 나리에게 송년인사를 드리러 가기 위해 집을 막 나서려는데 여동생 오쿠메가 부엌 뒷문으로 종종걸음을 치며 들어왔다. 오쿠메는 산겐을 가르치며 어머니 오타미(阿民)와 함께 간다(神田) 신사 부근에 살고 있었다.

"언니, 안녕히 주무셨어요? 오빠, 일어났어요?"

마침 부엌에서 하녀와 함께 일을 하고 있던 한시치의 아내 오센이 시누이의 목소리를 듣고 웃는 낯으로 대답했다.

"아가씨 왔군요. 이렇게 일찍 웬일이래요?"

"오빠한테 부탁할 일이 있어서……."

오쿠메가 고개를 뒤로 돌려 누군가를 불렀다.

"이리 들어와요!"

그러자 문 뒤로 어깨를 축 늘어뜨린 한 여자가 보였다. 나이가 30대 중반 정도 되어 보이는 곱게 생긴 여자였는데, 한눈에 오쿠메와 같은

---

* 도쿄도 쥬오구에 있음. 에도 시대 관아의 관리들이 모여 있던 곳.

교사임을 알아차릴 수 있었다.

"어려워하지 말고 들어오세요."

오센이 옷소매를 매고 있던 띠를 풀며 손님에게 고개를 끄덕여 인사했다. 여인은 그제야 머뭇거리며 들어오더니 정중하게 허리를 굽혀 인사했다.

"주인마님이시군요. 저는 시타야(下谷)에 사는 '모지세이'라고 합니다. 평소 오쿠메 선생님께 여러 가지로 많은 도움을 받고 있습니다."

"천만의 말씀입니다. 우리 아가씨가 나이가 어려 폐를 끼치지나 않는지 도리어 걱정입니다."

몇 마디 인사를 주고받는 동안 안채로 들어갔던 오쿠메가 다시 나와 여자를 한시치에게 데리고 갔다. 여자는 창백하게 굳은 얼굴로 오쿠메의 뒤를 따라 한시치 앞으로 왔다. 그녀의 관자놀이에는 진통 고약이 붙어있고, 두 눈도 조금 충혈되어 있었다.

"오빠, 이 선생님이 긴히 도움을 청할 게 있대요."

오쿠메가 무슨 말을 하려다 말고, 한시치에게 혈색이라고는 찾아볼 수 없는 그 여인을 소개했다.

"그래? 무슨 일이지?" 한시치가 몸을 돌렸다.

"말씀을 하셔야 제가 도와줄 수 있는 일인지 아닌지를 판단할 수 있으니 우선 자초지종을 얘기해 보십시오."

"이렇게 느닷없이 찾아와서 정말 죄송합니다. 하지만 저로서는 도저히 어떻게 해야 할지 알 수가 없어서 친분이 있는 오쿠메 선생님과 상의를 했는데, 오쿠메 선생님이 절 여기로 데려온 겁니다."

모지세이는 두 손으로 다타미를 받치고 앉았다.

"아무 소식도 못 들으셨나요? 19일 저녁 구소구쵸의 이즈미야에서 있었던 송년 아마추어 가부키 사건 말이에요."

"아, 맞아요. 들었습니다. 큰 사고가 있었다지요?"

이즈미야 사건이라면 한시치도 이미 알고 있었다. 이즈미야의 가족은 모두 가부키를 아주 좋아해, 연말이 되면 늘 이웃과 지인들을 불러 모아 자기들이 직접 가부키를 공연하곤 했다. 이 공연은 이즈미야의 관례였고, 올해도 예외 없이 19일 저녁에 공연이 열렸다. 하지만 아마추어 공연이라고 얕볼 것이 아니었다. 이즈미야는 안채 세 칸을 모두 터서 무대로 사용했기 때문에 무대도 제법 넓고, 무대 의상과 소도구도 매우 화려했다. 배우들은 이웃사람이나 이즈미야에서 일하는 점원들이었지만, 배우나 반주를 맡은 악단 모두 전문가에 버금가는 실력을 갖추고 있었다.

이번에 공연할 작품은 『주신 구라』(일본인들이 가장 좋아하는 시대극 가운데 하나로, 몇 년에 한 번씩 스타급 배우들에 의해 공연되곤 한다. 특히 가부키 공연 가운데 우수한 작품으로 손꼽히고 있다)였다. 제3막, 제4막, 제5막, 제6막, 그리고 제9막, 총 5막이 공연되었는데, 이즈미야의 맏아들 가쿠타로가 하야노 간페이(早野堪平, 본래는 가야노 산페이다. 아코한의 한슈 아사노 다쿠미노카미의 하인 중 하나)역을 맡았다. 가쿠타로는 곱상하게 생긴 열아홉 청년으로 근방의 젊은 처녀들은 늘 그가 배우처럼 생겼다고 조잘대곤 했었다. 공연을 보러온 관객들도 가쿠타로가 하야노 간페이역에 잘 어울린다고 칭찬이 자자했다.

아사노 다쿠미노카미와 기라 고즈케노스케가 언쟁을 벌이고, 아사노 다쿠미노카미가 상대에게 칼을 휘두르는 장면에서부터 그 후 3막은 별 탈 없이 잘 진행되었다. 그리고 저녁 8시쯤 제6막이 올랐다. 늦게 온 관객들이 하나둘씩 관람석의 빈틈을 채워, 공연장은 사람들로 가득 찼다. 그들 중 대부분은 가쿠타로를 보러 온 사람들이었고, 물론 아부를 해서 환심을 사기 위해 온 사람들도 있었다. 구경꾼들로 관중석이 붐벼 촛대나 화로조차 놓을 자리가 없었고, 여인네들의 향분 냄새와 머릿기름 냄새가 코를 찔렀다. 또 공중에는 푸른 향연기가 자욱하게 걸려있었다. 간간히 남자와 여자들의 웃음소리가 뒤섞여 담장을 넘으니, 길 가던 사람들도 저절로 걸음을 멈추고 들여다보곤 했다.

그러던 중, 유쾌하게 왁자지껄 떠들던 소리가 순식간에 애절한 눈물로 바뀌었다. 가쿠타로가 분한 간페이가 할복하는 장면에서 선혈이 그의 무대 의상을 검붉게 물들였다. 그런데 이 피는 결코 사전에 준비한 붉은 물감이 아니었다. 고통으로 일그러지는 가쿠타로의 표정이 너무도 실감난다며 감탄사를 연발하던 관중들은 그가 대사도 다 끝내지 못한 채 무대 위로 쓰러지자 비명을 질러대기 시작했고, 공연장은 삽시간에 아수라장으로 변해버렸다. 본래대로라면 간페이의 칼은 무대에서 사용하는 도금된 가짜 칼이었어야 했다. 그런데 칼집 안에 있던 칼은 진짜 칼이었던 것이다. 결국 가쿠타로의 할복은 연극이 아니었던 셈이다. 그는 자기도 모르게 그 칼로 힘껏 자신의 아랫배를 찔렀고, 예리한 칼끝은 그가 상황을 알아차릴 겨를도 없이 그의 배로 깊숙이 파고들었다. 사람들은 고통스러워하는 가쿠타로를 곧장 무대 뒤로 옮겼다. 물론 공연은 계속될 수 없었고, 그해 송년 가부키 공연은 공포와 경악 속에서 그렇게 끝나고 말았다.

가쿠타로는 분장을 지울 새도 없이 곧장 의사로부터 응급조치를 받았다. 가부키를 위해 하얗게 분칠을 했던 그의 얼굴이 유난히 더 창백해 보였다. 상처를 여러 바늘이나 꿰맸지만 출혈이 심해 상황을 낙관할 수 없었다. 가쿠타로는 꼬박 이틀 낮, 이틀 밤 동안 사경을 헤매다가, 21

일 한밤중에 고통스럽게 숨을 거두며 비참하게 짧은 인생을 마감했다. 그리고 23일 낮 이즈미야에서 그의 장례식이 치러졌다.

그리고 오늘은 장례식 다음날이었다.

한시치는 앞에 있는 이 모지세이라는 여자와 이즈미야 사이에 어떤 관계가 있는지 도무지 감이 잡히지 않았다.

"모지세이는 그 일로 분개하고 있어요." 오쿠메가 옆에서 한마디 거들었다.

두 줄기 눈물이 모지세이의 창백한 뺨을 타고 흘러내렸다.

"나리, 제 원한을 대신 갚아주세요."

"원한을 갚아달라고요? 누구의 원한 말입니까?"

"제 아들의 원한입니다."

한시치는 마치 자욱한 안개에 휩싸여 있는 것처럼 멍하니 상대의 얼굴을 바라보았다. 모지세이는 젖은 두 눈을 들어 한이 가득 담긴 표정으로 한시치를 바라보았다. 그녀의 두 입술은 곧 경련이라도 일으킬 듯 계속 가늘게 떨리고 있었다.

"이즈미야의 자제가 선생님의 아들이란 말씀이십니까?" 한시치가 영문을 모르겠다는 듯이 물었다.

"그렇습니다."

"아, 전 처음 듣는 소리군요. 그렇다면 그 청년이 이즈미야 주인마님의 소생이 아니란 말씀이신가요?"

"가쿠타로는 제가 낳은 아들입니다. 어리둥절하시겠지만, 이미 20년이나 지난 일이지요. 그때 전 산겐을 가르치며 나카하시(仲橋) 근처에 살고 있었습니다. 그런데 이즈미야의 주인 나리가 절 자주 찾아왔고, 전 자연스럽게 그분의 마음을 받아들여 이듬해 사내아이를 낳게 되었

334

습니다. 그 아이가 바로 이번 일로 죽은 가쿠타로입니다."

"그렇다면 이즈미야에서 그 아이를 데려간 건가요?"

"그렇습니다. 자식이 없었던 주인마님이 그 사실을 알고 제 아이를 양자로 삼고 싶어 했습니다. 아이를 보내고 싶지 않았지만 양자로 보내게 되면 훗날 아이가 큰 가게를 물려받게 될 것이라고 생각했죠. 그래서 아이의 장래를 위해 갓 태어난 아이를 안고 이즈미야로 갔습니다. 그리고 아이는 물론 주변 사람들에게도 아이에게 저 같은 생모가 있다는 사실을 숨기기 위해, 제법 큰 돈을 받고 아이와의 인연을 영원히 끊겠노라고 약속했습니다. 그 후 시타야로 이주해 오늘날까지 계속 산겐을 가르치며 살았습니다. 그런데 어미의 정은 어쩔 수 없는 것이었습니다. 그 후 단 하루도 그 애를 잊은 적이 없습니다. 아이가 장성해 이즈미야의 후계자가 되었다는 소식을 듣고 속으로 얼마나 기뻤는지 모릅니다. 그때까지만 해도 이런 일이 일어날 줄은 정말 꿈에도 몰랐지요. 지금 전 저는 거의 실성할 지경입니다……."

모지세이는 다타미 위에 엎드려 큰소리로 목 놓아 울었다.

2. 죽음에 대한 의혹들

"그런 일이 있었을 줄은 몰랐군요." 한시치가 반쯤 피우던 담뱃대를 톡톡 치며 말했다.

"그런데 그 청년의 죽음이 원한 때문이었다고 생각하는 이유가 뭐지요? 근거가 있으신가요?"

"네. 제 생각이 확실합니다. 이즈미야의 주인마님이 내 아들을 죽인 것이 분명합니다."

"주인마님이요? 그 이유를 침착하게 말해 보세요. 그렇게 죽일 거였다면 처음부터 가쿠타로를 양자로 들였겠습니까?"

마치 묻는 사람의 무지를 비웃기라도 하듯 눈물이 그렁그렁한 모지세이의 눈에서 처연한 웃음이 묻어났다.

"이즈미야에서 가쿠타로를 입양한 지 다섯 해째 되는 해에 마님이 딸을 낳았어요. 그 아이가 올해 열다섯 살이고 이름은 오테루라고 합니다. 그렇다면 입양한 가쿠타로와 자기가 배 아파 낳은 오테루 중에서 누굴 더 예뻐하겠습니까? 둘 중 누구에게 가게를 물려주고 싶겠습니까? 마님이 평소에는 아주 후덕한 듯이 보이지만, 열길 물 속은 알아도 한 길 사람 속은 알 수 없습니다. 마님은 늘 가쿠타로를 없앨 방법을 궁리했을 겁니다. 게다가 가쿠타로는 주인 나리가 밖에서 낳아온 사생아입니다. 그러니 어찌 여자로서의 질투심이 추호도 없었겠습니까? 이런 정황들을 종합해 보면, 마님이 직접 손을 썼거나, 아니면 누군가를 시켜 무대 뒤가 복잡한 틈을 타 가부키용 칼을 진짜 칼로 바꿔치기한 것이 분명합니다. 이래도 제 생각이 타당하지 않다고 생각하시나요? 제가 터무니없는 추측을 하는 건가요? 어떻게 생각하세요?"

그 전까지만 해도 가쿠타로의 출생의 비밀에 대해서 전혀 아는 바가 없었던 한시치였지만, 모지세이가 그렇게 단정하는 것은 너무나 당연하다는 생각이 들었다. 주인 여자에게 가쿠타로는 피 한 방울 섞이지 않은 양자인 데다가, 남편이 밖에서 낳아온 아이였다. 겉보기에는 너그럽게 가쿠타로를 양자로 받아들였다고 하지만 마음속에 전혀 응어리가 없었다고 장담하기는 어렵다. 게다가 나중에 딸까지 낳았으니 가업을 가쿠타로에게 물려주기 싫은 것은 인지상정이었다. 그러니 주인 여자가 그런 끔찍한 짓을 저지르지 않았다고 그 누가 장담할 수 있을까?

지금까지 갖가지 범죄 사건을 다뤄온 한시치는 누구보다도 인간의 추악한 면모를 잘 알고 있었다.

모지세이가 이즈미야의 주인 여자를 같은 하늘을 이고 살 수 없는 철천지원수로 생각하는 이유를 충분히 이해할 수 있었다.

"나리, 제 마음을 헤아려주세요. 너무 억울하고 화가 납니다! 아예 칼을 들고 이즈미야로 쳐들어가서 그 년을 갈가리 찢어 죽이고 싶은 심정입니다……."

모지세이는 점점 감정이 격해져 발작을 할 것처럼 이성을 잃었다. 잘못해서 조금이라도 자극하는 말을 했다가는 미친개처럼 뛰어올라 물어버릴 것도 같았다. 한시치는 모지세이를 자극하지 않기 위해, 그저 말없이 담배를 한 모금 깊이 빨아들이고는, 잠시 후 침착한 말투로 입을 열었다.

"잘 알아들었습니다. 좋습니다. 최선을 다해 조사해 보겠습니다. 당분간 이 일을 비밀로 해야 한다는 것은 말하지 않아도 알고 계시겠지요?"

"가쿠타로가 마님의 아들이란 걸 밝히지 않으면, 가쿠타로를 죽인 마님은 죄가 없게 되는 거죠? 나리 제 대신 원한을 갚아주실 거죠?" 모지세이가 재차 당부했다.

"그건 굳이 말할 필요도 없지요. 어쨌든 이 일은 제게 맡겨 주십시오."

모지세이를 보낸 후 한시치는 곧장 나갈 채비를 했다. 오쿠메는 돌아가지 않고 오센과 얘기를 나누고 있었다.

"오빠, 수고했어요. 그런데 정말로 이즈미야의 주인마님이 범인일까요?" 한시치가 문을 나서려는데 오쿠메가 뒤에서 작은 소리로 물었다.

"모르겠다. 조사해 보면 곧 밝혀지겠지."

한시치는 그 길로 곧장 교바시로 향했다. 아무리 호리(捕吏, 죄인을 잡아가두는 사람) 신분이라고는 하나 아무런 단서도 없이 무작정 이즈미야로 찾아가 물어볼 수는 없는 노릇이었다. 그래서 그는 먼저 쵸장(町長)을 찾아갔다. 그런데 마침 쵸장이 집에 없어 쵸장의 아내와 몇 마디를 나누고 바로 나왔다.

"이제 어디로 가야 하나."

한시치가 어디로 갈지 고민하며 길에서 머뭇거리고 있는데 누군가 자신의 뒤를 따라오고 있는 것이 느껴졌다. 나이가 오십 대 초반 정도 되어 보이고 상인인 듯한 남자였다. 한눈에도 부유한 사람이라는 것을 알아차릴 수 있었다. 남자는 한시치에게 성큼성큼 다가오더니 공손히 인사를 하고 자신의 신분을 밝혔다.

"실례합니다, 간다의 나리시지요? 저는 시바(芝, 도쿄도 미나토구 동쪽 도쿄 철탑 일대) 로게쓰쵸(露月町)에 사는 쓰네키(十右衛門)라고 합니다. 야마토야(大和屋)라는 철물점을 운영하고 있지요. 방금 쵸장에게 상의할 일이 있어서 갔었는데 쵸장이 출타중이어서 부인과 이런저런 이야기를 주고받다가 나리께서 왔다 가셨다는 말을 들었습니다. 간다의 나리께서 오셨었다는 것을 듣고 이 기회를 놓치지 않기 위해 서둘러 따라왔습니다. 실례가 되지 않는지 모르겠습니다만 혹시 지금 중요한 일이 없으시면 제게 시간을 좀 내주시겠습니까? 드릴 말씀이 있는데……."

"네, 괜찮습니다. 함께 가시지요."

한시치는 쓰네키를 따라 근처에 있는 장어 요릿집으로 들어갔다. 단아하게 꾸며진 남향의 이층집이었는데, 마치 이른 봄처럼 밝은 햇살이 가득 차 있고, 복도에 줄지어 놓여진 가지각색의 매화 분재가 창호지를 붙인 환한 창문에 비치는 것이, 마치 한 폭의 수묵화를 연상시켰다. 음식을 주문한 후, 두 사람은 마주 앉아 서로 술을 따라주었다.

"나리의 직업도 있고 하니 자초지종은 이미 파악하고 계실 줄로 믿습니다. 이즈미야에서 있었던 사건 말입니다……. 솔직히 말씀드려, 저는 이즈미야 주인 여자의 친오빠입니다. 이미 벌어진 일이고 죽은 아이가 다시 살아날 수도 없는 일이니, 이제 와서 뭘 해도 소용이 없겠지만 문제는 그 일이 일어난 후 떠도는 소문입니다……. 속담에도 사람 입은 막기 힘들다고 하니, 제 누이의 걱정이 이만저만이 아닙니다……."

쓰네키치는 어떻게 입을 열어야 좋을지 막막했다. 가쿠타로의 비명횡사와 관련해서, 비단 가쿠타로의 생모인 文字清만 주인 여자를 의심하고 있는 것이 아니었다. 가쿠타로의 출생의 비밀에 대해 조금이라도 알고 있는 사람은 모두 주인 여자에게 의심의 눈길을 보내고 있었고, 쓰네키치는 이 일로 속을 앓다가 대책을 상의하기 위해 쵸장을 찾아간 것이었다.

"왜 가짜 칼이 진짜 칼로 바뀌었는지 나리께서 몰래 조사를 좀 해주십시오. 만일 이 소문이 퍼져나간다면 제 누이가 너무 불쌍해집니다. 친오빠라고 해서 억지로 감싸려는 것이 아닙니다. 제 누이는 정말로 정직한 여자입니다. 지금까지 가쿠타로를 친자식처럼 생각해 왔습니다. 사람들이 제 누이를 다른 못된 계모들과 똑같이 생각하고 손가락질 한다면 너무도 억울한 일입니다. 어쨌든 장례가 어제 끝이 났으니 나리께서 진상을 파헤쳐 주세요. 제 누이가 본래 소심한 성격이라, 진실이 밝혀지기 전에 사람들에게 의심을 받는다면 완전히 미쳐버릴지도 모릅니다. 이 생각만 하면 누이가 불쌍해서 견딜 수가 없습니다……."

말을 마친 쓰네키는 손수건을 꺼내 코를 훔쳤다.

모지세이도 거의 실성할 지경이라고 했는데, 이즈미야의 주인 여자까지 미쳐버릴지도 모른다는 말이었다. 모지세이의 말이 맞고 쓰네키가 거짓말을 하고 있는 것일까? 그건 한시치도 섣불리 판단하기 어려웠다.

"가부키 공연이 열리던 날 밤, 당연히 그 자리에 계셨었겠지요?" 한시치가 술잔을 내려놓으며 물었다.

"네, 갔었습니다."

"무대 뒤에는 물론 사람이 많았겠죠?"

"무대 뒤가 매우 좁았습니다. 다타미 여덟 개짜리 방에 열 명 정도가 꽉 들어차 있었고, 따로 떨어진 다타미 네 개 반짜리 방에는 두 명이 있었습니다. 배우는 이들 뿐이었지만, 시중드는 사람이 많고 방안에 의상과 가발이 가득 차 발 디딜 틈도 없었습니다. 하지만 모두들 장사치였기 때문에 크든 작든 칼 따위는 몸에 지니고 있을 수가 없었습니다. 게다가 가쿠타로도 무대 도구를 받고 일일이 확인을 했었기 때문에 문제가 발생할 리 없었습니다. 아마도 무대에 나가면서 잘못 가지고 나갔거나 누군가 고의로 바꿔치기 했을 겁니다. 누군가 그런 짓을 저지르리라고는 정말이지 꿈에도 상상하지 못했습니다."

"그랬군요."

쓰네키의 말을 들은 한시치는 술잔을 들지 않고 팔짱을 낀 채 곰곰이 생각에 잠겼다. 쓰네키도 아무 말 없이 자신의 두 무릎만 응시했다. 파리 한 마리가 종이 창문을 이리저리 옮겨 날아다니며 '윙~윙~' 소리를 내 적막한 방안을 울렸다.

"가쿠타로는 큰 방에 있었나요, 작은 방에 있었나요?"

"작은 방에 있었습니다. 점원인 쇼하치(庄八)와 쵸지로(長次郎), 와키치(和吉)도 함께 있었습니다. 쇼하치는 의상을 입는 것을 시중들었고, 쵸지로는 찻물을 담당했고, 와키치는 배우였습니다. 센자키 야고로(千崎彌五郎)역을 맡았지요."

"한 가지 실례되는 질문을 하겠습니다. 가쿠타로가 가부키 외에 다른 취미가 있었습니까?"

쓰네키는 가쿠타로가 바둑처럼 승부를 다투는 오락은 싫어했고, 주색을 탐한다는 소문도 들어본 일이 없노라고 말했다.

"그렇다면 혼담이 오고간 일도 없었나요?"

"그건……, 사실 남들 모르게 정혼한 사람이 있었습니다." 쓰네키는 말하기 곤란하다는 표정으로 힘들게 입을 열었다.

"이렇게 됐으니 모두 털어놓겠습니다. 사실 가쿠타로는 오후유라는 하녀와 서로 좋아하고 있었습니다. 오후유는 예쁘장하게 생긴 데다가 마음씨도 착한 아이랍니다. 그래서 양쪽 집 부모들끼리 이 일이 소문나기 전에 이즈미야와 비슷한 집안을 찾아 오후유를 양녀로 맞이하게 한 후, 가쿠타로와 혼인시키기로 약속한 상태였습니다. 그런데 뜻밖에도 이런 일이 생겼으니 두 집안 모두 운이 나쁘다고 밖엔 설명할 길이 없겠지요."

한시치는 그 둘의 사랑 이야기를 자세히 물었다.

"오후유라는 아가씨는 올해 몇 살이나 됐습니까? 어디 출신인가요?"

"올해 열일곱이고 시나가와 출신입니다."

"이렇게 합시다. 절 그 아가씨와 만나게 해주십시오."

"아직 어린 나이에 가쿠타로가 갑자기 변을 당하니 오후유가 지금

거의 넋이 나가 있습니다. 아마 제대로 이야기를 나누기는 힘들 겁니다. 하지만 원하신다면 언제라도 만나게 해드릴 수 있습니다."

"빠르면 빠를수록 좋습니다. 괜찮으시다면 지금 절 그 아가씨에게 데려다 주시겠습니까?"

"그러지요."

둘은 식사를 마친 후 곧장 이즈미야에 가기로 했다. 쓰네키가 몸이 달아 가만히 기다리지 못하고 주인을 부르니 그제야 주문한 장어가 나왔다.

3. 사건의 단서

쓰네키는 서둘러 젓가락을 놀리며 식사를 했지만, 한시치는 몇 입 먹지도 않고 젓가락을 내려놓았다. 그리고는 여종업원에게 따뜻하게 데운 술 한 주전자를 가져오라고 했다.

"주량이 대단하시군요?"

"아닙니다. 술을 전혀 못합니다. 하지만 오늘은 왠지 더 마시고 싶군요. 술기운이 좀 돌아야 정신이 들 것 같습니다."

쓰네키의 얼굴에 영문을 모르겠다는 표정이 나타났지만, 더 이상 캐묻지는 않았다.

한시치는 종업원이 가져온 술 한 주전자를 혼자서 모두 비워버렸다. 따사로운 햇볕이 드는 남향의 술집에서, 그것도 대낮에 술을 마셔서인지 한시치의 두 뺨과 손발이 시장에서 한창 팔리고 있는 설장식용 가재처럼 온통 발갛게 달아올랐다.

"어때요? 포장지 색깔이 예쁘게 염색됐지요? 한시치가 달아오른 얼

342

굴을 만지며 물었다.

"네, 아주 잘 염색됐네요." 쓰네키도 얼떨결에 따라 웃었다.

그는 사실 술기운이 벌겋게 오른 이 남자를 이즈미야로 데려가는 것이 탐탁지 않았다. 하지만 이미 했던 약속을 번복할 수도 없는 노릇이었다. 그는 하는 수없이 음식값을 지불하고 한시치와 함께 밖으로 나왔다. 한시치가 순간적으로 휘청거리며 앞에서 연어를 메고 오던 청년과 부딪힐 뻔 했다.

"나리, 괜찮으세요?"

쓰네키가 한시치의 손을 잡고 걷자, 한시치는 이리 비틀 저리 비틀하며 그를 따라갔다. 쓰네키는 의논해서는 안 되는 사람에게 의논해서는 안 되는 일을 부탁한 자신이 그렇게 원망스러울 수가 없었다.

"뒷문으로 몰래 들어가는 것이 좋겠습니다." 한시치가 말했다.

쓰네키는 아무리 그래도 포리인데 뒷문으로 데리고 들어갈 수가 없어 잠시 망설이고 있었다. 그사이 한시치는 이즈미야 옆에 있는 작은 골목으로 들어가 성큼성큼 뒷문으로 걸어 들어갔다. 그의 걸음을 보니 생각만큼 인사불성으로 취하지는 않은 듯했다. 쓰네키가 한시치의 뒤를 따랐다.

"지금 오후유를 만나야겠습니다."

뒷문으로 들어간 한시치는 넓은 부엌을 거쳐 하녀들이 쓰는 방을 들여다보았다. 방안에 두 뺨이 불그레한 하녀 세 명이 앉아 있었지만, 오후유처럼 보이는 아가씨는 없었다.

"오후유는 어디에 있나?"

쓰네키가 종이 문을 빠끔히 열자 세 명의 하녀가 약속이라도 한 듯 고개를 돌려 쳐다보며, 오후유는 어젯밤에 몸이 안 좋아 마님이 다타미

네 장반 크기의 방에서 혼자 쉬도록 분부했다고 대답했다. 그 방은 바로 19일 저녁 가쿠타로가 무대 뒤 대기실로 사용하던 방이었다.

복도를 따라 안채로 들어가니 좁은 안뜰이 보이고 붉은 열매가 가득 매달린 남천죽(南天竹) 한 그루가 눈에 들어왔다. 둘은 어느 방 앞에서 걸음을 멈추었다. 쓰네키가 먼저 헛기침 소리를 내자 안에서 누군가 문을 열었다. 문을 연 것은 바로 오후유의 머리맡에 앉아있던 젊은 청년이었고, 오후유는 머리카락도 보이지 않을 정도로 이불을 푹 뒤집어쓰고 있었다. 청년은 피부색이 약간 검고, 몸집은 왜소했으며, 좁은 이마에 눈썹이 짙었다.

청년은 쓰네키에게 인사를 한 후 총총히 방을 나갔다. 쓰네키는 한시치에게 그 청년이 바로 센자키 야고로 역을 맡았던 와키치라고 말했다.

오후유가 이불을 걷어내고 몸을 일으켰다. 얼굴색이 한시치가 그날 아침에 만났던 모지세이보다 더 창백하고 초췌했다. 그리고 무엇을 물어보아도 마치 산송장처럼 우물우물 거려 어느 하나 속 시원한 대답을 얻어낼 수 없었다. 오후유는 그날 밤에 일어났던 무서운 사건을 거의 기억하지 못하는 듯, 그저 눈물만 뚝뚝 흘릴 뿐이었다. 어디서 나는 건지는 몰라도 새장 안에서 꾀꼬리 지저귀는 소리가 들려왔다. 아마 요 며칠 날씨가 푸근해 꾀꼬리도 봄이 온 것으로 착각한 모양이었다. 그런데 이상하게도 새소리가 오히려 적막하고 쓸쓸하게 느껴졌다.

오후유의 가슴 속에서 활활 타오르던 사랑의 불꽃이 이제는 완전히 재가 되어 원래의 모습을 잃어버린 듯했다. 기쁨에 겨웠던 연정을 회상하기라도 하는 듯, 그녀는 시종일관 다문 두 입술을 떼지 않았다. 하지만 그녀는 자신이 처한 상황에 대해서는 띄엄띄엄 대답했다. 그녀는 나리와 마님이 모두 자신을 가련하게 여기고, 아주 자상하게 대해주셔서

고맙다고 말했다. 또 가게의 점원들 중에서는 와키치가 자신에게 가장 친절해, 그날도 아침부터 두 번이나 짬을 내서 찾아와주었다고 했다.

"방금 아가씨와 함께 있던 그 청년 말인가? 그가 뭐라고 말했지?" 한시치가 물었다.

"제가 도련님께서 그렇게 되셨으니 여기 계속 있기 어려울 거라며, 그만두고 고향으로 돌아갈 거라고 했더니, 그런 생각 말라면서 내년에 계약이 끝날 때까지만 참으라고 했어요."

한시치가 가만히 고개를 끄덕였다.

"정말 고맙군. 몸져 누워있는데 방해를 해서 미안하네. 몸조리 잘 하게나. 아, 참. 야마토야 주인 나리, 이제 절 가게로 데려다 주시겠습니까?"

"네, 그럽죠."

쓰네키가 뒷문으로 나오자, 한시치도 따라 나왔다. 아까 마셨던 술이 이제야 온몸으로 돌기 시작하는지 한시치의 얼굴은 더욱 붉게 달아올랐다.

"점원들은 모두 왔나요?"

한시치가 가게 안을 둘러보며 물었다. 가게 안에는 마흔을 갓 넘긴 듯한 총지배인이 앉아있고, 젊은 점원 둘이 그 옆에서 주판을 튕기고 있었다. 와키치와 또 다른 중년 남자도 가게 안에 있었고, 네댓 명쯤 되는 점원들이 가게 앞에서 못이 박힌 물건들을 뜯어내고 있었다.

"네, 모두 있습니다." 쓰네키가 화로 앞에 앉으며 말했다.

한시치는 가만히 가게의 중앙에 앉아 지배인과 점원들의 얼굴을 뚫어져라 응시했다.

"야마토야 주인 나리, 이 이즈미야가 구소구쵸에서는 꽤 유명한 가게지요? 아마 세이쇼코*(清正公 : 가토 기요마사의 애칭)의 명성과 어깨를 나란히 하지 않을까 싶군요. 이즈미야가 부잣집이라는 것은 에도 전체가 다 아는 사실 아닙니까? 그런데 제가 보기에 이즈미야의 나리께서 집안 단속은 그리 잘 하지 못하는 것 같습니다. 제 말이 틀립니까? 겁도 없이 주인을 죽인 범인을 먹여주고, 세경까지 주며 고이고이 보살피고 있으니 말입니다."

가게 안에 있던 사람들이 영문을 모르고 서로 멀뚱멀뚱 쳐다보니, 쓰네키도 약간 당황스러웠다.

"나리, 목소리를 좀 낮추세요. 여긴 사람들이 드나드는 곳이라……."

"누가 들을까봐 두렵습니까? 어쨌든 이 중에 장차 오랏줄을 매고 길바닥에서 돌을 맞을 죄인이 있는 것은 분명합니다!"

한시치가 코웃음을 치며 말했다. "어이, 잘들 들어두게나. 자네들 모두 썩을 놈들이야! 동료 중에 주인을 죽인 놈이 있는데도 아랑곳 하지 않고 계속 일을 하고 있는 겐가? 흥! 시치미들 떼지 말라고! 이 안에 주인을 죽인 놈이 있다는 걸 똑똑히 알고 있다고! 그 놈은 앞으로 결코 사형을 면할 수 없을 거야! 아직 젖내도 안 가신 계집 하나 때문에 주인을 죽이는 놈을 집에 둔 게 불찰이지. 이곳 주인은 눈 뜬 장님일세, 그려. 연말에 까마귀 대여섯 마리 잡아다 줄테니 잘 고아다가 주인님한테 약에 쓰라고 가져다 주거라! 야마토야 주인 나리, 나리도 눈이 침침하신 것 같습니다. 곳간에 가서 소금물로 눈을 좀 씻어내는 게 어떻겠습니까?"

설령 뭐라고 한 마디 하고 싶은 사람이 있어도, 상대가 관아의 포리

---

* 清正堂 : 흙벽을 쌓아 지은 불당으로 1837년에 창건되었으며, 지금은 소실되었다. 국립국회도서관이 당시의 우키요에를 소장하고 있다.

인 데다가 술이 잔뜩 취해있으니 잠자코 있을 수밖에 없었다. 모두들 속수무책으로 그의 말을 묵묵히 듣고 있는데, 한시치가 한 술 더 떠서 고래고래 소리를 질러대기 시작했다.

"하지만 나로서는 기가 막히게 운이 좋은 일이지. 여기서 범인을 잡기만 하면 핫쵸보리의 나리들께 더없이 좋은 송년 선물이 될 테니 말이야. 네 이 놈들! 어디서 모른 척하고 있는 거야! 쥐새끼 같은 놈들, 네놈들 중에 누가 검고 누가 흰지 내 이미 다 알고 있다. 나도 네 놈들 주인처럼 눈 뜬 장님이라고 생각했다간 큰 오산이다. 나중에 나한테 붙잡혀도 원망하지 말고, 불평도 하지 마라. 겁만 주려고 이러는 게 아니니 마음의 준비들 하고 있어!"

더 이상은 참을 수 없었던 쓰네키가 가슴을 졸이며 한시치 앞으로 다가섰다.

"나리, 너무 많이 취하신 것 같습니다. 안으로 들어가서 좀 쉬시는 것이 어떻겠습니까? 가게에서 이렇게 소리를 지르는 것은 큰 민폐입니다. 와키치, 나리를 안으로 모시고 가거라."

"네!" 와키치가 벌벌 떨며 한시치의 손을 끌어당기려는데 갑자기 호된 주먹 한 방이 날아왔다.

"네가 뭔데 상관이야! 뭘 어쩌려는 거야! 이 살인범들아, 내 몸의 털 끝 하나 건드리지 마라! 흥! 뚫어지게 쳐다보면 뭘 어쩌겠다는 거야? 주인을 죽인 망나니들아, 네놈들은 저잣거리에서 사람들을 다 모아놓고 사형을 당해 마땅하다! 사형수들은 처형당하기 전에 말 위에 묶여 에도 전체를 돌아야 한다는 건 네놈들도 잘 알고 있겠지? 에도를 다 돌고 나면 스즈가모리(鈴之森)나 고즈캇파라(小塚原)로 데려다가 높은 나무에 묶어 놓지. 그런 다음 망나니가 좌우에서 긴 창을 들고 나타나서는 사형수의 두 눈을 정확히 찌르는 거야. 그러면 입에선 통곡이 절로 나온다고! 그렇게 하는 건 사람들에게 경종을 울리기 위한 거야. 잘 들어둬! 두 눈을 찌른 후에는 창으로 양쪽 겨드랑이를 깊숙이 찌르고, 다시 심장을 후벼 파지. 그것도 여러 번이나 찌른다고!"

쓰네키가 미간을 잔뜩 찌푸렸다. 처형 과정을 묘사하는 것을 듣는 것만으로도 참을 수 없었다. 와키치의 얼굴에도 혈색이 사라졌다. 다른 사람들도 한겨울에 매미 떨 듯 몸을 잔뜩 움츠렸다. 모두들 마치 자신이 사형 선고라도 받은 듯 눈 하나 깜박이지 못하고 그 자리에 얼어붙었다.

겨울 하늘은 새파랗게 맑았고, 눈부신 햇살이 가게 문 앞으로 쏟아져 내리고 있었다.

4. 죽음의 진실

마침내 한시치가 곯아떨어졌다. 점포의 정중앙에 큰 대자로 드러누운 한시치를 보며 모두의 얼굴에 난감한 빛이 떠올랐다. 하지만 그 누구도 선뜻 옮기겠다고 나서는 사람이 없었다.

"됐다. 어쩔 수 없지. 잠시 그대로 두자꾸나."

쓰네키는 주인 부부와 상의할 것이 있는지 안으로 들어갔고, 점원들도 모두 각자 일하던 자리로 돌아갔다. 그리고 한 30분쯤 지났을까, 술에 취해 곯아떨어진 척하던 한시치가 슬그머니 몸을 뒤척이며 일어났다.

"아, 취한다. 부엌에 가서 물 좀 가져오너라. 아니, 됐다. 폐를 끼치면 안 되지. 내가 직접 가겠다."

하지만 한시치는 부엌이 아니라 안채로 향했다. 그런데 안뜰의 복도를 지나던 그가 갑자기 민첩한 몸놀림으로 뛰어내려오더니 남천죽의 커다란 잎사귀 뒤로 몸을 숨겼다. 땅에 납작 엎드린 청개구리 같았다. 그리고 잠시 후, 복도에 와키치의 모습이 나타났다. 와키치는 살금살금 걸어 오후유가 있는 방 앞으로 가더니 몰래 방안 동정을 살피고는 종이 문을 열었다. 그러자 한시치도 남천죽 뒤에서 얼굴을 내밀었다.

종이 문 안에서 남자의 흐느끼는 소리가 들렸지만, 소리가 너무 작아 잘 들리지 않았다. 한시치는 더 이상 참지 못하고 몰래 남천죽 뒤에서 나와 생선 훔치는 고양이처럼 복도 위로 기어 올라갔다.

과연 와키치는 잔뜩 숨죽인 채 흐느끼고 있었다.

"방금 말한 것처럼 내가 도련님을 죽였어. 이건 다 내가 널 너무 좋아했기 때문이야. 지금까지 단 한 번도 내 마음을 표현하지 않았지만 이미 오래 전부터 널 몰래 좋아하고 있었어. 자나 깨나 너와 결혼할 수 있기만을 갈망해왔지. 그런데 네가 도련님과 혼인을 하기로 한 거야……. 내 맘을 이해할 수 있어? 오후유, 날 이해해줘. 일이 이렇게 됐지만, 난 널 조금도 원망하지 않아. 지금도 널 미워하지 않아. 그저 도련님이 뼈에 사무치도록 미울 뿐이야. 주인이라고 해도 도저히 참을 수가 없었어. 미칠 것 같았다고. 그래서 이번 공연을 틈타 가부키가 시작되기 전에 무대용 칼을 히카게쵸(日陰町)에서 사온 진짜 칼로 바꿔놓았어. 그리고 보란 듯이 성공한 거야……. 하지만 사람들이 온통 피투성이가 된 도련님을 무대 뒤로 옮겨왔을 땐, 사실 나도 얼음물을 뒤집어쓴 것처럼 등골이 오싹했어. 그리고 도련님이 사경을 헤매던 그 이틀 동안, 난 정말 무서워 죽는 줄 알았어. 도련님의 침소에 갈 때마다 온몸이 사시나무 떨 듯 떨렸어. 하지만 도련님이 죽는다면 네가 내 것이 되는 건 시간 문제라고 생각했어……. 이런 생각을 하니 한편으로는 기쁘기도 했어. 그렇게 지금까지 온 거야. 아, 하지만 이제 더 이상은 견딜 수가 없어. 그 포리는 결코 만만한 사람이 아냐. 이미 날 지목한 것 같아."

지금 와키치가 낯빛이 새하얗게 질린 채 온몸을 떨고 있다는 것은 문밖에 있는 한시치도 짐작할 수 있었다. 와키치는 코 막힌 소리로 계속 흐느끼며 말을 이었다.

"그 포리가 가게로 와서 술에 취한 척하며 이 안에 주인을 죽인 살인자가 있다고 고래고래 소리쳤어. 그리고 서슬이 퍼런 얼굴로 죄인을 처형하는 방법을 일일이 설명해주더군. 오금이 저려 도저히 참을 수가 없었어. 그래서 난 결심했어. 그는 분명 날 체포해서 옥에 가두고, 또 말에 태워 길거리를 돌다가 결국 처형해버릴 거야. 무서워 견딜 수가 없어. 그래서 아예 나 스스로 목숨을 끊기로 결심했어. 쓸데없는 소리를 지껄인다고 생각하지 마. 다시 한 번 말하지만, 난 널 조금도 미워하지 않아. 내가 너 때문에 이렇게 됐다는 것만 네가 알아준다면 말야……. 물론 너에게 난 도련님을 죽인 원수일 뿐이겠지. 하지만 그래도 날 이해해주고, 날 불쌍하게 여겨주면 좋겠어. 난 도련님을 죽인 나쁜 놈이야. 그 죄값은 너에게 치를게. 하지만 내가 죽으면 향이라도 하나 피워주길 바래. 이건 내 생애 가장 큰 소원이야. 이건 내가 세경을 모은 돈이야. 2냥 1몬이지. 떠나기 전에 너에게 모두 주고 싶어."

목소리가 점점 어두워지고, 점점 더 낮아졌다. 한시치는 와키치의 말은 알아들을 수 없었지만, 종이 문 안에서 간간히 오후유가 훌쩍이는 소리가 새어나왔다. 고쿠초의 종이 오후 2시를 알렸다. 종이 문 안에서 종소리에 놀라 후다닥 일어나는 인기척이 들리자 한시치는 서둘러 남천죽 뒤로 숨었다. 복도에서 힘없는 발자국 소리가 들렸다. 와키치가 그림자처럼 고개를 푹 숙인 채 복도를 따라 나갔다. 한시치는 발바닥에 묻은 진흙을 털어낸 후 복도 위로 올라갔다.

한시치가 가게로 다시 돌아갔을 때 와키치의 모습은 이미 보이지 않았다. 지배인과 잠시 한담을 나누었지만 와키치는 여전히 나타나지 않았다.

"와키치라는 점원은 어디로 갔죠?" 한시치가 짐짓 모른 척하며 물었다.

"모르겠습니다. 어딜 간 거지?" 지배인도 고개를 갸우뚱거렸다. "심부름도 안 시켰는데……, 그 아이에게 무슨 볼 일이라도 있으십니까?"

"아닙니다, 별일 아닙니다. 그런데 그가 혹시 밖으로 나갔는지, 안에 있는지 좀 알아봐 주시겠습니까?"

한 점원이 안으로 들어갔다 나오더니, 안채와 부엌을 찾아봐도 와키치가 보이지 않는다고 했다.

"그럼, 야마토야의 주인 나리는 아직 계신가?"

"계십니다. 안채에서 뭔가 상의하고 계신 것 같습니다."

"날 좀 안내해주게."

안채에 도착하자 방문이 굳게 닫혀있었고, 대낮인데도 실내는 컴컴했다. 주인 부부와 쓰네키는 기다란 화로 주변에 둘러앉아 속닥거리며 무언가를 의논하고 있었다. 주인 여자는 마흔 정도 되었는데 인품이 후덕해 보였고, 눈썹이 그리 진하지 않은 이마에는 수심이 가득했다. 점원이 한시치를 방안으로 안내했다.

"나리, 도련님을 죽인 범인을 알아냈습니다."

"그게 정말입니까?"

셋이 동시에 뒤를 돌아다보았다. 여섯 개의 눈동자가 동시에 반짝거렸다.

"내부인의 소행입니다."

"내부인이라면……" 쓰네키가 한 발짝 앞으로 내딛으며 물었다.

"그럼 나리께서 아까 하신 말씀이 사실이란 말입니까?"

"아까는 일부러 술에 취한 척하고 실례를 범한 것이지만, 범인은 정말로 그 자리에 있었습니다. 바로 와키치입니다."

"와키치가……."

세 사람은 반신반의하는 눈길로 서로를 바라보았다. 이때 한 여자 하인이 헐레벌떡 뛰어 들어와 후원의 곳간에 물건을 찾으러 갔는데 와키치가 그곳에서 목을 매달아 죽어있더라고 말했다.

"역시 제 예상이 맞았군요. 목을 매달거나 강에 뛰어들었거나, 둘 중 하나일 거라고 생각했는데." 한시치가 한숨을 내쉬었다.

"아까 야마토야 주인 나리께 도련님과 오후유에 대한 이야기를 듣고, 가부키가 있던 날 와키치가 도련님과 한 방에 있었다는 사실에 주목했습니다. 도련님과 오후유, 그리고 와키치, 세 사람 사이에 남녀 간의 연정이 얽혀있을 거라고 예상했죠. 그래서 먼저 오후유를 만나 신변에 대한 이야기를 물었지요. 오후유는 와키치가 자신에게 매우 친절하게 대해주고 수시로 와서 돌봐준다고 했죠. 전 이 부분에 뭔가 실마리가 있을 것이라고 판단하고, 일부러 가게에서 큰 소리로 소란을 피웠던 겁니다. 야마토야 주인 나리께서는 아마도 절 무뢰한이라고 생각하셨겠지요. 사실 그건 모두 이즈미야를 위한 것이었습니다. 와키치를 무조건 관아로 압송해 심문을 하고 사건의 내막을 밝힌 후 처형을 할 수도 있었습니다. 하지만 그렇게 하면 심문 과정에서 분명히 증인을 부를 것이니 가게가 어수선해질 것이 아닙니까? 게다가 가게 내부에 정말로 파렴치한 죄인이 있었다는 것이 알려지면 가게의 명성에도 해를 끼칠 것이 불 보듯 뻔합니다. 그래서 그 방법은 최대한 피하려고 했던 것입니다. 또 범인이 오랏줄에 묶여 길거리를 돌아다니거나 망나니에게 처형을 당하느니 차라리 스스로 목숨을 끊는 편을 택할 가능성이 많았기 때문이기도 합니다. 한 가지 이유가 더 있습니다. 그가 범인이라고 주장할 수 있는 확실한 증거가 없었기에 떠보려는 것이었습니다. 와키치가 결백하다면 다른 사람들처럼 내가 하는 말을 한쪽 귀로 듣고 한쪽 귀로 흘려버리겠지만, 뭔가 떳떳하지 못한 구석이 있다면 안절부절 하지 못할 것이라고 생각했습니다. 과연 제 예상이 적중해, 와키치는 스스로 목숨을 끊는 쪽을 택했던 것입니다. 상세한 내막은 오후유에게 물어보십시오.”

세 사람은 멍하니 듣고만 있었다.

“한시치 나리, 정말 대단한 추리력이십니다.” 쓰네키가 제일 먼저 입을 열었다.

“범인을 잡는 것이야 본래 직업이지만, 가게의 명예를 위해 공을 세울 기회까지도 포기하시다니 뭐라고 감사해야 할지 모르겠습니다. 큰 은혜를 베풀어주셨으니 한 가지만 더 부탁드려도 되겠습니까? 이 일을 절대 비밀로 해주십시오. 와키치가 실성해서 스스로 목숨을 끊은 것으로 해주십시오.”

“물론입니다. 부모님과 친척들이야 와키치를 무참하게 처형시켜도 속이 후련하지 않겠지만, 그에게 아무리 심한 형벌을 내린다한들 세상을 떠난 도련님이 다시 살아 돌아올 수 있는 것도 아니지 않습니까? 이것도 인연이라고 생각하고 와키치의 시신을 잘 처리해주시는 것이 좋을 듯합니다.”

“정말 감사합니다.”

"나리, 이 일은 절대로 발설하지 않을 것입니다. 하지만 에도를 통틀어 단 한 사람만은 예외입니다. 그 사람에게는 이 사건의 정황을 빠짐없이 이야기해줄 것입니다. 이것만은 양해해 주십시오." 한시치가 말했다.

"에도를 통틀어 단 한 사람이라니……." 쓰네키가 어리둥절한 표정으로 물었다.

"이런 자리에서 말해도 될지 모르겠지만, 사정상 말하지 않을 수 없겠군요. 바로 시타야에 사는 모지세이라는 산겐 선생입니다.

이즈미야 주인 부부가 서로를 바라보았다.

"그 여인이 이 일 때문에 오해가 있었던 모양입니다. 그녀에게 자세한 내막을 설명하고 이해시켜야 합니다." 한시치는 이어서 말했다.

"그리고 또 괜한 참견을 한다고 나무라실지 모르지만, 예전에는 여러 가지 이유 때문에 어쩔 수 없었다손 치더라도 이제는 도련님도 세상에 없으니 모지세이 선생과 다시 왕래하며, 그녀를 돌봐주시는 것이 좋을 듯합니다. 아직 혼인도 하지 않았는데, 점점 나이가 들면서 의지할 곳 하나 없으면 얼마나 불쌍하겠습니까."

한시치의 충고에 주인 여자가 자기도 모르게 목 놓아 울음을 터뜨렸다.

"모두 내 잘못이에요. 내일 그녀를 찾아가겠어요. 그리고 앞으론 자매처럼 지내도록 할게요."

"날이 완전히 저물었군."

한시치 노인이 몸을 일으켜 전등을 켰다.

"오후유는 그 후에도 이즈미야에서 계속 일하다가 야마토야 주인

354

의 중매로 이즈미야의 양녀 신분으로 아사쿠사로 시집을 갔고, 모지세이도 이즈미야와 다시 왕래하다가 2~3년 후에는 산겐 선생을 그만두고, 역시 야마토야 주인의 중매로 혼인을 했지. 야마토야 주인장은 정말 정이 많고 따뜻한 사람이었다네.”

“이즈미야도 사위를 얻었는데, 사위가 아주 착실한 사람이야. 그가 가게를 물려받아 에도가 도쿄가 되면서 곧장 시계점으로 업종을 바꿨다네. 지금도 야마노테(山之手)에서 제법 장사가 잘된다고 들었어. 그때의 인연으로 나도 가끔씩 들르곤 하지.

“모두 잘 아는 『핫쇼진(八笑人)』*의 줄거리처럼, 에도 시대에는 취미로 가부키나 희극을 공연하는 것이 크게 유행했었다네. 당시 제일 많이 공연된 가부키가 바로 주신 구라의 제5막과 제6막이야. 아마 무대 의상과 소도구를 구하기가 쉽기 때문이었을 거야. 나도 공연에 초청 받아서 인정상 몇 번이나 보았지. 하지만 이즈미야 사건 이후로는 이상하게도 사람들이 마치 묵계라도 한 듯 제6막은 공연하려고 하지 않아. 아마도 연기를 하다보면 왠지 마음이 편치 않기 때문인 것 같네.”

*류테이 리죠 등이 지어 1820년 간행한 희극 소설.

<〈부록1〉 에도 시대 천황의 연호 및 서력 대조표

연 호	연 도
게이쵸(慶長)	1596 ~ 1615
겐나(元和)	1615 ~ 1624
간에이(寬永)	1624 ~ 1644
쇼호(正保)	1644 ~ 1648
게이안(慶安)	1648 ~ 1652
죠오(承應)	1652 ~ 1655
메이레키(明歷)	1655 ~ 1658
만지(萬治)	1658 ~ 1661
간분(寬文)	1661 ~ 1673
엔포(延寶)	1673 ~ 1681
덴나(天和)	1681 ~ 1684
죠쿄(貞享)	1684 ~ 1688
겐로쿠(元祿)	1688 ~ 1704
호에이(寶永)	1704 ~ 1711
쇼토쿠(正德)	1711 ~ 1716
교호(享保)	1716 ~ 1736
겐분(元文)	1736 ~ 1741
간포(寬保)	1741 ~ 1744
엔쿄(延享)	1744 ~ 1748
간엔(寬延)	1748 ~ 1751
호레키(寶歷)	1751 ~ 1764

메이와(明和)	1764 ~ 1772
안에이(安永)	1772 ~ 1781
덴메이(天明)	1781 ~ 1789
간세이(寬政)	1789 ~ 1801
교와(享和)	1801 ~ 1804
분카(文化)	1804 ~ 1818
분세이(文政)	1818 ~ 1830
덴포(天保)	1830 ~ 1844
고카(弘化)	1844 ~ 1848
가에이(嘉永)	1848 ~ 1854
안세이(安政)	1854 ~ 1860
만엔(萬延)	1860 ~ 1861
분큐(文久)	1861 ~ 1864
겐지(元治)	1864 ~ 1865
게이오(慶應)	1865 ~ 1868

<부록2> 에도 시대 역대 도쿠가와 바쿠후(德川幕府)의 쇼군

	쇼군 이름	생몰연대	재위기간
1대	도쿠가와 이에야스(德川家康)	1542~1616	1603~1605
2대	도쿠가와 히데타다(德川秀忠)	1579~1632	1605~1623
3대	도쿠가와 이에미쓰(德川家光)	1604~1651	1623~1651
4대	도쿠가와 이에쓰나(德川家綱)	1641~1680	1651~1680
5대	도쿠가와 쓰나요시(德川綱吉)	1646~1709	1680~1709
6대	도쿠가와 이에노부(德川家宣)	1662~1712	1709~1712
7대	도쿠가와 이에쓰구(德川家繼)	1709~1716	1713~1716
8대	도쿠가와 요시무네(德川吉宗)	1684~1751	1716~1745
9대	도쿠가와 이에시게(德川家重)	1711~1761	1745~1760
10대	도쿠가와 이에하루(德川家治)	1737~1786	1760~1786
11대	도쿠가와 이에나리(德川家齊)	1773~1841	1787~1837
12대	도쿠가와 이에요시(德川家慶)	1793~1853	1837~1853
13대	도쿠가와 이에사다(德川家定)	1824~1858	1853~1858
14대	도쿠가와 이에모치(德川家茂)	1846~1866	1858~1866
15대	도쿠가와 요시노부(德川慶喜)	1837~1913	1866~1867

옮긴이의 글

'문화' 란 무엇일까.

　그 어원은 경작, 재배의 의미를 갖는 라틴어 'cultura' 에서 찾을 수
있다. 자연을 그대로의 상태에 두지 않고 인간이 직접 개입하여 새로
운 가치를 만들어내는 것. 그것이 오늘날 교양, 예술 등의 총체적 의
미를 갖는 문화의 시작이다. 여타 동물에 비해 신체적으로 열악한 조
건을 갖추고 있는 인간은 생존을 위해 자연을 이용해야 했다. 자신이
처한 환경 조건을 유심히 관찰해야 했고 모방하며 연구해야 했던 것
이다. 따라서 지금의 우리가 사회의 구성원으로서 마땅히 습득하고
있는 도덕, 지식, 예술, 법률, 신앙 등도 그 기원으로 거슬러 올라가면
모두 생존이라는 가장 기본적인 본능에 뿌리를 두고 있다.

　어느 것 한 가지로 한정지어 정의할 수 없을 만큼 복합적이고 총체
적인 의미를 갖는 '문화' , 차라리 '인간이 삶의 영역으로 끌어들인 모
든 것' 이라고 하는 편이 문화에 대한 더 정확한 정의인지도 모르겠
다. 그 자체가 우리의 삶이라고 보아도 무관한 만큼, 그것이 가지는
의미 또한 크다. 문화는 형성되는 과정에서부터 그 지역 혹은 그 나라
의 사람들이 추구하는 가치들을 모두 흡수하기 때문이다.

우리의 것은 그 무엇보다 당연한 것으로 여겨지면서 남의 것은 낯설고 다소 이상하게 느껴지는 이유도 여기에 있다. 우리에게 가장 익숙한 한국의 문화는 외국인들에게는 때로 충격이 되기도 한다. 한국인이라면 누구나 즐겨 먹는, 민족의 대표 음식 '김치' 가 1980년대 초까지만 해도 선진국 사람들에게 야만적인 음식 취급을 받았다고 하지 않는가. 김치가 해외에서 그 가치를 인정받기 시작한 것은 고도의 경제성장으로 국가의 위상이 높아지고 외국과의 교류가 빈번해지면서부터라고 한다.

이 책은 문화에 대해, 그 중에서도 일본의 문화에 대해 이야기한다. 일본의 것이라면 무조건적으로 배타적인 입장을 취하는 데 익숙한 대다수의 한국인들은 그들의 문화에 대해서도 알레르기 반응을 일으킨다. 일본에게만큼은 예외를 두면서라도 문화의 다양성을 인정하지 않으려는 것이다. 일본과의 문화적 충돌을 이야기할 때 빠지지 않고 등장하는 일화가 하나 있다. 식사를 할 때, 우리나라 사람들이 상 위에 밥그릇을 내려놓고 먹는 것을 본 일본인들이 '개나 밥그릇을 바닥에 내려놓고 먹는다' 라고 나무라자, 우리는 '상놈이나 밥그릇을 들고 먹는다' 며 응수했다는 이야기다. 사소한 시비에 불과한 듯한 이러한 충돌은 세계의 어느 나라와도 일어날 수 있는 일이다. 하지만 그 대상이 일본이라는 점에서 우리에게는 좀 더 공감할 수 있는 이야기가 된다.

그러나 이 책은 일본에게 예민할 수밖에 없는 우리로 하여금 일본을 역사적인 은원 관계를 떠나 그저 흥미로운 한 나라로 보게 만들어주는 매력이 있다. 책장을 넘길 때마다, 그동안 일본이라는 꼬리표를 달고 있다는 이유만으로 무턱대고 눈살을 찌푸린 채 바라보던 것들, 우리의 말초적인 호기심을 자극하던 것들, 또 상식적으로 결코 이해할 수 없고, 때로는 경악스럽게 느껴지던 현상들까지도, 사실은 아주 오래 전 그 나름의 이유를 가지고 탄생한 어엿한 문화라는 사실을 깨달을 수 있었다. 그것은 단순한 재미에 그치는 것이 아니라, '쾌감'이라고 표현해도 좋을 짜릿한 경험이었다.

또한 역사와 관련된 것들에 유독 어지럼증을 느끼는 나에게도 이 책이 쉽게 느껴질 수 있었던 이유는, 이 책이 다름 아닌 서민들의 소소한 생활 이야기를 다루고 있다는 것에 있다. 이를 테면, 독이 있어 위험하지만 맛은 일품인 복어를 먹기 위해 거지에게 먼저 먹어보게 했다는 이야기나, 에도에는 기술공들의 업종이 가지각색으로 어림잡아 100가지가 넘었다는 이야기, 또 시대를 초월해 모든 이들의 최대 관심사라고 할 수 있는 사랑 이야기와 같은 것들을 다룬다. 과거의 일이되 결코 옛날 옛적 먼 나라 이야기 같지 않은, 우리와 별반 다를 것 없는 사람들이 사는 이야기인 것이다.

나는 이 책을 일본의 문화를 알고 싶은 사람, 혹은 지금 알고 있는 그들 문화의 유래를 알고 싶은 사람, 일본에 대해 특별한 기억을 가진 모든 사람에게 권하고 싶다. 일본의 것이라 하여 무조건 배타적인 시선을 보낼 것이 아니라, 세상에는 다양한 문화가 있다는 점에 주목해보는 것이 어떨까. 그것은 일본의 문화이기 이전에 엄연히 우리가 다양성을 인정해야 하는 타문화(他文化)이다. 각 문화의 다양성을 인정할 때 우리의 눈앞에는 더 큰 세계가 열릴 것이다.